ÉCRITS SUR LA RELIGION (1822-1829)

DES MÊMES AUTEURS

Jean-Louis Georget – *La démocratie-chrétienne en Bade-Wurtemberg,* Villeneuve d'Ascq, Presses Universitaires du Septentrion, 1999.

Philippe Grosos – *Système et subjectivité. L'enjeu de la question du système. Fichte, Hegel, Schelling*, Paris, Vrin, 1996.

– *Philosophie et théologie de Kant à Schelling*, Paris, Ellipses, 1999.

BIBLIOTHÈQUE DES TEXTES PHILOSOPHIQUES

Fondateur : Henri GOUHIER — Directeur : Jean-François COURTINE

HEGEL

ÉCRITS SUR LA RELIGION (1822-1829)

Avant-propos de

Jean-Louis GEORGET

Introduction de

Philippe GROSOS

Traduction de

Jean-Louis GEORGET et Philippe GROSOS

PARIS
LIBRAIRIE PHILOSOPHIQUE J. VRIN
6, Place de la Sorbonne, Ve

2001

Imprimé en France
ISSN 0249-7972
ISBN 2-7116-1493-X

AVANT-PROPOS

« A SCHWOB EN BERLIN » HEGEL ET LE POUVOIR PRUSSIEN

« Par la Réforme vint au monde l'homme religieusement libre, par la révolution l'homme politiquement libre... L'Église était [pour le protestant] un ordre divin, et l'État également. Pourtant, comme la première a également un côté temporel, on en arriva presque à l'absorption de l'Église par l'État »[1]. Ces paroles prononcées par Hinrichs dans un de ses cours de philosophie politique sont un résumé concis et fidèle de la situation afférente à l'époque où Hegel est appelé à Berlin. À la manière de tous les textes de circonstance, les divers opuscules de Hegel présentés ici s'inscrivent dans le cadre de réception très spécifique d'une identité nationale prussienne en voie de construction. Ces préfaces, recensions et courrier s'ancrent dans les balbutiements d'une Allemagne multi-polaire, dont la particularité est de ne pas distinguer discours religieux et construction politique, intimement liés dans l'histoire et la géographie protéiformes des différents États germaniques.

Aussi convient-il d'être extrêmement prudent dans la façon d'aborder des textes si vivants. L'approche purement biographique, centrée sur la figure de l'auteur, porte souvent en elle le danger de se transformer en une hagiographie, permettant les interprétations les plus étranges des textes hégéliens. L'idée qu'une œuvre puisse simplement s'écrire à partir de l'histoire de son auteur sans tenir compte de son contexte de production

1. *Politische Vorlesungen. Unser Zeitalter und wie es geworden, nach seinen politischen, kirchlichen und wissenschaftlichen Zuständen mit besonderem Bezuge auf Deutschland und namentlich Preussen,* dans *Die hegelsche Rechte*, ausgewählt und eingeleitet von Hermann Lübbe, Stuttgart-Bad Cannstatt, Friedrich Fromann Verlag (Günther Holzboog),1962, p. 88 et 89.

provoque une curieuse impression. En effet, à force de ne vouloir entendre que le coryphée, on finit par en oublier les chœurs qui lui sont nécessaires pour mettre sa voix en relief. Si ces textes de Hegel sont naturellement mus par une logique interne propre à l'œuvre, ils se fondent également de façon indéniable dans les bruits de l'époque, tant par leur problématique que par leur style, véhément et populaire. La langue qui les anime est puisée dans l'art le plus achevé de la polémique des paysans souabes, qui contraste avec la fragilité de la position institutionnelle du philosophe.

L'IMAGE ET LA POSITION INSTITUTIONNELLE DE HEGEL

C'est donc dans un contexte plutôt confus sur le plan religieux et politique que Hegel, dans les années 1820, arrive à Berlin. Comme l'a montré l'historiographie récente du conservatisme prussien, il est difficile de distinguer en Prusse, et plus généralement dans l'espace germanique, des tendances générales claires et marquées. Le conservatisme lui-même dont on crédite l'époque n'est que le carrefour contradictoire de multiples influences parfois centrifuges et les textes ici concernés reflètent avec une très grande vitalité les diverses intrigues de pouvoir dont Hegel est à la fois l'auteur et parfois la victime. La Prusse, si elle occupe une position déterminante dans l'espace germanique, est loin d'avoir la situation prépondérante que d'aucuns lui confèrent en Allemagne. D'ailleurs, ni Hegel ni ses proches ne se sentiront réellement à l'aise dans cette ville et dans ce royaume aux règles desquels ils devront se soumettre. Il suffit de lire ces quelques lignes écrites par Hotho à Cousin à propos de ce qu'est Berlin à l'époque : « … et en retournant dans notre ville tous nos compatriotes étaient nos ennemis, parce que nous avions espéré de retrouver à Berlin une grande ville pleine d'intérêts politiques, pleine d'esprit, pleine de goût, et nous retrouvions une ville de province, pleine seulement d'intérêt pour l'opéra et la philosophie. Votre ami Hegel était le seul, qui partageait nos idées, les autres et particulièrement Monsieur Henning et Mons. Förster étaient non seulement trop des Prussiens, mais ce qui est pire encore, des Berlinois… » [1].

La venue de Hegel à Berlin n'est pas seulement due à la reconnaissance de son œuvre et de sa réputation grandissante. Le contexte politique joue un rôle essentiel dans cette nomination. En effet, il semble erroné de dire que Berlin soit pour le philosophe un aboutissement choisi de sa carrière : après des années passées à Heidelberg, après avoir tenté d'obtenir une place

1. Berlin, le 1er avril 1826, *Lettres d'Allemagne. Victor Cousin et les hégéliens*, lettres rassemblées par Michel Espagne et Michaël Werner, Éditions Du Lérot, 1990, p. 68 et 69.

de professeur à l'Université d'Erlangen en Bavière, il continue d'afficher sa préférence pour l'Allemagne du Sud. À plusieurs reprises transparaît dans sa correspondance le défi que constitue pour la Prusse la construction d'une grande université. L'Université de Berlin, nouvellement créée par Humboldt en 1810, n'a pas encore atteint le faîte de son prestige. Elle se trouve en concurrence avec Munich, où enseigne déjà Schelling, avec l'Université de Heidelberg, où sont formés les meilleurs juristes d'Allemagne. Hegel en est d'ailleurs conscient dans sa correspondance : « La nouvelle grande Université de Munich nous donnera du travail pour rivaliser avec succès avec elle »[1]. Son ton se fait parfois plus dur, mais on sent derrière le dépit l'attachement porté à l'Allemagne du Sud par le philosophe.

Sur le plan politique également, Hegel s'était manifesté par son intérêt réel pour la vie publique du royaume de Wurtemberg nouvellement créé. Il avait soutenu l'initiative du roi du Wurtemberg dans sa volonté de réforme des États. À l'inverse, il ne s'impliquera jamais aussi directement dans la vie politique berlinoise : c'est pourtant dans l'espace régional dont on maîtrise les subtilités symboliques que se font les carrières universitaires allemandes, et ce dès le début du dix-neuvième siècle. Mais cela ira même parfois plus loin : le philosophe se jouera de ses adversaires en soulignant son origine souabe. Hegel arguera, dans le texte concernant sa défense contre l'accusation qui lui est faite d'avoir violemment critiqué le catholicisme, des incompréhensions dues aux nuances de langue. Cet argument est loin d'être inopportun quand on mesure la difficulté pour des étudiants berlinois de l'époque de recevoir cette langue très marquée dialectalement. Il reste jusqu'à la fin de sa vie un Souabe exilé à Berlin, ce qui en dialecte souabe, se dit : « A Schwob en Berlin ». En effet, bien que sa pensée soit universelle, sa langue est profondément marquée par le terroir duquel elle est issue.

Le philosophe est appelé à Berlin pour offrir à l'État, aux yeux des autorités qui l'ont fait nommer, un autre piédestal[2]. Dans son recrutement se mêlent à la fois une démarche de prestige et une volonté utilitariste. Il est nommé par Altenstein membre de la Commission scientifique de la ville de Berlin, au vu des activités qu'il a déployées tout au long de sa carrière, afin d'être utile aux écoles de l'État. Les fonctions du philosophe concernent la pédagogie générale[3]. Hegel répond dans sa lettre datée

1. *Hegel, Correspondance, III,* Paris, Gallimard, 1967, p. 105.

2. F. Köhler, *Lehrbuch des deutsch-evangelischen Kirchenrechts*, Berlin, Reuther, 1895, p. 61.

3. Hegel, *Correspondance, II,* Le Ministère prussien des Cultes à Hegel, 14 juin 1820, Paris, Gallimard, 1963, p. 206.

du 21 juin 1820 qu'il est encouragé « au plus haut point à répondre aux bienveillantes attentions de [Votre] Excellence dans les fonctions qui viennent de m'être dévolues »[1]. Or dans cette période de réforme, l'État voit dans les deux piliers que sont l'Église et l'Université les vecteurs essentiels de la nouvelle politique. Marheineke, qui était à la fois l'un des disciples les plus importants de Hegel et dans le même temps pasteur, professait que l'État et l'Église n'étaient que les deux faces d'une seule et même institution[2]. En effet, dans un contexte où, bridée par l'inertie des princes, la vie politique allemande se trouvait comme suspendue à la rédaction et à la publication d'une hypothétique constitution, les universités et les Églises jouaient un rôle prépondérant de lieux de substitution du débat public, et ce également pour les affaires politiques. C'est dans les termes suivants que Robert Prutz, écrivain de la jeune Allemagne et hégélien de gauche, a pu formuler ce paradoxe : « Nous discutons de la Trinité, nous glosons sur la crédibilité de l'évangéliste Luc et écrivons de gros livres pour savoir si la route qui conduit au ciel bifurque vers la gauche ou la droite… Nous nous disputons politiquement, également lorsque nous tenons des réunions sur les Lumières, le piétisme ou le catholicisme allemand : pourquoi ne pas aussi faire de la politique comme de la politique ? »[3].

Pendant les treize années qu'il passe à Berlin, Hegel consolide son système. Les œuvres ici présentées sont loin d'être seulement, pour reprendre l'expression de Glockner, des « œuvres de circonstance ». Elles témoignent bien au contraire de la volonté de Hegel d'imposer sa voix dans le concert des personnalités berlinoises de l'époque. Sa renommée s'accroît rapidement, comme l'atteste la correspondance avec Niethammer, Hinrichs et Daub. Cependant, il n'a pas l'aura d'un Schleiermacher, qui est déjà un acteur important de l'histoire religieuse et identitaire de la nation prussienne. Hegel arrive donc en position institutionnelle de relative faiblesse à Berlin, mais devient rapidement une figure incontournable du Berlin des années 1820 en restant en accord avec le pouvoir qui l'a mis en place.

Cela vaut notamment pour la position religieuse qu'il adopte dans les multiples rebondissements de la réforme de l'Église protestante promue par le roi de Prusse. Hegel, s'il se prévaut d'une réelle éducation luthérienne, est bien éloigné de tout dogmatisme religieux. Sa foi est avant tout une marque d'allégeance au pouvoir en place, qui ne cessera de l'en remercier. Élevé dans un luthéranisme teinté de piétisme et du

1. Hegel, Hegel au Ministère prussien des Cultes, 21 juin 1820, *ibid.*, p. 208.

2. F. Köhler, *op. cit.*, p. 94.

3. E. Fehrenbach, *Verfassungsstaat und Nationsbildung 1815-1871*, Enzyklopädie deutscher Geschichte, Band 22, München, R. Oldenbourg Verlag, 1992, p. 26.

pragmatisme qui lui est lié, Hegel se placera implicitement du côté de la réforme de l'union des deux Églises protestantes initiée par le pouvoir, c'est-à-dire qu'il s'opposera à Schleiermacher, pour lequel il n'éprouvait d'ailleurs politiquement que de l'inimitié. En appelant Hegel à Berlin, Altenstein espérait en effet une restauration de la théologie protestante qui avait été mise à mal par les Lumières, à la suite de Semler, Reimarus et enfin Kant. Dans une lettre adressée à Hegel, Niethammer souligne l'aspect utilitaire que le ministre Altenstein semble faire des professeurs qu'il appelle dans la capitale prussienne, évoquant sans faux-semblant la difficulté de la situation religieuse à Berlin [1]. L'appel d'Altenstein répond donc à des considérations religieuses immédiates : la théologie dogmatique n'a pas trouvé la parade aux multiples apports du dix-huitième siècle et aux doutes qui s'étaient insidieusement distillés. L'œuvre de Hegel était perçue par la théologie protestante comme un système sur le fond panthéiste. Altenstein et son conseiller ministériel, Johannes Schulze, croyaient pourtant avoir trouvé dans l'hégélianisme la philosophie réconciliatrice, qu'on pouvait enseigner depuis les chaires universitaires pour rétablir l'autorité de l'État.

Hegel réussit au cours des années à installer quelques disciples dans l'appareil d'État et universitaire. Le premier d'entre eux était certes Marheineke, mais on peut évoquer également Göschel, président du consistoire de Magdebourg, Hinrichs, professeur à Halle, dont l'ouvrage *La religion dans son rapport intérieur à la science* paru en 1822 combattait les idées de Schleiermacher et sa théologie du sentiment. De même on peut citer Daub, qui, depuis Heidelberg, professait la philosophie hégélienne. Si Hegel ne restera pas, d'un point de vue doctrinal, dans la mémoire des théologiens protestants, l'œuvre de Strauss, son élève, intitulée *La vie de Jésus* et qui paraîtra en 1835, marquera un tournant décisif pour le protestantisme allemand. À partir du concept hégélien de la religion en tant que représentation, Strauss développera celui de mythe et l'érigera comme centre de sa construction.

ÉGLISE ET ÉTAT EN PRUSSE : UNE SITUATION INÉDITE

Si Hegel apparaît, à l'époque de son arrivée à Berlin, quelque peu en décalage par rapport à la situation berlinoise, c'est qu'il est extérieur à la situation telle qu'elle se présente à lui puisque les débats séculaires autour des rapports entre le protestantisme et l'État se sont enrichis de multiples apports et interventions. La période était propice aux remises en question,

1. Hegel, *op. cit.*, tome II, p. 186.

puisque l'espace du politique était encore largement influencé par les polémiques auxquelles participaient des acteurs familiers depuis longtemps au grand public cultivé. Si Hegel était attendu par le pouvoir berlinois, il n'était pas en mesure de s'imposer dès les premières années comme la figure de proue de la nouvelle configuration religieuse qui s'esquissait dans les années 20. La philosophie dispensée depuis les chaires universitaires était moins audible que les sermons des pasteurs protestants, qui étaient les véritables initiateurs et modérateurs des vifs échanges intellectuels accessibles au grand public. Beaucoup de mesures prises en matière d'administration étatique ou ecclésiastique touchaient en effet les rites quotidiens de nombreux sujets.

La réunification des pouvoirs spirituel et temporel dans les mêmes mains a été un rêve bercé par de nombreux souverains. Luther, en détachant un certain nombre de communautés chrétiennes de l'Église de Rome, rallia des évêques aux nouveaux seigneurs terriens. Il confia à ces derniers une partie des attributions papales, afin que les nouvelles Églises pussent commencer à vivre, tant politiquement que spirituellement. Durant deux siècles d'ancien régime, les Églises protestantes d'Allemagne, qui, diverses, s'identifiaient avec les États dans lesquels elles étaient implantées et se prémunissaient contre la concurrence de toute confession rivale, durent payer ce service en renonçant à une part de leur liberté. Les juristes avaient légitimé cette situation subalterne du christianisme évangélique en le nommant « territorialisme ». L'édifice fut ébranlé, parfois ruiné, par l'assaut des idées révolutionnaires et napoléoniennes. Dans un premier temps, ce traumatisme, qui s'ajoutait aux doutes nés des interrogations de l'époque des Lumières, suscita des craintes quant à l'avenir des Églises protestantes. Mais les limites des États nationaux nouvellement créés allaient renforcer leurs liens séculaires avec ces dernières.

L'État prussien, fort de sa place prépondérante dans les guerres de libération de l'Allemagne de l'emprise napoléonienne, proposa à l'Europe un des modèles de la recomposition de l'espace public les plus commentés par les observateurs de l'époque. Ce modèle reposait sur des facteurs propres aux grands États allemands, tels la Bavière ou le Wurtemberg : la présence sur le trône d'une dynastie forte et son alliance avec l'Église locale. Si la dynastie des Hohenzollern avait assis son pouvoir séculaire sur la marche de Brandebourg en se reconnaissant du luthéranisme, il existait aussi localement un protestantisme d'obédience calviniste, issu notamment de l'immigration huguenote, mais minoritaire par le nombre. Cependant, l'arrivée massive de nombreux catholiques mettait en péril cette identité religieuse, modifiant les frontières identitaires péniblement tracées par le fer et le sang. Frédéric-Guillaume III voulut alors unifier en une seule Église les réformés et les luthériens de son royaume et faire en sorte que la divergence des croyances fût comme voilée par l'unité factice des institutions ecclésiastiques – longtemps rêve symbolique des rois prussiens[1]. Le roi édicta donc l'union. Ceci représentait une véritable innovation : si la maîtrise des princes sur l'Église était certes tolérée comme un pis-aller, elle n'était acceptable que dans le cadre d'un régime d'États ecclésiastiques (Kirchenstaaten), mais pas d'Églises d'État (Staatskirchen) ; mais cette maîtrise n'avait plus de raison d'être à partir du moment où l'État cessait d'identifier ses intérêts à ceux de l'Église pour devenir paritaire, c'est-à-dire ouvert à toutes les confessions.

Lorsque le 31 octobre 1817, on fêta dans les églises protestantes l'anniversaire du jour où Luther, en publiant ses 95 thèses, avait consommé la rupture avec l'Église de Rome, on ne se contenta pas d'une cérémonie du souvenir : en effet, ce 31 octobre 1817 fut également en Prusse celui de l'union entre l'Église calviniste-réformée et l'Église luthérienne majoritaire.

C'est une déclaration du roi Frédéric-Guillaume III du 27 septembre 1817 qui avait été à l'origine de cette union. Le monarque avait décrit l'union souhaitée comme « une unification dans laquelle l'Église réformée ne se fond pas dans l'Église luthérienne, pas plus que l'Église luthérienne ne se fond dans la réformée, mais une unification dans laquelle les deux Églises formeraient une Église chrétienne-évangélique, nouvellement appelée à la vie, dans l'esprit de son saint fondateur »[2]. Partout en ce jour, les protestants réformés et luthériens célébrèrent ensemble la Cène. Dans l'une des paroisses les plus en vue, celle de l'Église de la Trinité, les participants purent voir le protestant réformé Schleiermacher tendre ostensiblement la main à son confrère luthérien, Marheineke afin de marquer symboliquement l'annonce de la nouvelle union[3]. Le rite de la célébration de la Cène avait été convenu d'un commun accord. Ceux que rebutait l'élément réformé de la cérémonie, à savoir le partage du pain, étaient invités le dimanche suivant à communier de façon luthérienne. De pieux protestants comme Ernst Ludwig von Gerlach virent dans le fait que tout le monde ne pouvait pas communier selon son rite, et ceci même le jour de

1. Kahl, *Lehrsystem des Kirchenrechts und der Kirchenpolitik*, I, Freiburg i.B, Leipzig, Mohr, 1894, p. 61.

2. C.I. Niztsch, *Urkundenbuch der Evangelischen Union mit Erläuterungen*, Bonn, 1853, p. 125 *sq*.

3. H. v. Treischke, *Deutsche Geschichte im neunzehnten Jahrhundert*, t. 4, Leipzig, Hirzel, 1889, p. 242.

l'anniversaire de la création de l'Église évangélique, « déjà le début de la contrainte »[1].

Au début, l'union ressentie comme nécessaire par l'État prussien sembla fonctionner. Rien n'était pourtant moins facile : en effet, la querelle de nature territoriale entre les luthériens implantés depuis fort longtemps dans le Brandebourg et les réformés avait parfois pris, dans le passé, un tour tragique. Toutefois, les traités, qui avaient fixé les frontières et renforcé la légitimité des dynasties au pouvoir, avaient permis au protestantisme de se recentrer sur lui-même. Deux événements étaient alors venus troubler le protestantisme dans son fondement étatique : le piétisme d'abord, très orienté vers la pratique religieuse, avait ramené à la fin du XVIIe siècle un peu de calme entre luthériens et réformés. Hegel avait d'ailleurs été élevé dans un cadre luthérien emprunt de ce piétisme, qui était l'une des caractéristiques fondamentales de l'identité wurtembergeoise ; les Lumières et l'intrusion de la Raison dans le discours théologique avaient ensuite créé un trouble dans les Églises protestantes. En effet, les Églises ne cessaient d'assermenter leurs théologiens : lors de leur entrée en fonction, les luthériens continuaient de prêter serment de fidélité à leur Église sur les livres symboliques, la Confession d'Augsbourg et son Apologie, les articles smakaldiques, la formule de concordat de 1577, les deux catéchismes de Luther ; les réformés, quant à eux, prêtaient serment sur la profession de foi des Quatre Villes, le catéchisme de Heidelberg et la confession de la Marche. Or les rationalistes considéraient cette assermentation sur les symboles comme vide de contenu. Un rationaliste caractérise ainsi la situation : « Des théologiens très éminents sont ordonnés pasteurs, bien qu'ils ne cautionnent que de façon mesurée les livres symboliques, et des milliers d'entre eux en contestent le contenu. Mais dès lors que nombre de personnes affirment qu'elles ne croient plus en leur contenu, ces mêmes théologiens ne sont plus là ; car ce n'est pas par une intervention d'en haut, mais par la foi d'en bas qu'ils détiennent leur importance. De nouvelles confessions de foi ne seront certainement d'aucun secours, car personne n'est autorisé à les rédiger, et pas même deux personnes ne s'accorderaient sur leur rédaction. Ce n'est pas de nouvelles confessions dont nous avons besoin, mais de nouveaux serments d'intronisation des prêtres et des professeurs, afin que leur conscience ne soit plus désormais alourdie par l'engagement vis-à-vis des Écrits, dont la reconnaissance a déjà été officialisée »[2]. La théologie des Lumières dominante dans toutes les chaires d'Allemagne plaçait donc les jeunes théologiens devant les contradictions

1. E.L. von Gerlach, *Aufzeichnungen aus seinem Leben und Wirken (1795-1877)*, publié par F. von Gerlach, Schwerin, 1903, p. 105.

2. Cl. Perthes, *Friedrich Perthes' Leben*, III, Gotha, 1872, p. 185.

de leur statut. Le libraire Friedrich Perthes précédemment cité, souligne la dichotomie toujours plus visible entre la théologie universitaire et le prêche dominical : « Si la science assume la responsabilité d'enseigner autre chose que ce que l'Église les obligera à prêcher plus tard, alors ces messieurs doivent également savoir surmonter la coupure qui se fait dans l'esprit de leurs élèves qui veulent devenir pasteurs… Allez voir les maîtres, interrogez-les et comprenez leur réponse si vous le pouvez »[1].

Dans les rangs des adversaires des pratiques traditionnelles, l'union fut positivement ressentie. On pensait qu'elle allait briser la domination des symboles anciens, et que l'indifférenciation contribuerait au succès de la réforme. Le flou et l'indifférence des trois premières décennies du XIXe siècle en matière de dogme auraient laissé place à un enseignement plus rigoureux. Mais c'est le contraire qui eut lieu : le peuple qui avait mené la guerre de libération de la Prusse s'était aussi rapproché des confessions de foi historiques, des signes manifestes qui scellaient l'union entre l'identité nationale naissante et le socle religieux sur lequel elle s'était forgée. Une partie du luthéranisme se retrancha alors dans son orthodoxie et trouva bientôt des défenseurs acharnés.

Le premier des contempteurs de l'unification des Églises ne fut pas un universitaire, mais l'archidiacre de l'église Nicolai de Kiel, Klaus Harms. Les 95 nouvelles thèses, qu'il fit imprimer à Kiel en 1817, s'opposaient tout autant aux Lumières qu'à l'union des Églises protestantes. Ses thèses, formulées avec une verve polémique certaine, avaient la forme d'un catéchisme. La première de ses thèses était la suivante : « Lorsque notre maître et Seigneur Jésus Christ dit : faites pénitence ! il veut alors que les hommes se forment selon sa doctrine ; mais il ne forme pas son enseignement selon les hommes, comme on le fait actuellement, en vertu du changement de l'esprit du temps ». La troisième thèse n'en est pas moins caractéristique : « Avec l'idée d'une réforme progressive, à la manière dont on a conçu cette idée et dont on veut prétendument le rappeler en l'évoquant, on réforme le luthéranisme en le transformant en paganisme et on éradique le christianisme du monde ». Enfin, la thèse 77 était expressément dirigée contre l'unification des Églises : « Dire que l'époque a fait tomber la cloison entre les luthériens et les réformés n'est pas une pure question de langue. Il s'agit de savoir lesquels ont renié la foi de leur Église, les luthériens ou les réformés ? Ou les deux ? »[2]. Les thèses de l'archidiacre de Kiel suscitèrent de nombreuses réactions : en l'espace de quelques mois, 200 livres furent publiés, qui soutenaient cette initiative ou s'y opposaient.

1. Cl. Perthes, *ibid.*, p. 186.

2. Klaus Harms, *95 Thesen oder Streitsätze Dr. Luthers theuren Andenkens*, Kiel, 1817, p. 19 *sq.* ; p. 32 *sq.*

Les réactions hostiles en constituaient la majorité[1]. On trouvait parmi les ouvrages rédigés beaucoup de diatribes provenant d'écrivains occasionnels, qui le vilipendaient durement : « En barrant la voie à notre liberté de pensée et en emprisonnant notre conscience, il agit envers nous précisément d'une façon extrêmement despotique, comme autrefois Philippe d'Espagne avec ses sujets tremblants »[2]. Ammon, pasteur de la Haute-Cour de Dresde, dont les anciennes positions en faveur du rationalisme n'étaient pas en cohérence avec le nouveau combat, devint l'un des plus fervents soutiens de Harms. Une des phrases de l'ouvrage[3] qu'il avait rédigé pour venir en aide à son collègue de Kiel, dans laquelle il parlait de « *rapides accolades* »[4] pour désigner l'union des deux Églises, fit intervenir l'un des acteurs majeurs de ce conflit, à savoir Schleiermacher, et lui donna une large audience publique.

Schleiermacher était déjà très connu comme acteur majeur de la vie publique berlinoise de l'époque. Fils d'un pasteur réformé qui avait une inclinaison pour le piétisme, il avait commencé, dès sa vie estudiantine, à s'intéresser aux débats théologiques et philosophiques des Lumières, ce qui le plaçait en porte-à-faux par rapport aux enseignements piétistes des maîtres de Herrnhut qu'il avait reçus pendant toute son enfance. Après avoir rompu pendant un temps avec son père et étudié la théologie à Halle de 1787 à 1789, il était arrivé en 1796 comme pasteur à la Charité de Berlin. Sa vie mondaine était alors intense et il fut l'un des protagonistes les plus en vue de cette période très marquée par le romantisme, puisqu'il avait ses entrées dans le salon de Juliette Herz, où il côtoyait les Humboldt, les frères Schlegel, Rahel Varnhagen et Dorothea Veit. Ce fut l'époque où il publia ses *Discours sur la religion* de façon anonyme. Après un bref passage comme pasteur à Stolpe en Poméranie, où il entreprend la traduction de l'œuvre de Platon, il s'installe en 1804 à Halle en tant que professeur extraordinaire et pasteur de l'Université. Après l'occupation de la ville par les troupes napoléoniennes en 1806 et la fermeture de l'Université, il revient à Berlin en 1807. Il cherche alors la proximité des réformateurs prussiens. Avec Gnasenau, Stein et Georg Reimer, il participe aux entreprises conspiratrices qui visaient au soulèvement populaire contre Napoléon et à la libéralisation de l'État prussien. En 1810, il est nommé

1. On peut citer par exemple le livre de F.M. Meyer, *Menschenverstand. Über und gegen die 95 Thesen des Hrn. Harms in Kiel*, Schleswig, 1818, ou encore celui-ci : *Andeutung des Irr- und Wirrwissens in den ersten 68 Thesen des Archidiakons Harms*, Hamburg, 1818.

2. Philalethes, *Ein freimütiges Wort über und gegen die 95 mystischen Irrsätze des Hrn. Cl. Harms*, 1817, p. 87.

3. *Bittere Arznei für die Glaubensschwäche der Zeit, verordnet von Hrn. Claus Harms*, Hannover, 1817.

4. *Ibid.*, p. 6.

professeur de théologie et premier doyen de la faculté de théologie. La même année, il devient également membre de l'Académie des Sciences berlinoise. Or cette situation institutionnelle engage Schleiermacher à faire de la politique : politique éducative d'abord, comme le montre son engagement en faveur d'une réforme libérale de l'Université, qui fut bloquée après la fin de la guerre de libération en 1813. Schleiermacher fut surveillé par la police berlinoise auprès de laquelle il avait une réputation d'agitateur, mais gardait auprès d'un large public son aura de combattant de la guerre de libération.

Le célèbre théologien berlinois se saisit d'abord de l'occasion que lui procurait donc la maladresse d'Ammon pour prendre position en faveur de l'union des Églises : à ses yeux, un autel commun ne signifiait en aucun cas une communauté de foi. Schleiermacher reprochait d'ailleurs davantage à Ammon de ne pas chasser les rationalistes de l'autel, bien pires selon lui ; la pierre d'achoppement essentielle entre réformés et luthériens était celle de la théorie de l'élection ; mais les réformés pouvaient sur ce point rester sans arrière-pensées fidèles à la doctrine de Calvin, et ce malgré l'union ; car la pratique ne requérait en aucun cas le reniement doctrinal, et il n'était pas nouveau que des chrétiens réformés prissent part à des services luthériens, et inversement ; aucun danger ne menaçait non plus les luthériens ; pour ce qui concernait le contentieux de l'efficacité du sacrement de l'autel, aucune concorde n'avait jamais régné sur ce sujet parmi les réformés eux-mêmes. Ces derniers ne pouvaient donc pas se voir empêchés de communier avec les luthériens. « Pensez-vous », demande Schleiermacher au théologien de Dresde, « qu'un chrétien recueilli puisse être, lors de cette action pieuse, troublé par la pensée que, tandis qu'il est lui-même persuadé d'accueillir en lui le corps et le sang du Christ à travers le pain et le vin, son voisin croit quant à lui ne prendre part à ce plaisir que par l'élévation divine de son âme ? Ou bien doit-il être si grossièrement transporté en cet instant qu'il croit être au ciel grâce au pain et au vin et que le fait que sa piété soit troublée soit son unique pensée à ce moment précis ? »[1]. Le livre de Schleiermacher, dirigé en partie contre Harms par l'intermédiaire d'Ammon, reçut une prompte réponse de la part de ce dernier[2] : en effet, les résonances qu'avait eu son ouvrage n'avaient pu être amoindries par les propos de Schleiermacher. Harms le reconnaissait lui-même par ces paroles modestes : « Je sais bien que mes thèses n'ont pas provoqué à elles seules

1. F. Schleiermacher, *An Herrn Oberhofprediger Ammon über seine Prüfung der harmsischen Sätze*, Berlin, 1818, p. 68 ; *Sämtliche Werke, erste Abteilung V*, Berlin, 1846, p. 386.

2. Cl. Harms, *Briefe zu einer näheren Verständigung über verschiedene meine Thesen betreffende Punkte. Nebst einem Briefe an Herrn Schleiermacher*, Kiel, 1818.

le grand changement qui s'est produit depuis 1817 dans la confession publique, nommément depuis la chaire. Ce changement est le suivant, je puis le dire librement : jusqu'à aujourd'hui les duchés (Schleswig, Holstein), pour ne nommer que ceux-ci, étaient presque complètement rationalistes ; depuis cette année-là et dans les quelques années qui ont suivi, les duchés sont presque devenus complètement orthodoxes, au moins pour ce qui concerne les prédicateurs. Une preuve : dans les années qui ont suivi, je devais présenter à un quelconque patron d'Église trois candidats croyants ; je n'en connaissais à l'époque, en 1819, que trois ; quelques années plus tard, le même patron me fit de nouveau une requête semblable ; cette année-là, en 1831, je pouvais lui en recommander 20 à 30 de la sorte »[1].

Si les pasteurs, dans leur majorité, avaient bien accueilli la réforme en Prusse, il fallait encore convaincre les communautés de son bien-fondé. C'est pour cette raison que fut créée l'*Agende* : c'était un livre unique dans lequel les pasteurs des différentes communautés devaient pouvoir trouver un vocabulaire commun et dans lequel étaient réglementés la liturgie et les sacrements. Lorsque le roi Frédéric-Guillaume III l'introduisit, c'était parce qu'il trouvait trop courte la liturgie, modifiée et réduite à l'époque des Lumières. Il s'était rendu compte que ses sujets avaient besoin de symboles forts, de repères religieux et nationaux dans un espace identitaire en construction. La référence à la tradition s'imposait donc. En en appelant à l'œuvre de Luther et Mélanchthon, sans devenir pour autant un luthérien orthodoxe, mais en faisant appel à la mémoire collective du pacte scellé entre l'Église luthérienne et la branche prussienne des Hohenzollern, il avait appris à apprécier les formes extérieures et cultuelles du luthéranisme[2]. Des livres de liturgie luthérienne avaient été à la source de l'introduction de l'*Agende*, qui conduisit à la conception et à la parution en 1816 d'une *liturgie pour l'église de la cour de Potsdam* et d'une *liturgie pour l'église de la garnison de Berlin*. Suivit en 1822 l'*Agende pour l'église de la cathédrale et de la cour de Berlin*, qui, remanié, fut envoyé en 1824 aux consistoires. Les administrations purent annoncer en mai 1825 que 5243

1. *Dr Claus Harms', gewesenen Predigers in Kiel, Lebensbeschreibung, verfasset von ihm selber* (Bibliothek theologischer Klassiker VII), Gotha, 1888, p. 149 *sq*.

2. R.F. Eylert, *Charakterzüge und historische Fragmente aus dem Leben des Königs Friedrich Wilhelm III*, III, 1, Magdeburg, 1846, p. 304 ; W. Wendland, *Die Religiosität und die kirchenpolitischen Grundsätze Friedrich Wilhelms III* (Studien zur Geschichte des neueren Protestantismus V), Giessen, 1909, p. 80 *sq*.

paroisses avaient déjà adopté l'*Agende*, mais que plus de 2500 pasteurs restaient sur leurs gardes[1].

La nouvelle liturgie élaborée par le roi suscita des réserves, notamment de la part des milieux universitaires. Pour les réformés, cette liturgie était trop luthérienne, pour les luthériens, elle s'apparentait presque au catholicisme ou bien au calvinisme. Le « droit liturgique du seigneur » local invoqué par le souverain, en vertu duquel le roi pouvait diriger son Église comme bon lui semblait, lui était contesté par la théologie universitaire. Schleiermacher ne voyait dans la démarche du roi qu'un arbitraire, qui de plus n'était pas adapté à l'époque, et demanda que soit publié un régime d'Église qui serait expressément inscrit dans l'*Agende*. Dans un ouvrage publié sous un pseudonyme, Schleiermacher déclarait de façon provocatrice que les théologiens qui défendaient l'*Agende* en invoquant la suprématie du prince en matière de législation ecclésiastique concédaient également à un prince catholique le fait de pouvoir légiférer comme bon lui plaisait pour ce qui concernait ses sujets protestants[2]. L'opiniâtreté avec laquelle Schleiermacher, en compagnie de onze pasteurs berlinois, résista à la nouvelle liturgie, suscita de la part du ministre des cultes Altenstein ce commentaire peu amène : « L'Église a besoin de plus qu'une ferme surveillance. Dans la plupart des prêtres sommeille un petit pape, et il est difficile pour des gens de cette sorte de se soumettre à quelque chose d'autre et de plus élevé »[3]. Les opposants purent obtenir la satisfaction de voir le roi renoncer à l'introduction d'un manuel de liturgie unifié dans l'ensemble de la Prusse et prendre en compte dans leur rédaction des considérations d'ordres local, historique et confessionnel. Le souverain avait néanmoins gagné une indéniable bataille contre l'ensemble des Églises protestantes. Il avait rétabli la prééminence du prince dans les affaires des Églises protestantes, qui s'étaient progressivement émancipées durant le XVIIIe siècle, ne reconnaissant plus au souverain qu'un droit de protection qui lui était accordé par un tacite contrat.

Rien ne fut alors épargné pour rallier les pasteurs à la nouvelle cause. Le roi fit remettre tant de décorations aux prêtres de bonne volonté que lors d'un synode, un mot d'esprit significatif connut un succès fulgurant : « l'*Agende* prussien était venu dans le pays sur les ailes d'un aigle rouge »,

1. Le chiffre est cité par Johannes B. Kissling à la page 11 de *Der deutsche Protestantismus 1817-1917, eine geschichtliche Darstellung*, Münster in Westphalen, Verlag der Aschendorffschen Buchhandlung, 1917.

2. *Über das liturgische Recht evangelischer Landesfürsten. Ein theologisches Bedenken von Pacifimus Sincerus, Göttingen 1824. Aus Schleiermachers Leben. In Briefen*, IV, édité par W. Dilthey, Berlin, 1863, p. 444 *sq*.

3. F. Förster, *Entstehung der preussischen Landeskirche*, II, Tübingen, Mohr, 1907, p. 175.

allusion à la récompense la plus largement attribuée par le souverain aux pasteurs conciliants.

Pourtant, rien n'était définitivement réglé. Lors du jubilé de la confession de foi d'Augsbourg, le 25 juin 1830, où réformés et luthériens devaient célébrer en commun, selon le rite réformé, le partage du pain, Scheibel, professeur et prédicateur de l'église Sainte-Élisabeth à Breslau refusa d'accéder à cette requête œcuménique. Scheibel, qui appartenait au clan des luthériens orthodoxes, fut interdit de sacerdoce le jour du jubilé et suspendu pendant quatorze jours. Le 24 décembre 1830, cette communauté fut, par un édit du gouvernement, déclarée séparatiste [1]. Les luthériens orthodoxes considéraient le roi comme un partisan des rationalistes, ce dernier voyait en eux des révolutionnaires potentiels. Beaucoup de ces luthériens, après avoir payé de fortes amendes plutôt que de renoncer à leur foi, préférèrent émigrer en Amérique. D'autres révoltes eurent lieu en 1834, c'est-à-dire après la période qui nous préoccupe directement.

En 1830, lorsque Scheibel et Huschke, professeur de droit qui, avec le philosophe Steffens, soutenait le luthérien orthodoxe dans sa démarche, demandèrent pendant leurs négociations à leurs interlocuteurs directs représentant les autorités ecclésiastiques combien d'Églises existaient en Prusse, ils obtinrent trois réponses divergentes : le prédicateur de la cour Strauss répondit qu'il y en avait trois : une Église réformée, une Église luthérienne et une Église unifiée ; Neander, qui était également prédicateur à la cour, répondit qu'il y en avait deux, l'union n'ayant rien changé à la situation antérieure. Le ministre Altenstein quant à lui, qui défendait la ligne officielle du gouvernement dont il était le ministre des cultes, répondit qu'il n'existait plus qu'une Église unifiée.

La réorganisation administrative de l'Église et les nouvelles formes de représentativité

La réorganisation de l'Église concerne donc le cadre dans lequel Hegel va construire sa carrière à l'université de Berlin et les réseaux dans lesquels il va se mouvoir jusqu'à la fin de sa vie publique. La centralisation était devenue l'un des objectifs essentiels de l'administration prussienne. Après avoir supprimé tous les consistoires centraux dès 1808, et concentré l'ensemble de leurs attributions au ministère de l'intérieur, l'État prussien décida aussi le 26 décembre 1808 de rayer d'un trait de plume les consis-

1. J. G. Scheibel, *Aktenmässige Geschichte der neuesten Unternehmung einer Union zwischen der reformierten und lutherischen Kirche II*, Leipzig, 1843, p. 157 *sq.* ; R. Rocholl, *Geschichte der evangelischen Kirche in Deutschland*, Leipzig, 1897, p. 484 *sq.*

toires provinciaux et de les remplacer dans les gouvernements provinciaux par des ressorts ou députations au culte et à l'enseignement public. Ils devaient « veiller principalement à ce que l'enseignement scolaire public, l'enseignement religieux et le culte, autant de l'intérieur que vis-à-vis de l'extérieur, fussent améliorés et organisés plus opportunément pour encourager la religiosité et la moralité, l'esprit de tolérance et le rapprochement entre les différentes confessions... »[1].

Les différents consistoires tentèrent dans un premier temps de sauver leur existence, notamment celui des luthériens, qui s'étonnait que la réunion des consistoires et du collège régional temporel le plus élevé se soldât par l'obtention dans la hiérarchie administrative d'une place située entre « la police et les finances »[2]. Le haut-consistoire fut dissout comme prévu le 31 juillet 1809. Ainsi, l'Église protestante se retrouvait scindée en de multiples communautés, dont les liens mutuels étaient distendus. Comme cette situation semblait malgré tout anormale aux yeux de l'administration royale, elle créa en 1817 un ministère pour les affaires religieuses, l'éducation et l'école. Le premier titulaire en fut Altenstein, qui recruta Hegel à Berlin. En modifiant le 23 octobre 1817 un décret royal du 30 avril 1815 qui avait autorisé la renaissance des consistoires provinciaux, le ministère confia les affaires extérieures de l'Église et de l'enseignement élémentaire aux gouvernements régionaux, tandis que les consistoires régionaux se chargeaient des affaires internes de l'Église et du système de l'enseignement supérieur. Les gouvernements prenaient naturellement les décisions, tandis que les consistoires n'avaient qu'un rôle consultatif. En outre, les protestants n'étaient plus privilégiés au sein de ces administrations d'Église : en effet, ces dernières devaient s'occuper des conséquences des changements administratifs sur le dogme catholique, sur celui des sectes chrétiennes et sur la religion juive.

L'ordre émanant du cabinet royal le 31 décembre 1825 modifia les choses : des collèges scolaires provinciaux furent institués, et, parallèlement, des consistoires pour les affaires spirituelles relevant du protestantisme. La surveillance étatique des affaires de l'Église catholique revenait quant à elle aux présidents des provinces. En 1828, les provinces virent revenir à leur tête des super-intendants généraux qui n'avaient que des pouvoirs très limités. Dans le consistoire, l'ecclésiastique de niveau supérieur avait une voix, un siège et était hiérarchiquement placé après le président, qui était en règle générale un juriste. Il avait également le droit

1. *Sammlung der für die königlichen Preussischen Staaten erschienenen Gesetze und Verordnungen I*, Berlin, 1822, p. 499.

2. F. Förster, *Die Entstehung der preussischen Landeskirche*, I, Tübingen, Mohr, 1905, p. 143 *sq*.

d'assister aux séances du collège scolaire provincial et avait un droit de vote pour les affaires d'Église qu'il avait évoquées devant le collège. Son autorité ecclésiastique concernait l'ordination des pasteurs, l'inauguration des églises, la surveillance de la fidélité à la doctrine et du bon déroulement des services, la surveillance de l'enseignement scolaire, l'éthique des communautés.

Les cercles gouvernementaux attendaient également beaucoup de la mise en place des synodes de circonscription dans lesquels devaient se retrouver les pasteurs, les candidats et les super-intendants à l'occasion de conférences ou de rencontres. Ils devaient contribuer à la formation des pasteurs et conduire d'éventuelles démarches disciplinaires. Friedrich Schleiermacher avait déjà pensé à une constitution d'Église en 1808, qui aurait mis ces Églises provinciales au centre de l'ensemble du dispositif. À une époque où la Prusse réformait l'État, il lui semblait nécessaire de réformer l'Église. Les pourparlers des 22 super-intendants qui eurent lieu dans la marche de Brandebourg en 1814 furent en ce sens essentiels. Les orientations prises encouragèrent le roi à réunir une commission composée d'ecclésiastiques et chargée de lui faire des propositions. Le souverain en attendait une approbation de ses plans liturgiques, mais la commission avait des projets beaucoup plus ambitieux. Elle s'enthousiasmait pour des réformes qui aspiraient à transférer dans le domaine religieux les idées constitutionnelles de la révolution française. L'Église voulait cesser de n'être qu'une branche de l'administration de l'État. Elle voulait faire en sorte de se régir elle-même, sous la seule autorité de l'Église ou de l'État dans des institutions dirigées uniquement par des ecclésiastiques, qui auraient établi les structures synodales pour les paroisses, les cantons, les provinces et le royaume.

Naturellement, cette « constitution purement spirituelle et républicaine »[1] de l'Église protestante ne rencontrait que peu de sympathie auprès des membres conservateurs du gouvernement de Frédéric-Guillaume III. De ce fait, le roi ordonna le 27 mai 1816 que soient rétablis des collèges ecclésiastiques ou des presbytères qui seraient chargés de mettre en application les décisions gouvernementales. Pour encourager la formation et la discipline parmi les prêtres, les pasteurs devaient se constituer en synodes cantonaux. Les super-intendants devaient quant à eux se retrouver dans des synodes provinciaux qui examineraient les propositions des synodes cantonaux et les soumettraient au consistoire, qui, à son tour, les présenterait pour autorisation au ministre de l'intérieur.

Les synodes voulus par le roi se réunirent en effet dans les années qui suivirent. Ils n'étaient pas satisfaits de leur caractère purement consultatif.

1. Kissling, *Der deutsche Protestantismus 1817-1917*, *op. cit.*, p. 23.

Ils voulaient impliquer les laïcs dans leur administration, afin qu'on ne pût pas leur reprocher de subir le poids de la tendance hiérarchique. Les plans constitutionnels qui furent évoqués lors des réunions apparurent toujours par trop jacobins aux yeux du roi. Les idées discutées lors des synodes finirent dans les archives royales.

Vis-à-vis de ces débats concernant l'Église protestante, Hegel, qui n'intervient pas directement, va adopter une double démarche. Conformément à sa fidélité au gouvernement, qui l'a fait nommer dans la Commission de l'enseignement supérieur, Hegel va contrer Schleiermacher sur le terrain des idées, à la fois de façon directe et par l'intermédiaire de ses disciples. Ce débat avec Schleiermacher est l'objet de la première préface au livre de Hinrichs que nous avons traduite ici.

La seconde démarche de Hegel consiste à consolider ses positions institutionnelles au sein de l'État prussien en s'attachant l'amitié de hauts fonctionnaires, qui le lui rendent bien. Le texte de préface au livre de Göschel est en cela remarquable. Hegel qui eut l'ambition de jouer un rôle politique, mais n'y parvint jamais vraiment, extérieur qu'il était au monde berlinois, va agir par l'intermédiaire de ses connaissances. Beaucoup de spécialistes s'étonnent du geste de Hegel en faveur de Göschel : il convient cependant de réévaluer son rôle. Si Göschel fut un piètre penseur, il n'en resta pas moins un bon négociateur, fidèle aux consignes données par son gouvernement. Ces relations étaient aussi utiles à Hegel, qui, s'il était un penseur brillant, avait néanmoins besoin d'apprivoiser les arcanes du pouvoir berlinois par le truchement de telles relations.

HINRICHS ET HEGEL

Dans le contexte que nous avons évoqué, la préface écrite par Hegel pour le livre de Hinrichs occupe une place importante, tant sur le plan tactique que sur le plan philosophique : en effet, si elle procura à Hinrichs une chaire de philosophie à l'Université de Breslau, elle attira également à Hegel la rancune tenace de Schleiermacher, en raison des critiques acérées que Hegel avait portées contre sa philosophie du sentiment. Pour s'opposer aux points de vue des Lumières et au romantisme, Hegel se rendait compte qu'il lui était nécessaire de renforcer son propre parti. Hegel avait une sympathie certaine pour Hinrichs, qui le lui rendit bien dans son œuvre postérieure à la mort du maître. Hinrichs enseignait la philosophie à l'Université de Heidelberg où il vivait dans une situation financière précaire[1].

1. Hegel, Creuzer à Hegel, Heidelberg le 30 mai 1820, *op. cit.*, tome II, p. 204.

De façon paradoxale, alors que cette préface au livre de Hinrichs datée de 1822 est certainement l'un des textes berlinois les plus politiques de Hegel, dans le sens où elle s'oppose assez violemment à Schleiermacher, le disciple du philosophe gardera un souvenir plus neutre du rôle de son maître. Il reconnaîtra l'apport de Hegel au débat de son époque, en lui reconnaissant une extériorité par rapport aux affaires berlinoises. Confortant l'impression continue que procure une lecture attentive de la correspondance du philosophe, il ajoutera : « Hegel n'a pas méprisé le présent dans lequel il vivait : il n'a pas considéré la philosophie comme trop noble pour se mêler aux questions de son époque. Il était un Souabe et avait un penchant pour son pays natal »[1]. Après avoir cependant constaté que beaucoup de savants de l'époque s'étaient engagés en politique, à la manière d'Arndt, de Schleiermacher ou de Steffens, il regrettera que Hegel eût renoncé au « début de sa considération sur la transformation de la situation de la patrie »[2], surtout lorsqu'on sait qu'auparavant, il s'était judicieusement prononcé sur la réforme des États wurtembergeois. Or ce texte est bien une tentative de Hegel pour imposer sa voix dans les débats de l'époque.

La genèse de cette introduction est de ce point de vue extrêmement intéressante. La correspondance entre le maître et son élève s'intensifie au moment où il décide de rédiger l'introduction au texte ici présenté. Hegel fait part de son inquiétude vis-à-vis de la situation politique dans laquelle il se trouve plongé dans les termes suivants : « Notre Université peut se réjouir de la munificence du gouvernement pour les institutions qui dépendent d'elle... L'agitation politique de la Burschenschaft, le "friesanisme" de De Wette n'ont assurément pas mis l'Université en faveur. Mais celle-ci n'a pas nourri en elle-même cette semence, elle est plutôt venue d'ailleurs – et d'où ? surtout de Heidelberg... Je vais avoir 50 ans, j'en ai passé 30 dans ces temps troublés... Et maintenant, je suis obligé de voir que cela continue ». Et Hegel d'ajouter qu'il n'a « pas trouvé un cercle d'amis semblable à celui de Heidelberg »[3].

Cette inquiétude perceptible de Hegel est la manifestation d'une prise de conscience de la difficulté de sa situation dans le débat public concernant les affaires politiques berlinoises, notamment par rapport aux acteurs historiques, qui, bénéficiant d'une légitimité auprès de la population, ont les mains plus libres face au pouvoir en place, aussi répressif soit-il. Il se rend compte de la faiblesse de sa position institutionnelle, eu égard notamment à Schleiermacher, très présent sur le plan de l'opposition

1. *Politische Vorlesungen*, *op. cit.*, p. 88.

2. *Ibid.*, p. 91.

3. Hegel, Hegel à Creuzer, 30 octobre 1819, *op. cit.*, tome II, p. 195.

politique. Or la période est scandée par des événements politiques importants : l'assassinat de Kotzebüe, considéré comme un agent du répressif Metternich, par l'étudiant Sand. Il avait été l'objet d'une querelle très vive entre le théologien partisan du libéralisme politique et le philosophe, plus proche du gouvernement. De même, la destitution du professeur De Wette avait été pour Hegel l'occasion d'une formule lapidaire, selon laquelle l'État pouvait « destituer un professeur, pourvu qu'il lui laissât son traitement ». Schleiermacher avait qualifié ce point de vue de lamentable, provoquant ainsi une cinglante réplique de la part de son interlocuteur[1]. Dans un brouillon à Hinrichs, Hegel avait d'ailleurs insisté sur le droit pour un gouvernement de s'immiscer dans les affaires de l'université[2]. Dans ses propos, Hegel prenait systématiquement parti pour le pouvoir contre l'opposition au gouvernement prussien.

Dès 1820, Hinrichs avait fait part de son projet littéraire et de sa demande de préface à Hegel en ces termes : « Je me souviens vous avoir écrit dans des lettres antérieures que je travaillais à la religion dans son rapport avec la philosophie; ... J'ai commencé avec le sentiment et la religion du sentiment, je suis ensuite passé à la foi, à la pensée, à la philosophie du sentiment, à la philosophie de la foi, de la pensée, à la religion rationnelle, etc. Je vous prie pour cette raison de me faire savoir, aussitôt après réception de ma lettre, ..., si vous avez l'intention de répondre à cette prière, car je dois me régler là-dessus pour l'envoi du manuscrit »[3]. Il se situait lui-même dans le sillage de la *Phénoménologie de l'Esprit*, et se plaçait de ce fait de bonne grâce sous l'autorité de Hegel. Hinrichs réitéra sa demande dans une lettre du 14 mars 1821, la première lettre étant restée sans réponse. L'enjeu était pour lui important : la maison d'édition Mohr et Winter, qui semblait circonspecte quant au succès potentiel du livre de Hinrichs, exigeait une préface de Hegel pour le cautionner. Dans une lettre datée du 7 avril 1821, Hegel répond alors positivement à la demande de Hinrichs : « J'exaucerai très volontiers votre vœu d'accompagner votre ouvrage d'une préface accompagnée au public... je fais cet été un cours sur la philosophie de la religion, et j'ai donc de toute façon l'occasion de tourner mes pensées de ce côté »[4].

En répondant positivement à la demande, le projet prend alors une autre tournure. Hegel fait ensuite sienne l'orientation de l'ouvrage de Hinrichs.

1. On peut à ce propos consulter les lettres de Schleiermacher à Hegel datée du 16 novembre 1819 et le brouillon de réponse de Hegel, *op. cit.*, tome II, p. 196 et 197.

2. Hegel, *ibid.*, « Un gouvernement doit nécessairement voir comment se présentent les cours d'un privat-dozent », Berlin, novembre 1819, p. 199.

3. Hegel, *ibid.*, Hinrichs à Hegel, 14 octobre 1820, p. 212.

4. Hegel, *ibid.*, p. 223.

Ce dernier indique d'ailleurs dans une lettre en réponse aux remarques de Hegel qu'il se pliera volontiers à ses desiderata. Il indique dès lors les orientations générales de son ouvrage : « Tout d'abord, je vous remercie très cordialement pour la promesse d'une préface à mon ouvrage… Vous aurez sans doute vu d'après le manuscrit que mon principal dessein dans cette étude a été le chapitre intitulé « La religion de l'esprit comme religion absolue », et je renouvelle pour cette raison la prière… d'accorder à ce chapitre une attention particulière, parce qu'il apporte le résultat principal de l'ouvrage tout entier ». Il réitère ces assurances à Hegel le 28 mai 1821 [1].

Hegel ne reste pas insensible au geste de Hinrichs, d'abord par affection, et ensuite parce qu'il voit en lui un disciple qui peut renforcer sa propre position. C'est l'époque où, professeur reconnu à l'Université de Berlin de plus en plus prestigieuse, il renforce ses propres réseaux. Il ne faut pas oublier non plus que Hinrichs enseigne à Heidelberg, ville chère à son cœur, et qu'il reste profondément attaché à sa région natale du Sud-Ouest, même si le Pays de Bade n'est pas le Wurtemberg. Il évoque d'ailleurs cette situation dans une lettre à Daub datée du 9 mai 1821 : « Si vous vous intéressez à Carové, …, c'est que vous lui donniez le conseil de penser sérieusement à Bonn, … À Bonn (en dehors même du fait qu'à Heidelberg il y a un concurrent en la personne de Hinrichs), il serait à tous égards à sa place » [2].

La correspondance est intense entre les deux hommes, et les demandes de Hinrichs se font plus directes. La publication du livre devient stratégique pour sa carrière. Il accepte sans rechigner la direction du maître, à la fois pour le contenu, le titre et la préface de son ouvrage. Il écrit à Hegel le 28 mai 1821 : « Si vous n'avez peut-être pas aussitôt assez de temps pour m'écrire que vous avez reçu cette lettre, ayez la bonté de dire à Buttel… ; et veuillez… me faire savoir par lui… quand je puis attendre la préface. N'oubliez pas non plus, en même temps que la préface, de me proposer un titre… » [3]. La lettre adressée par Hinrichs à Hegel le 13 octobre 1821 ne peut que renforcer cette impression d'une position tactique, qui repose sur deux axes essentiels : flatter les autorités officielles et ne pas s'exposer directement aux attaques possibles de leurs adversaires, surtout dans une période de réforme des Églises : « j'ai donné au livre le titre suivant : "justification philosophique des essais faits par Jacobi, Kant, Fichte et Schelling pour saisir la religion philosophiquement et pour la développer selon son contenu principal". Car, comme il a été dit, le fait de lui donner

1. Hegel, *ibid.*, Heidelberg, le jour de Pâques 1821, p. 229.

2. Hegel, *ibid.*, p. 231.

3. Hegel, *ibid.*, p. 233.

le titre qui lui convient : "justification philosophique de la religion par la science", n'est pas opportun, à cause des malentendus possibles... Je vous demande en toute amitié... s'il serait convenable que je dédie le livre au ministre prussien von Altenstein »[1]. Hinrichs donne en échange à Hegel quelques renseignements précieux sur le paysage universitaire du sud de l'Allemagne, lui indiquant par exemple la duplicité de Schelling à son égard.

C'est dans une lettre que Hegel rédige pour Creuzer en mai 1821 que le texte de Hinrichs semble prendre un tournant décisif sur le plan religieux, suite à l'affaire Fenner. Hegel est conscient que seule une attitude en parfait accord avec la ligne politique que tient le gouvernement prussien en matière de religion pourra être favorable à Hinrichs. On se souvient que le climat religieux est alors empoisonné par l'affaire de l'*Agende*. Il convient d'être ostensiblement proche d'un pouvoir contesté et de montrer une attitude relativement orthodoxe dans le domaine de la pensée religieuse : « Mais en ce qui concerne la matière que traite Hinrichs, une nouvelle circonstance est intervenue. Il y a quelques semaines, lorsqu'un étranger, le Dr. Fenner – un âne bâté – que notre Faculté avait éconduit, a voulu faire des cours... sur la Philosophie naturelle d'Oken, le roi l'a interdit, parce que cette philosophie conduisait à l'athéisme ; et il a ordonné au ministre de veiller à ce que la philosophie naturelle et les autres philosophies qui conduisent à l'athéisme ne soient pas enseignées dans les universités – (application de la philosophie spéculative à la religion). ("Rapports de la religion avec la science" : ce titre peut paraître suspect ; il vaudrait mieux par exemple : "Essais de justification spéculative de la théologie").

J'ai dit à ce sujet à notre chargé de pouvoir que toute application de la philosophie spéculative à la religion pouvait conduire à l'athéisme ; il s'agit de savoir seulement qui y conduit ; la piété singulière de notre temps et la volonté mauvaise de certains démagogues chez qui, on le sait, cette piété prospère et fleurit, engendreront facilement de tels "conducteurs" et remettront en circulation ce vieux mot "d'athéisme" déjà presque oublié. – Hinrichs ne doit jamais perdre de vue la possibilité d'être appelé dans une université prussienne. – Par ailleurs, lorsque quelque part on imprime sur un homme une marque quelconque, par exemple celle de la démagogie, et finalement même celle de l'athéisme, il porte cette marque sur le front dans tous les pays de l'Empire allemand – territoire de la Sainte-Alliance. J'écrirai moi-même à Hinrichs à ce sujet. Je n'ai pas examiné de près son manuscrit de ce point de vue, lorsque je l'avais entre les mains (dans quelle mesure les expressions employées pourraient donner lieu à des

1. Hegel, *ibid.*, p. 259.

malentendus) ». Dans ce texte, on trouve toute la roublardise du maître, prompt à être prudemment audacieux.

Pour la publication du livre, Hinrichs trouvera ensuite un autre éditeur, comme le signale Creuzer dans une lettre à Hegel en date du 8 septembre 1821 : « Hinrichs est plein de zèle, et son succès n'a pas diminué. Mais sa situation pécuniaire exige un changement rapide. Ce serait pour nous une véritable consolation, s'il pouvait avoir un poste fixe. Pour son livre, nous avons eu beaucoup de peine à trouver un éditeur. Finalement Varrentrapp de Francfort s'est décidé, et les premières feuilles ont été déjà données à l'impression » [1]. La lettre suivante, datée du 25 janvier 1822 et adressée par Hinrichs à Hegel [2], est citée partiellement dans la préface ici traduite. Elle permet au philosophe de souligner l'authenticité du travail de son élève, tout en contribuant à attaquer durement les thèses de Schleiermacher et de se positionner ainsi plus ou moins expressément aux côtés des partisans de l'union. Hinrichs envoie d'ailleurs peu après, comme il l'annonce dans sa lettre du 4 avril 1822, le manuscrit à son maître, le priant de bien vouloir en faire parvenir un exemplaire au ministre Altenstein. Hegel fait alors parvenir sa préface à Hinrichs dans une lettre envoyée le 9 avril : « … J'ai rayé les mots qui, dans votre rédaction, désignent ma philosophie d'une façon plus précise… Et maintenant, mes meilleurs vœux pour la véritable entrée dans le monde. Quel accueil vous pouvez attendre, c'est ce que j'ai dit dans la préface… Il faut que peu à peu nous élevions davantage la voix. Dites à Daub – tout à fait confidentiellement – que le ministre songe à l'inviter ici, avec Schwarz, pour conférer sur la théologie et sur l'Église… Si le ministre m'en parle, je lui dirai qu'il n'a qu'à demander à ces deux messieurs : 1) les articles de leur union ; 2) une critique de la Dogmatique de l'Église évangélique… ; il pourra voir ainsi ce qu'ils pensent de la théologie berlinoise » [3].

Hegel et Göschel

L'autre texte de Hegel en rapport avec le protestantisme est une introduction au livre de Göschel, conseiller juridique à Naumburg, qui fut appelé au ministère prussien de l'intérieur en 1834 et occupa les fonctions de président du consistoire de la province de Saxe entre 1845 et 1848. L'historiographie hégélienne présente Göschel comme un esprit médiocre, qui avait la réputation d'être un hégélien de droite conservateur et orthodoxe et

1. Hegel, *op. cit.*, tome II, p. 253.
2. *Ibid.*, p. 260.
3. *Ibid.*, p. 265-266.

qui avait pourtant reçu le soutien de son maître Hegel pour la préface de son livre. Plus qu'un esprit étroit, Göschel était en effet connu de ses contemporains pour être un penseur brouillon : « Göschel voulait tout enseigner : La Bible et Babel, Hegel et ce qui n'était pas Hegel [*Nicht-Hegel*], la logique et le livre de musique, Goethe et Herrnhut, et était entré par là dans une mystique aux tonalités douces » [1]. Ce personnage étrange, enfermé dans un mysticisme très personnel, est mentionné à plusieurs reprises dans le journal de Ludwig von Gerlach pour ses rapports cordiaux avec Hegel et Goethe. Si Göschel n'était pas un grand théoricien, on ne peut néanmoins pas lui dénier un sens politique certain et on peut comprendre, dans la logique d'établissement à Berlin qui est celle de Hegel, pourquoi ce dernier lui accorde tant d'importance. Göschel présente pour le philosophe un double intérêt : d'abord, il est prêt des cercles de pouvoir royaux et est un acteur des réformes, pouvant lui donner des informations précieuses sur les évolutions en cours : « Monsieur von Quast a dit il y a peu de temps : la minorité aurait dû quitter le synode après le vote sur les symboles. Peut-être aurait-il été plus judicieux et peut-être aurais-je dû le proposer de ce fait… de protester contre le synode lui-même. Göschel nouvellement excessivement irrité contre le degré de l'acuité de notre opposition contre le synode s'y est attardé hier un peu plus longuement et a dit : le fait de quitter le synode aurait signifié une opposition difficilement conciliable avec sa position officielle contre le roi, qui l'avait convoqué, et le ministre Eichhorn » [2]. À l'inverse de Hinrichs, il n'est pas un fidèle disciple de Hegel auquel il se vouerait corps et âme. D'autre part, Göschel suit une stratégie sociale inverse de celle de Hegel : membre reconnu de la haute administration, il souhaite par la théorie justifier la politique du gouvernement prussien pour ce qui est des affaires de l'Église. Dans le journal de Ludwig von Gerlach, à la page du 15 novembre 1828, c'est-à-dire un an avant la parution du texte présenté ici, on trouve une mention originale de la pensée du haut fonctionnaire ecclésiastique : « Mais Göschel me dénie toute faculté spéculative, parce que je me suis plaint du fait qu'il perd par ses pensées farfelues la conscience de l'existence. Je ne suis, dit-il, pas enclin à quitter les représentations matérielles et lui pas fait pour y rester » [3].

Cependant, sans qu'il soit possible d'en déterminer avec précision la raison, Göschel va peu à peu s'éloigner de Hegel, notamment au plan intellectuel. Dans une lettre de juillet 1832, Ludwig von Gerlach indiquait :

1. Th. Mundt, *Der Freihafen III*, 2, Altona, 1840, p. 251 *sq*.

2. *Ungedrucktes aus den Tagebüchern Ludwig von Gerlachs III*, in *Neue Quellen zur Geschichte Preussens im 19. Jahrhundert*, herausgegeben und bearbeitet durch Hans-Joachim Schoeps, Berlin, Haude und Spenersche Verlagsbuchhandlung, 1968, 12 septembre, p. 340.

3. *Ibid.*, p. 126.

« L'hégélianisme de Göschel prenait maintenant un tour – selon ce qu'il me semblait – qui essentiellement le refroidissait, ce qui me fit de la peine »[1]. Il rapporte des propos peu amènes et à forte teneur libérale tenus par Göschel sur le mariage de Goethe avec Vulpius et sur les qualités nécessaires aux fonctionnaires de justice, ajoutant alors à propos de l'état d'esprit général de Göschel : « Je crois qu'avant et après cette époque, il lui est devenu impossible de tenir de tels propos – mais son chemin dans la vie passait par de telles erreurs – et à travers mes liens étroits avec lui – le mien également »[2]. La période hégélienne a correspondu à un moment intellectuel de la vie de Göschel, en relation avec le texte ici traduit, dont on ne connaît pas le succès ou l'échec.

Par contre, ces sources inexploitées permettent de mieux cerner les convictions et l'action de Göschel dans les milieux du protestantisme auquel il appartient. Il est en effet plus connu pour son œuvre de juriste, fidèle à la politique officiellement dictée par l'État dont il fait partie, que pour son œuvre philosophique de laquelle il semble se détacher. Ses interventions se font toujours dans le cadre limité des atermoiements multiples du roi pour mener comme bon lui semble la réforme des Églises et relèvent de façon quasi permanente de l'auto-justification. Dans une lettre écrite par Carl von Voss à Leopold von Gerlach[3], Göschel est mentionné à propos de l'affaire Stahl. Ce dernier, professeur à Erlangen, avait écrit un livre dans lequel il mettait en relation le piétisme et le rationalisme, le territorialisme des juristes protestants avec ce même piétisme et également l'histoire et l'évolution du luthéranisme. Ce livre de circonstance fut bien reçu à la cour du roi, puisqu'il exposait une synthèse claire des points de litige à l'origine de la politique royale dans le domaine des Églises : « Mais le livre de Stahl a pourtant eu une utilité très essentielle pour le prince, car il l'a éclairé sur des points particuliers [...] La position de Stahl ici à Berlin est maintenant une question partisane. Rochow prend très à cœur la chose à l'occasion de son ouvrage. Mais Altenstein y est tout à fait opposé avec l'armée des hégéliens toute entière. Je suis vraiment curieux de parler à Göschel pour voir quelle position il prend dans cette situation épineuse »[4]. De nouveau, les lignes de partage sont bien dessinées et les amis de Hegel se placent du côté du pouvoir officiel. Il est à noter que l'on parle désormais de « l'armée des hégéliens » comme du bras séculier du pouvoir.

1. *Ibid.*, Ungedrucktes aus den Tagebüchern Ludwig von Gerlachs 1832-1833 und Briefe an ihn, Juli 1832, p. 139.

2. *Ibid.*

3. *Ibid.*, Briefwechsel mit Leopold von Gerlach, 26 septembre 1786 au 3 février 1864, DZA Merseburg, Rep. 92, Nachlass Nr. 16.

4. *Ibid.*, Berlin le 5 mars 1840, p. 269 et 6 mars 1840, p. 270.

Dans deux cas très précis, on s'aperçoit des rapports étroits que peut entretenir Göschel avec le luthéranisme qui est naturellement plus pour lui une position politique qu'un enjeu dogmatique : « Schmieder et les Göschel. Sur sa prédication du 18 octobre : Luther l'apôtre des Allemands. Moi : il n'est pas un apôtre, mais un prophète – au sens de l'Ancien Testament –, de l'état de l'Église d'où il est venu. Les amis des Lumières [*Lichtfreunde*][1] pouvaient vraiment tirer avantage de lui et de "une forteresse solide", la Marseillaise de la Réforme. Göschel contredit à sa façon formelle. Göschel : Eichhorn a écrit au consistoire sur la plainte du Magistrat à propos des sermons de Reinhardt que les prédicateurs chrétiens devaient être exhortés à la polémique contre les amis des Lumières, et Schede a voté pour la confirmation de Erler. Les deux choses l'abattirent beaucoup »[2]. Sa position est toujours celle de la représentation de l'État prussien, dont il justifie toutes les manœuvres. Ainsi, s'il exprime sa réticence pour les symboles du luthéranisme, il saura aussi négocier avec les luthériens traditionalistes pour mettre un terme à la menace qu'ils représentent pour l'État prussien : « Pour ce qui concerne les Luthériens confessionnels, ceux qu'on appelle les vieux Luthériens, il leur avait déjà été accordé une reconnaissance étatique par une concession générale octroyée le 23 juillet 1845, à laquelle Göschel avait considérablement contribué »[3]. Contrairement à l'image décousue que la postérité hégélienne a donné de lui, Göschel, tant par son style que par son attitude en matière de réflexion philosophique, semble se comporter de façon extrêmement ferme et professionnelle lorsqu'il s'agit de négocier dans les divers synodes au nom de l'État prussien : « Göschel, chez qui je vais après la cathédrale et Schede : il n'est question que des protestations dans les journaux et de démission de l'Église. Nous étions d'accord pour dire qu'il fallait à tout prix éviter de verser de l'eau froide sur le foyer... Combien il est remarquable que Göschel reste aussi ferme, porté qu'il est par sa fonction »[4]. Göschel est évoqué dans le journal de Ludwig von Gerlach et dans des lettres avec son frère Leopold. Hegel se trouve d'ailleurs raillé pour son inexpérience politique. Le discours philosophique doit pouvoir aboutir à des résolutions pratiques : « Les recensions de Göschel, dans lesquelles sa phrase : "l'État, se construisant de bas en haut, est l'expression du commandement de l'amour du prochain, l'Église de haut en bas l'expression de

1. Mouvement protestant rationaliste, créé en 1841 à Gnadau, qui devint vite autour de Leberecht Uhlich (1799-1872) un mouvement d'opposition religieuse et politique.

2. *Ibid.*, le 6 mars : Reinhardt était un prédicateur croyant et Schede le nouveau conseiller consistorial à Magdebourg. Erler était rationaliste et fut confirmé dans ses fonctions de super-intendant. Göschel était depuis 1845 président du consistoire à Magdebourg, p. 331.

3. *Ibid.*, 24 août, p. 340.

4. *Ibid.*, 20 septembre, p. 341.

l'amour de Dieu". Cette expression dantesque se rapproche de la vérité. Le fait que Hegel n'ait pas pu dire ce qu'est l'Église et quelle était sa relation à l'État, il l'explique dans l'une de ces recensions par "des troubles dus aux phénomènes de l'époque" etc., dans la conversation par le manque d'expérience de Hegel. »[1]. Il est en cela le contrepoint de Hegel, et en est dans le même temps très complémentaire.

Hegel et les catholiques

La première rencontre de Hegel et des catholiques s'était faite lors de son séjour en Bavière, et il avait appris à connaître le pouvoir du cléricalisme dans la vie de l'État. Lors du congrès de Vienne, une part de ses soucis provenait d'ailleurs de cette situation. Entre-temps, les séjours à Heidelberg et à Berlin semblaient avoir apaisé ses craintes. La philosophie du droit de 1820 réclamait la multiplicité des confessions en accord avec le droit régional et la politique du gouvernement. Parler des rapports entre l'Église et l'État revient en fait presque uniquement à parler des rapports entre le protestantisme et l'État. La philosophie du droit n'aborde nulle part expressément le catholicisme : elle le considère comme un stade précédant la situation présente[2]. Le philosophe se sentait en cela lié par la situation religieuse prévalant en royaume de Prusse. La nouvelle curie, revenue en Prusse avec de nouvelles forces et de nouvelles prérogatives après son exil, semblait si modérée dans ses positions, que, même dans les années 1830, à la veille du dur combat dans lequel devait se forger l'identité du grand parti catholique allemand, un observateur aussi avisé que l'historien Ranke, précisément parce qu'il observait les événements depuis Berlin, ne put soupçonner que le pouvoir de l'Église catholique allait menacer l'État protestant. Niebuhr, ambassadeur de Prusse au Vatican, parlait dans ses courriers « des armes spirituelles rouillées de la papauté sénile »[3]. Au début des années 1820, Hegel avait pu s'entendre avec les futurs dirigeants du parti catholique, Windischmann et Ferdinand Walter. En 1824, il avait toutefois, en employant une formule qui n'était ni catholique, ni protestante, désigné les philosophes et les gouvernements comme appartenant à la « prêtrise ». Lorsqu'à partir d'avril 1826, sa correspondance se remplit de passages contre les « curés », et que dès lors, le problème des rapports entre l'Église catholique et l'État devient l'un de ses

1. *Ibid.*, nouvelle année 1846, p. 329.

2. Franz Rosenzweig, *Hegel und der Staat*, Neudruck der Ausgabe 1920, Aalen, Scienta-Verlag, 1962, p. 215 *sq.*

3. *Ibid.*

sujets politiques de prédilection, cela a peut-être à voir avec la pratique récalcitrante que les prêtres de Rhénanie et de Westphalie opposaient à l'édit royal sur les mariages mixtes daté d'août 1825. Mais une raison plus immédiate en est sans doute le texte traduit ici, et connu par plusieurs sources. Le premier récit en est celui de Hayms, cité par l'édition allemande : « Combien Hegel... était luthérien de toute son âme..., on le voit à de nombreux passages de sa philosophie de la religion. En ce qui concerne en particulier la doctrine de la Cène, il soulignait avec force la différence entre les religions et se prononçait sans ménagement sur la grossièreté des représentations qui sous-tendaient le dogme de la transsubstantiation. Pour prouver quelles conséquences crasses on pouvait tirer de ce dogme, il citait alors volontiers l'exemple suivant, à savoir la manière dont un des casuistes lui avait affirmé très logiquement que lorsqu'une souris avait mangé complètement une hostie consacrée, qu'elle renfermait donc en elle le véritable corps du Christ, le catholique devait s'agenouiller devant elle et l'adorer etc. S'y rattache une anecdote dont la narration peut trouver sa place ici. Parmi les auditeurs des cours de Hegel pendant le semestre d'hiver 1826 se trouvait un vicaire de l'église Sainte-Edwige de Berlin, qui... fréquentait régulièrement les cours. Hegel ne l'ignorait pas; mais il ne se sentait pas le moins du monde gêné par la présence de cet hôte pour ce qui concerne le traitement de sa matière. Ce dernier devait donc entendre les ex-cursus sur les conséquences casuistiques de la doctrine catholique de la Cène. Il était si catholique qu'il se crut par conséquent autorisé à accuser le professeur auprès du ministre Altenstein pour "diffamation publique de la religion catholique". Ce dernier chargea le conseiller rapporteur Joh. Schulze qui était lui-même un auditeur assidu de Hegel de le mettre en demeure de façon confidentielle de s'expliquer plus en détail sur la plainte déposée contre lui. Avant même d'avoir rédigé sa lettre de justification au ministre, Hegel, dans un des cours qui suivit, saisit l'occasion pour évoquer cette situation devant son auditoire »[1].

Hotho, élève de Hegel, relate également l'affaire à Cousin en ces termes : « Quand à votre ami Hegel il se porte beaucoup mieux que jamais; il fait ses cours et au soir il s'amuse en fréquentant et les théâtres et les concerts et les salons. Une petite anecdote vous montrera la différence de votre ministère et du nôtre. Dans son cours de l'histoire de philosophie notre ami parle de la philosophie du moyen-âge et du catholicisme. Il dit que dans le culte catholique Dieu est représenté comme étant présent dans une chose, et qu'ainsi, quand par exemple une souris mange cette chose le Dieu est dans la souris et même dans les excréments. De ses mots offensés

1. G.W.F. Hegel, *Berliner Schriften 1818-1831*, Werke 11, Suhrkamp Taschenbuch Wissenschaft, p. 577-578.

les disciples catholiques se plaignent d'une telle blasphémie au ministère, qui l'annonce à notre ami. Et çelui ne fait rien autre chose que dire, que comme professeur professant et comme professeur de philosophie il eût le droit de parler ainsi en examinant quelle soit la nature du catholicisme, et que les catholiques, qui ne voulaient pas entendre de telles choses n'eussent pas besoin de fréquenter ses cours »[1].

Suite à ce cours, une plainte fut déposée pour diffamation publique de l'Église catholique par un vicaire de l'Église Sainte Edwige. Altenstein remit l'affaire entre les mains de Schulze, ami et auditeur de Hegel, afin qu'elle pût être résolue de façon discrète. Hegel se justifia alors en public dans l'un de ses cours de façon énergique. Au milieu de son cours, le vicaire se leva, regardant Hegel « d'un air à la fois fixe et menaçant »[2]. Celui-ci lui répondit sans se troubler : « Cela ne m'impressionne pas le moins du monde que vous me regardiez de cette façon »[3], suite à quoi le vicaire quitta définitivement la salle de cours pour ne plus y revenir. La chose fut conclue par la longue lettre traduite ici, adressée à Altenstein, écrite avec une certaine fierté et plaçant clairement Hegel dans le camp gouvernemental. Outre ses bons rapports avec Altenstein, il ne convenait pas d'employer un ton autre que celui-ci étant données les circonstances. L'hiver précédent en effet, une petite guerre avait été déclarée entre la monarchie et l'Église à propos des couples mixtes dans les territoires prussiens occidentaux, et le roi avait écrit juste auparavant une lettre de désapprobation à l'une de ses demi-sœurs, la duchesse de Anhalt, pour lui reprocher sa conversion au catholicisme et lui annoncer le bannissement de la cour d'un de ses demi-frères pour la même raison. Deux jours après ces événements, Hegel écrit à Cousin une lettre pleine de satisfaction relatant les deux événements, et à partir de là, ses lettres contiendront toujours des remarques hostiles au cléricalisme. Le concordat était à ses yeux mauvais, car il octroyait l'émancipation aux catholiques dans un État jusqu'alors uniquement protestant et permettait l'émergence d'une nouvelle philosophie romantique proche du catholicisme.

Les trois derniers textes sont des recensions de livres portant sur la philosophie de Hegel. Le premier a été publié de façon anonyme : Erdmann voit dans son auteur un certain Hülsemann, qui, selon Kuno Fischer, aurait appartenu au camp catholique des ennemis de Hegel. Le rédacteur du second ouvrage, Karl Ernst Schubarth (1796-1861) s'était attiré les grâces de Goethe par ses ouvrages précédents, dans lesquels il traitait précisément du poète allemand et également de Homère. Schubarth avait

1. Michel Espagne et Michaël Werner, Berlin, le 1er avril 1826, *op. cit.*, p. 68 et 69.
2. Franz Rosenzweig, *op. cit.*, p. 210.
3. Franz Rosenzweig, *ibid.*, p. 212.

été recommandé à Hegel par Goethe, ce qui lui valut d'être reçu en 1827 par le philosophe. Goethe avait demandé à Hegel d'apporter son soutien à la candidature de Schubarth, qui cherchait un poste dans une université prussienne. Hegel fit alors des démarches auprès d'Altenstein, qui lui fit savoir qu'aucun poste n'était disponible pour le moment, mais que les recommandations de Hegel et Goethe pourraient favoriser une entrée ultérieure de Schubarth au service de l'État prussien.

C'est alors que Schubarth fit paraître un pamphlet anti-hégélien intitulé « Sur la philosophie en général et sur l'Encyclopédie des Sciences philosophiques de Hegel en particulier. Contribution à un jugement sur ce dernier ouvrage, par le Dr K. E. Schubarth et le Dr Carganico » à Berlin en 1829. Hegel, qui sentit le danger de l'attaque, répondit donc dans les *Jahrbücher für wissenschaftliche Kritik* en 1829 sous la forme de trois articles. Hegel attaquait en particulier Schubarth pour son interprétation du christianisme et ses interventions haineuses à son égard. L'entreprise de Schubarth n'avait pas, comme le souligne Jacques D'Hondt, de but théorique mais des visées répondant à des sollicitations supérieures de gens qui s'opposaient à la philosophie de Hegel. Cette anecdote montre bien quel danger la position de Hegel, proche du pouvoir sur le plan religieux, lui avait fait courir.

Cette place prise par la religion va s'accroître dans les années qui suivront la publication de ces textes, et les remarques de Hegel se feront plus acerbes quant à la progression du cléricalisme. Il voit d'ailleurs en France, en Angleterre et aux Pays-Bas les mêmes progrès de l'Église catholique qu'en Allemagne. Il stigmatise dans sa correspondance la politique concordataire, l'émancipation des catholiques et le catholicisme néo-romantique dans un État jusqu'alors essentiellement protestant. Il se laisse aller à quelques remarques peu amènes contre Windischmann qu'il n'avait auparavant jamais critiqué.

Ce qui était exprimé de façon philosophique chez Hegel va apparaître sous une forme plus crue dans son discours d'intronisation en tant que recteur de l'Université de Berlin le 25 juin 1830, à l'occasion du tricentenaire de la publication de la confession d'Augsbourg. Ce jour-là, Hegel contourna la difficulté de l'union des deux Églises protestantes pour magnifier la Réforme comme un tournant de l'histoire du monde, et ce du point de vue d'un observateur extérieur à la théologie. Pour lui, la signification de cet acte résidait moins dans sa formulation propre que dans les deux faits majeurs suivants : les princes et les villes libres s'étaient ralliés au contenu de l'« Augustina », charte de l'Église évangélique, et les laïcs pouvaient enfin revendiquer le droit de statuer en matière de religion. Par le lien qu'il tissait dès le début de son exposé entre le rôle des puissances étatiques à l'époque de la Réforme et la pensée d'un sacerdoce universel, il introduisait habilement son sujet. Il soulignait le second point de son propos, à savoir la suppression de la différence entre prêtres et laïcs et ses conséquences pour l'intériorisation de la foi. Autrefois, il avait surtout saisi la Réforme dans sa perspective historique : sur ce concept de liberté protestante, qui était l'équivalent du concept moderne de liberté de l'esprit, avait reposé la première évolution protestante tirant les conséquences des Lumières et datant de l'ère napoléonienne. Dans ce sens, il avait pressenti l'État comme étant « protestant », et ce même avant la rédaction de la seconde Encyclopédie.

Mais ce qui l'intéresse maintenant dans ce discours a une portée plus universelle : il veut savoir quelle influence le christianisme ainsi réhabilité peut avoir sur la progression de la rédaction d'une constitution étatique et la société civile. C'est pourquoi il en arrive bientôt, après avoir loué la liberté et l'intériorité protestante, au rôle qu'avaient joué autrefois les princes et les patriciens protestants : leur mérite résidait dans le fait qu'ils avaient su faire d'une libération une liberté durable. La nouvelle piété exigeait un nouvel État. Il ne voulait plus en 1827 limiter l'appréhension de la religion au simple plan des sentiments, mais mettre la foi en rapport avec l'actualité politique. C'est du protestantisme lui-même, et non plus du devenir des Églises protestantes dans un même État, comme c'était le cas en 1820, que Hegel faisait provenir la légitimité propre de l'État et son unité intérieure. Cette unité de l'Église et de l'État était l'héritage d'une histoire tricentenaire et il n'était pas étonnant que Hegel en appliquât les principes au présent : l'erreur de ne pas reconnaître que la liberté étatique ne pût prospérer que sur le sol de la liberté religieuse avait conduit à des catastrophes ceux qui voulaient réformer les mœurs et l'État à l'époque des empires catholiques. À l'inverse, la Prusse avait, selon le philosophe, étendu les libertés, amélioré les lois et enrichi la constitution dans un sens plus libéral parce qu'elle était un État protestant, et seulement pour cette raison : Hegel pensait certainement là à l'abolition du servage, à la liberté d'entreprendre et à la nouvelle législation urbaine. Ces réformes venaient d'en haut et devenaient un point de repère pour bon nombre d'États allemands, comme modèle ou comme repoussoir. L'État qu'il avait fêté dans son discours d'investiture douze ans auparavant était maintenant fondé sur la foi protestante. On peut penser que cette évolution, loin d'être unique à l'époque, était l'une des ultimes manifestations de ce que le philosophe n'avait cessé de défendre pendant sa carrière berlinoise, à savoir la fidélité à un État qui en avait définitivement fait l'une des figures incontournables d'une université désormais célèbre.

INTRODUCTION

DIE AUFHEBUNG DES GLAUBENS

LANGUE HÉGÉLIENNE ET EXPRESSION THÉOLOGIQUE

Les quatre textes de la période berlinoise de Hegel ici présentés, bien que d'importance inégale, sont consacrés à la question de la philosophie de la religion, et tous mettent en évidence la délicate réception du hégélianisme en ce domaine[1]. Toutefois, si nous laissons de côté les enjeux proprement socioculturel et politico-religieux de ces écrits, enjeux pour lesquels nous ne pouvons que renvoyer le lecteur à l'avant-propos ci-dessus développé, il importe pour nous de centrer notre approche introductive sur ce qui en eux est, venant d'un si grand philosophe, probablement le plus attendu, à savoir le contenu philosophique lui-même. Parmi ces textes trop peu lus, le premier ici traduit et sûrement le plus célèbre d'entre eux, est la préface que Hegel écrivit en 1822 au livre de son ami et ancien élève H. Fr. W. Hinrichs, *La religion dans son rapport interne à la science*[2]. Le philosophe, alors installé à Berlin depuis 1818, saisit l'occasion de la parution de cet ouvrage, ... fort hégélien, pour une nouvelle fois préciser le sens et l'enjeu du rapport entre foi et savoir. Toutefois ici, il ne s'agissait pas seulement de rappeler les acquis de la *Phénoménologie de l'esprit* de

1. Les traductions ci-dessous présentées prennent appui sur le texte établi dans le tome 11 des *Œuvres complètes*, publiées par les éditions Suhrkamp-Taschenbuch Wissenschaft, Francfort-sur-le-Main, 1986. Il s'agit des textes intitulés : *Vorrede zu Hinrichs' Religionsphilosophie* [1822], *Über eine Anklage wegen öffentlicher Verunglimpfung der katholischen Religion* [1826], *Aphorismen über Nichtwissen und absolutes Wissen im Verhältnisse zur chritlichen Glaubenserkenntnis. Von Karl Friedrich Göschel* [1829] et *Über die Hegelsche Lehre oder absolutes Wissen und moderner Pantheismus. – Über Philosophie überhaupt und Hegels Enzyklopädie der philosophischen Wissenschaften insbesondere* [1829].

2. H. Fr. W. Hinrichs, *Die Religion im inneren Verhältnisse zur Wissenschaft*, Heidelberg, 1822.

1807, selon lesquels la religion a le même contenu de vérité que la philosophie, mais présenté de façon conceptuellement insatisfaisante, dans la seule forme de la représentation; il s'agissait en outre d'en rappeler le sens contre le renouveau, après Jacobi, des philosophies du sentiment, et tout particulièrement en opposition à la magistrale *Doctrine de la foi chrétienne* de Fr. Schleiermacher, parue l'année précédente, en 1821, à Berlin, où le théologien occupait une chaire alors incontestée à l'Université. C'est dire d'emblée que cette préface au livre de Hinrichs est de part en part traversée de visées quasi explicitement polémiques.

Or cette polémique sur des sujets de théologie dans laquelle Hegel se lance dès 1822 ne fera ensuite que nourrir l'ensemble des textes qu'il consacrera à cette question. Elle se retrouvera d'abord dans ses cours eux-mêmes, comme le montre l'anecdote, somme toute peu glorieuse, qui donna lieu à la réplique publique du 3 avril 1826, ici présentée dans le second texte traduit. Cela révèle le climat tendu et délicat qui pouvait régner sur ces questions religieuses dans le Berlin de l'époque, mais également la difficulté croissante du propos hégélien, pris entre rationalité spéculative d'une part, adhésion et conflit théologiques d'autre part.

Loin de s'atténuer, cette tension religieuse entre l'exigence spéculative hégélienne et la réorganisation de la dogmatique évangélique sous l'influence intellectuelle notable de Schleiermacher ne va faire que se poursuivre, si ce n'est s'accroître. Les deux derniers textes traduits en témoignent. Il s'agit là de deux recensions écrites en 1829 et parues dans les *Annales de la critique scientifique*, journal fondé par Édouard Gans et Hegel lui-même, et qui devait constituer dès 1826 un véritable organe de promotion du hégélianisme à Berlin. Dans une lettre datée du 29 novembre 1820, un élève de Hegel, Fr. W. Carové, lequel deviendra juriste et historien du catholicisme, en annonçait le projet (alors anticipé) à Victor Cousin en ces termes : « C'est aussi, lui écrivait-il, avec le commencement de la nouvelle année que paroîtra à Berlin un journal philosophique ayant pour but, de préparer le public pour la philosophie de Hegel et de fixer de plus en plus son attention sur elle »[1].

Ces deux textes recensés par Hegel proviennent d'œuvres dont l'inspiration est tantôt hégélienne tantôt anti-hégélienne. Les *Aphorismes sur le non-savoir et le savoir absolu en rapport avec la connaissance de la foi chrétienne*, de K. Fr. Göschel, forment un ouvrage d'autant plus

1. Lettre de Carové à Cousin du 29 novembre 1820, in *Lettres d'Allemagne. Victor Cousin et les hégéliens*, lettres rassemblées par M. Espagne et M. Werner, Du Lérot, 1990, p. 46. Citant cet ouvrage, nous conservons l'orthographe, l'accentuation et la syntaxe des correspondants allemands de Cousin.

intéressant qu'il ne provient pas d'un des proches du maître[1]. Et pourtant, abordant la question essentielle du rapport entre foi et savoir, ce livre constitue une justification de la doctrine hégélienne face aux critiques des « philosophies du sentiment », principalement celles issues des thèses de Jacobi. Toutefois, malgré ce qui peut aller jusqu'à agacer le lecteur, en lui donnant par trop l'impression d'un mimétisme bien peu philosophique, ce texte de Göschel a l'immense intérêt, questionnant le statut de la représentation en matière de langage religieux, d'obliger Hegel, tout en en faisant une recension fort élogieuse, à préciser avec clarté l'enjeu exact de son interprétation.

Quant au quatrième et dernier texte traduit, il s'agit d'une longue recension que Hegel consacre à diverses études qui lui sont hostiles. Voulant tout d'abord recenser cinq ouvrages, il se limitera à deux d'entre eux, l'un l'autre anonymes. Le premier, intitulé *De la doctrine hégélienne ou savoir absolu et panthéisme moderne*, paru en 1829 à Leipzig, est probablement dû à un certain Hülsemann, comptant parmi les adversaires catholiques déclarés de Hegel. Le second texte, *De la philosophie en général et de l'Encyclopédie des sciences philosophiques de Hegel en particulier*, paru la même année 1829 à Berlin, est dû à K.E. Schubarth, ami comme Hegel de Goethe, et qui deviendra en 1830 professeur d'histoire et de littérature à Kirschberg, puis spécifiquement d'histoire, en 1841, à Breslau. Dans cette double recension, peut-être plus particulièrement, bien que dans les autres textes ici présentés également, le lecteur découvrira un Hegel polémiste, volontiers moqueur, mais au regard critique toujours exigeant, et capable de porter son attention aussi bien sur des enjeux fondamentaux de sa doctrine religieuse que sur quelques obscurs points de détails de l'analyse ou de l'écriture.

Quant à l'écriture hégélienne elle-même, précisément, elle est, dans ces textes souvent précipités et agacés de polémique, il faut bien en convenir, fort peu soignée. Pis encore, elle est, à plusieurs reprises non seulement brouillonne et traversée de formulations dialectales souabes, mais encore encombrée d'une syntaxe fort lourde. Ainsi, la tendance à la phrase unique, déjà si présente dans la *Phénoménologie de l'esprit* de 1807 et la *Science de la logique* à partir de 1812, se retrouve ici fort accentuée. La phrase, composée d'une principale noyée dans quatre, cinq, voire six relatives, peut alors atteindre quinze à vingt lignes. Autant dire que cette écriture (qui

1. K. Fr. Göschel, *Aphorismen über Nichtwissen und absolutes Wissen im Verhältnisse zur christlichen Glaubenserkenntnis*, Berlin, 1829. Sur l'absence de relation préalable à l'écriture de cet ouvrage entre Göschel et Hegel, cf. la lettre de Göschel à Hegel du 14 octobre 1829, in Hegel, *Correspondance*, t. III, trad. J. Carrère, Paris, Gallimard, 1967, p. 241.

n'a rien de proustienne!) n'aura cessé d'alimenter l'embarras des traducteurs, partagés entre l'envie de rendre lisible (et français!) le propos hégélien, au risque dès lors d'introduire une trop grande correction et donc un trop grand écart entre la traduction et son original, et le souci du respect, philologique et philosophique, de la littéralité, au risque, cette fois-ci, de passer eux-mêmes pour de piètres traducteurs tant, dans le texte hégélien, le jargon l'emporte bien souvent sur la correction de l'expression. Aussi y a-t-il quelque ironie, que percevra également le lecteur, à lire, sous la plume de Hegel, que « la préciosité de la façon de réfléchir » de Schubarth le « fait également écrire [...] dans un allemand extrêmement maladroit » [1].

S'il est vrai, comme le rappelle un de ses récents biographes, que les phrases hégéliennes, dès les premiers écrits de la période de Francfort, apparaissent « encombrées de lourdeurs syntaxiques », il est vrai également que « ce fourré difficilement pénétrable », une fois pénétré, offre l'accès à des merveilles de profondeur. C'est à propos de ces merveilles que Schiller écrivit à Goethe, le 30 novembre 1803, en réponse à une lettre où le poète s'inquiétait de « l'art oratoire » hégélien, qu'elles constituent, à défaut du « talent pour se présenter », la manifestation de « la vertu allemande de la profondeur, de la bonne foi et du sérieux » [2]. Ainsi pourrait-on pasticher la célèbre description que H.G. Hotho, alors ancien élève du maître, brossa dans ses *Études préliminaires pour la vie et l'art*. Bien que décrivant l'élocution catastrophique, car hachée, toussoteuse, traînante et dialectale, d'une pensée ardue, progressant inéluctablement au prix d'une lenteur toute répétitive, le jeune auditeur remarquait qu'ainsi, c'était déjà « précisément dans les profondeurs de ce qui semblait indéchiffrable que se mouvait et s'agitait l'esprit puissant de Hegel, dans une magnifique certitude d'aise et de calme » [3]. Or, à lire Hegel, c'est bien souvent, et ici également, l'impression stylistique que l'on en retire. L'écriture est malhabile, hachée, absconse et répétitive. Et toutefois, assurément, malgré cette réelle pesanteur, et non grâce à elle, l'esprit transparaît, et l'intelligence de la compréhension hégélienne des problèmes, ici théologiques, s'impose sinon comme évidente et définitive, du moins comme éminemment philosophique et questionnante.

Que l'on ne s'y trompe pas. Ces considérations sur l'histoire et le style n'ont rien d'extérieur à notre propos entendant présenter au lecteur, en son contenu même, la thèse hégélienne ici défendue et relative à sa philosophie

1. Cf. ci-dessous, p. 166.

2. Cf. Horst Althaus, *Hegel. Naissance d'une philosophie*, trad. I. Kalinowski, Paris, Seuil, 1999, respectivement p. 118, 312 et 169.

3. Texte cité par Hans Küng, in *Incarnation de Dieu*, Paris, Desclée de Brouwer, 1973, p. 409.

de la religion. Et si elles n'ont rien d'extérieur « à la chose même », c'est que cette obscurité a pu être comprise comme relevant d'une prudence (au sens quasi grec de *sophrosuné*) politique, et plus encore d'une duplicité conceptuelle inhérente au discours hégélien. Certes, Hegel n'a rien d'un *écrivain*, mais en outre une telle lourdeur dans l'expression ne lui appartient pas en propre, loin s'en faut. Ainsi, Bernard Kaempf, en présentant sa traduction d'un texte de Fr. Schleiermacher écrit en 1811, *Kurze Darstellung des theologischen Studiums*, souligne lui aussi, en une belle litote, que « le style de Schleiermacher n'est pas simple ; l'auteur utilise de très longues phrases, s'étendant fréquemment sur plusieurs lignes et formées d'une principale suivie de nombreuses subordonnées » ; avant de préciser que « cette forme de style est caractéristique de Schleiermacher et de toute son époque »[1].

Carové, lui aussi, avait bien avant confirmé un tel propos dans une lettre à Victor Cousin datée du 22 septembre 1828. « En France, écrivait-il, on veut que tout soit bien clair à tout instant. En Allemagne on aime un peu d'obscurité pour y porter la lumière par son propre travail »[2]. Toutefois, c'est également cette obscurité que Schelling (tout en y ayant lui aussi auparavant contribué) s'efforcera de critiquer et de lever dans l'admirable dialogue posthume de 1810-1811 intitulé *Clara* : « Pourquoi, note-t-il alors, est-il manifestement impossible à ceux qui font aujourd'hui de la philosophie d'écrire comme une partie au moins d'entre eux sait parler ? Ces effrayants néologismes sont-ils donc absolument nécessaires ? »[3].

Si on ne prête pas attention aux réelles difficultés oratoires de Hegel, et qu'à tout le moins on lui accorde de savoir – ô combien – penser, alors la question de Schelling peut être, telle qu'elle, rapportée à Hegel. Pourquoi lui est-il si difficile, si ce n'est « manifestement impossible », d'écrire d'une façon simple et intelligible ? Et d'ailleurs, pour un penseur dont la langue si plastique sut écrire la tortueuse et profonde *Science de la logique*, est-il tout à fait juste de souligner l'obscurité de ses écrits en la lui attribuant *seulement* comme une incapacité ou comme un défaut ? Que les textes ici traduits soient mal écrits est indéniable pour qui fera l'effort de les lire. Et pourtant cette difficulté ne signale-t-elle pas *également* un rapport à la langue autre que de simple impuissance ? Hegel lui aussi aurait-il fait sien, à même son écriture, c'est-à-dire son exposition et sa manifestation, ce mot de Descartes : « *larvatus prodeo*, j'avance masqué »[4] ?

1. B. Kaempf, Avertissement, in F.D.E. Schleiermacher, *Le statut de la théologie*, Paris-Genève, Cerf-Labor & Fides, 1994, p. 13-14.

2. Carové à Cousin, Lettre du 22 septembre 1828, in *Lettres d'Allemagne*, *op. cit.*, p. 103.

3. F.W. Schelling, *Clara*, trad. E. Kessler, Paris, L'Herne, 1984, p. 133.

4. Descartes, *AT*, X, 213.

Il faut faire crédit à Hegel, comme à tout philosophe en général, d'avoir dit ce qu'il voulait dire ou avait à dire, et on ne saurait, sans surinterprétation excessive, voire abusive, leur prêter une pensée occulte, une pensée d'entre les lignes. Ainsi, pour les questions qui ici nous retiennent, les questions liées à l'élaboration d'une philosophie de la religion, on ne saurait – comme Jacques D'Hondt, dans une récente biographie[1], est tout proche de le faire à force de souligner d'hypothétiques proximités à la franc maçonnerie – interpréter la pensée hégélienne comme un crypto-athéisme. Le philosophe affirme explicitement son luthéranisme et plus encore l'existence de Dieu pour ne pas lui faire crédit de son propos. Plus encore, une telle interprétation masquerait même tout l'effort de la spéculation hégélienne, jusque dans son possible échec, pour faire se conjoindre foi et savoir. Non, l'enjeu de l'interrogation sur la langue hégélienne et tout particulièrement sur la langue théologique hégélienne est tout autre. Il ne consiste pas à penser cette obscurité comme la conséquence d'une impuissance première à maîtriser le langage, mais d'une façon bien différente à penser cette obscurité et ainsi cette absence d'énonciation claire comme l'indice d'une maîtrise à chaque fois en cours d'une pensée dialectique. Sur ce point, si contestable soit l'orientation d'ensemble du propos de J. D'Hondt, quelques unes de ses remarques peuvent nous servir de point d'appui dans l'analyse.

Comme d'autres avant lui, ce biographe de Hegel souligne la difficulté de la langue hégélienne ; mais en outre, et d'une façon plus intéressante, il remarque également l'audace créatrice de ce langage, même si, dit-il, « elle a un prix : l'obscurité », ou encore « quelques insolites jeux de mots avec lesquels Hegel feint de se tirer de situations difficiles (la dérivation du mot *Qualität* à partir du mot *Qual* [tourment])[2]. Ainsi, tout grand philosophe a à inventer sa propre langue, ce qui, comme le dit encore J. D'Hondt, « oblige à tordre quelque peu le langage ordinaire »[3]. Or le rappel de cette confrontation, qui n'a rien d'immédiatement plastique, de la pensée à la langue, jette une autre lumière sur l'obscurité stylistique hégélienne. Celle-ci ne relève pas seulement d'une faible maîtrise de l'art oratoire, mais plus essentiellement d'une difficile confrontation à la chose même qu'il entend signifier. Lorsqu'en outre cet effort d'exposition, qui comme ici s'attache à dire le statut philosophique de la religion, se déploie au sein d'un contexte socio-politique hostile, car répressif, alors on peut comprendre davantage

1. J. D'Hondt, *Hegel. Biographie*, Paris, Calmann-Lévy, 1998.

2. *Ibid.*, respectivement p. 239 et 238. Sur ce jeu de mots hégélien, en partie d'ailleurs attribué à Jacob Boehme, cf. Hegel, *Leçons sur l'histoire de la philosophie*, trad. P. Garniron, Paris, Vrin, 1985, t. 6, p. 1314.

3. J. D'Hondt, *op. cit.*, p. 242.

encore la difficulté qu'il y a à énoncer clairement ce qu'on s'efforce de concevoir. Sur ce point, et outre les tensions politico-religieuses ci-dessus décrites et analysées par J.-L. Georget, J. D'Hondt est fort précis : « La structure de la Prusse, écrit-il, ne laissait place à aucune opposition politique légale, comme c'était par contre le cas jusqu'à un certain point en France et en Angleterre. Nul à Berlin ne se serait ouvertement avoué athée, ou agnostique, ou panthéiste, ou républicain, ou démocrate sans encourir les plus graves sanctions »[1].

Que le propos de Hegel en matière de religion comme de philosophie de la religion soit délicat, est le moins qu'on puisse en dire. Il se dit luthérien, mais contrairement à Luther, refuse l'idée d'un Dieu qui se cache et se dissimule lors même de sa révélation christique, refuse la légitimation de l'anthropomorphisme dans la représentation humaine de Dieu quand bien même est-elle, selon Luther, fondée dans l'anthropomorphose divine, rejette toute idée de transcendance et de souveraineté christique, pense ultimement la foi biblique comme un langage encore inapte à accéder de lui-même à une claire conscience réflexive de ses propres modalités logiques[2]. Bref, le luthéranisme de Hegel est assurément bien libre par rapport à l'orthodoxie luthérienne, et bien naïf serait ici celui qui entendrait prendre le propos hégélien à la lettre, sous prétexte que le philosophe s'est effectivement inspiré de tels ou tels concepts luthériens ! Or ce qui est ici en jeu, ce n'est rien moins que le sens général du rapport, philosophiquement très innovant, que Hegel instaure non seulement entre *représentation* et *concept*, mais plus encore entre *langue de la représentation* et *langue du concept*. Le croyant peut bien louer, prier un Dieu transcendant et souverain, le philosophe, lui, sait que Dieu étant Esprit et que l'Esprit étant l'accès à la conscience de soi historique de l'Idée logique, c'est-à-dire de la plus haute détermination conceptuelle du réel lui-même, seule l'immanence du concept est à même de dire ce que les hommes nomment Dieu. Bref, l'approche philosophique du religieux est ici plus essentielle que l'approche théologique du religieux, car elle la fonde. Tout l'effort conceptuel et langagier de Hegel en matière de religion consiste dès lors à justifier, autant que faire se peut, ce qui ne peut plus être qu'un langage inadéquat et conceptuellement insatisfaisant ; il lui faut sinon rendre dogmatiquement nécessaire le discours religieux, du moins ne pas annihiler ce qui du point de vue du concept n'a plus de nécessité autre que pragmatique : à savoir les modalités cultuelles du croyant, comme les enjeux politiques de l'institution. De là nécessairement s'ensuivent d'inévitables difficultés

1. *Ibid.*, p. 291.

2. Sur ces questions, cf. notre livre : *Système et subjectivité*, Paris, Vrin, 1996, p. 170-190 ; et pour d'autres arguments, cf. J.-L. Georget, avant-propos ci-dessus, p. 10-11.

d'énonciation du problème. Comment dire l'attachement à la religion là où la mise en perspective philosophique qu'on en propose risque sans cesse d'apparaître, pour le croyant lui-même, comme une logique de la déréalisation de son propre discours ? Quel peut en effet bien être la valeur théologique de la foi, lorsque d'un geste préalable et ultimement justifié, on établit que, *philosophiquement*, elle ne constitue pas le premier et plus haut rapport possible que l'homme peut entretenir avec le Dieu qu'il vénère ?

Ce sont ces difficultés pressenties par J. D'Hondt, et augmentées par lui d'une référence aux problèmes politiques de l'époque, qui lui font dire que Hegel a adopté, en matière de religion, un « double langage », dont aucun de ses proches élèves n'était dupe. C'est ce double langage qui, selon lui, permet à Hegel, par le jeu de l'opposition entre la représentation et le concept, de prétendre concilier religion et philosophie. Une même vérité, dite de deux façons, selon qu'on peut ou non l'entendre ! « Cette insoutenable théorie, écrit J. D'Hondt, devait paraître tout à fait raisonnable, et se montrait en tout cas très commode, puisque Hegel la présente sans ambages dans des textes qui maintenant nous surprennent » [1].

De telles considérations jettent dès lors un tout autre jour sur les difficultés lexicales et syntaxiques auxquelles se voit confronté le traducteur des textes de Hegel, et de ceux ici traduits en particulier. Car en fait, ces difficultés sont tout autant conceptuelles, et nous ramènent vite au cœur des déterminations spéculatives de la logique qui percent à même la langue. L'enjeu explicite des textes qui suivent est en effet, au delà de telle ou telle polémique, de penser le rapport de la religion à la philosophie, selon le schème d'une réconciliation entre foi et savoir, c'est-à-dire finalement d'une articulation entre langage de la représentation et langage du concept. Or dire cela n'est pas chose aisée, car le concevoir est difficile. Tel est pourtant ce que Hegel vise positivement dans la préface qu'il écrit au livre de H. Hinrichs, ou encore dans la recension qu'il consacre au travail de K. Fr. Göschel. Et c'est encore cette même position qu'il a à défendre, cette fois-ci, contre les accusations d'immoralisme et d'athéisme de Schubarth. Partout un même problème se dégage : comment dire dans l'élément du concept ce que le croyant ou le théologien vont quant à eux vouloir exclusivement énoncer en termes de *représentation* ?

Par deux fois, dans les textes ici présentés, cette question du statut de la représentation est explicitement abordée. Concernant le livre de Hinrichs, tout d'abord, Hegel ouvre le texte de sa préface par le rappel du fait que pour sortir d'une opposition séculaire, et nuisible aux deux parties, il importe de redonner à la foi comme au savoir toute leur dignité. « Une paix insatisfaisante peut avoir été obtenue si la foi a été vidée de tout contenu et qu'il n'en

1. J. D'Hondt, *op. cit.*, p. 326.

est restée que la coquille vide de la conviction subjective et que d'autre part la raison a renoncé à la connaissance de la vérité et qu'il n'en est resté pour l'esprit qu'un diagnostic pour partie sous forme d'apparences, pour partie de sentiment »[1]. Mais en fait, le mode d'articulation apparemment approprié à l'une et à l'autre, qui reconnaît au premier abord une égale dignité de leur contenu de vérité, impose non seulement de penser la foi en terme de représentation, c'est-à-dire de détermination symbolique qui, pour être plus sensible et frappante pour l'imagination, est toutefois encore incapable de s'auto-énoncer rationnellement; mais plus encore, ce mode contraint clairement à penser leur rapport à partir d'une organisation téléologique de la pensée dont la finalité conceptuelle oblige la foi à se soumettre à sa détermination. « L'activité de l'Église, poursuit Hegel, consistera surtout dans l'éducation de l'homme, dans la tâche visant à ce que la vérité, qui ne peut qu'être d'abord donnée à la représentation et à la mémoire, prospère en vue d'une intériorité, à ce que les sentiments en soient imprégnés et traversés et que la conscience de soi ne trouve elle-même et sa consistance essentielle que dans cette vérité »[2].

Plus essentiel, parce que plus insistant, est encore le propos de Hegel dans sa recension du livre de Göschel. Là, prenant appui sur le texte recensé et le citant lorsqu'il affirme que le hégélianisme n'est rien d'autre que « le produit le plus élevé du christianisme » et qu'il « exprime tout à fait inconditionnellement son respect devant la parole révélée de Dieu en tant que vérité absolue donnée », Hegel précise alors qu'on ne peut nullement considérer qu'en sa doctrine « la vérité de la religion révélée y deviendrait, *au moyen* du concept, pourtant *une autre* que celle *directement* donnée dans la représentation ». Or en cela, ajoute-t-il, citant de nouveau le texte de Göschel, « "le point de controverse est précisément et fondamentalement" formulé », et ce point de controverse se trouve être celui où, feint-il de s'en étonner, les croyants s'accordent avec les rationalistes pour le combattre[3]. C'est encore et avec toujours plus d'acribie que ce « point de controverse » va être par la suite repris. Hegel mentionne en effet une des insatisfactions de Göschel à son endroit. Ce dernier lui reproche de ne pas suffisamment et nommément prendre appui sur les déterminations sensibles du christianisme, telle la parole de Dieu ou le péché; plus encore, à l'inverse de ce qu'énonce la doctrine hégélienne, selon Göschel « la pensée n'est pas ce qu'il y a de plus haut, mais c'est la *représentation*, la *figure* qu'on ne peut reconnaître que comme immanente, que comme phénomène de l'essence

1. Cf. *infra*, p. 66.
2. *Ibid.*
3. Cf. *infra*, p. 89.

identique à l'essence »[1]. Littéralement, il s'agit là d'un étonnant *contre sens* sur les thèses hégéliennes, lesquelles depuis la *Phénoménologie de l'esprit*, en 1807, affirment toutes à chaque fois la primauté essentielle du point de vue formel du concept sur la représentation, c'est-à-dire finalement celle de la philosophie sur la religion. Et pourtant Hegel va prendre très au sérieux, même si c'est pour ultimement l'inverser et la contredire, cette exigence de « l'homme sensible », comme Göschel lui-même se désigne. Effrayé par le caractère incorporel, fantomatique et finalement inquiétant des déterminations logiques qu'il rencontre, celui-ci dit finir par éprouver « la nostalgie de personnes et de figures », et ne désirer rien d'autre plus profondément que de se rafraîchir dans le réconfort de « la parole biblique ». « Nous nous sentons si sensibles, écrit Göschel cité par Hegel, que pour satisfaire notre besoin de comprendre, nous ne pouvons pas nous passer de prendre avec nos mains »[2]. Et le philosophe de commenter : « Monsieur l'auteur a touché en cela un point de vue intéressant – le passage, en général, *de la représentation au concept et du concept à la représentation*, un va-et-vient, qui est présent dans la méditation scientifique et duquel on exige ici qu'il soit formulé également pourtant dans la présentation scientifique »[3]. Or cette exigence de la représentation est finalement justifiée par le fait que la science vise à déterminer le sens même de ce qui est, et ce faisant, il importe de rappeler que c'est bien des *choses mêmes* qu'elle doit traiter, et non de pures abstractions. *Des choses mêmes*, la science doit « spécifier l'existence qu'elles reçoivent dans l'esprit effectif, – et c'est cela la représentation »[4].

Toutefois, et dès lors la dialectique hégélienne reprend le dessus, pour accéder à la satisfaction légitime de la représentation, ou pour pouvoir y faire retour, encore faut-il savoir préalablement s'en éloigner : « la diversité de la représentation et la forme de la contingence », voilà ce qui « rapproche trop du danger qu'est la facilité de fléchir dans la rigueur de la méthode du penser »[5]. Penser est exigeant, penser est difficile – mais tel est bien ce que nous visons lorsque, dans l'élément pur du concept, nous philosophons. S'il est juste de faire droit à la représentation, il est philosophiquement essentiel de reconnaître que seul le concept permet l'accomplissement du penser, parce qu'en vérité le penser est lui-même premier. Dans l'ordre théologique, c'est d'ailleurs, fait comprendre Hegel, ce que Göschel va lui-même finir par soutenir. Si « la foi ne commence certainement pas avec le

1. Cf. *infra*, p. 105.
2. *Ibid.*
3. *Ibid.*
4. *Ibid.*
5. *Ibid.*, p. 105-106.

penser » mais « vient sans notre intervention », confirme Hegel qui dès lors cite Göschel, imagine-t-on, non sans délectation, c'est toutefois, « par Dieu et à partir de Dieu et à travers le Christ, qui est le *Logos*, qui enseigne la *logique* et s'est humilié lui-même pour que nous apprenions à le connaître et à le comprendre »[1]. Cette interprétation très hégélienne du prologue de l'Évangile selon saint Jean, ne manque pas, il faut l'avouer, de saisir le lecteur qui la découvre tant il est ici difficile de ne pas entendre sinon que Dieu, enseignant la *logique,* enseigne à l'homme rien moins que la *Science de la logique* elle-même, du moins, comme l'écrit Hegel, que la *Science de la logique* est « la présentation de Dieu tel qu'il est dans son essence éternelle, avant la création de la nature et d'un esprit fini »[2]. On comprend qu'en conclusion de sa recension, Hegel puisse dire qu'avec de livre de Göschel, il s'agit là d'un « bon témoignage que le christianisme rend à la philosophie »[3].

Un tel « témoignage » justifie une nouvelle fois la nécessité pour la philosophie d'avoir à dépasser le seul stade du discours religieux. Comprenant la religion en sa nécessité, la philosophie, elle aussi, lui rendrait hommage, à sa façon, en en ressaisissant la genèse spéculative dans l'élément pur du concept, hors de la contingence sensible dont est toujours grevé le langage tout symbolique de la représentation qui est le sien. Philosophie et religion trouveraient donc dans le hégélianisme leur mutuelle satisfaction, et c'est là le sens de ce que vise Hegel en parlant d'une réconciliation entre foi et savoir.

Reste, pour reprendre l'expression du pourtant très hégélien J. D'Hondt, qu'il pourrait bien s'agir là d'une « insoutenable théorie » reposant sur un marché de dupe et ne pouvant être formulée qu'à partir d'un langage originairement fondé sur une extraordinaire duplicité. C'est là le génie inventif et plastique, jusque dans ses expressions, de cette langue hégélienne qui pose tant de problèmes à ses traducteurs.

Pour comprendre ce que, d'un point de vue théologique, Schubarth, mollement et médiocrement, occasionnant ici et non sans raison une sévère recension, mais également Jacobi et surtout Schleiermacher, lequel ne cesse d'être implicitement pris à parti, reprochent à l'auteur de la *Science de la logique*, il importe tout d'abord de refonder notre analyse dans la langue hégélienne elle-même, en tant qu'elle est toute entière mise au service d'une expression théologico-spéculative du penser.

1. *Ibid.*, p. 109-110.

2. Hegel, *Science de la logique*, t. 1, *L'être*, trad. P.-J. Labarrière et G. Jarczyk, Paris, Aubier, 1972, p. 19.

3. Cf. *infra*, p. 113.

À suivre la logique interne du hégélianisme, et ainsi l'accomplissement de l'Esprit absolu qui accède au contenu de la vérité par la religion révélée, puis ultimement à l'expression adéquate de ce contenu par le *logos* philosophique, on peut remarquer que cette logique se conçoit entièrement, jusqu'en son idée, par ce que Hegel nomme *le dialectique*, c'est-à-dire par ce qui constitue « l'âme motrice de la progression scientifique, et [qui] est le principe par lequel seule une *connexion et nécessité immanente* vient dans le contenu de la science »[1]. Pensé en termes de « connexion et nécessité immanente », le principe dialectique est alors inséparable d'une téléologie interne, non externe, ou encore de ce que Hegel nomme dans la *Science de la logique* un « rapport-de-finalité intérieur et une fin objective », et qui seul permet le dégagement de l'Idée, comme conscience de soi du concept[2]. Mais plus encore, pour autant que cette téléologie interne organise le cheminement processuel du concept, elle structure de l'intérieur la « méthode » dialectique en *système* du savoir. C'est d'ailleurs pourquoi, rendant compte du texte de Göschel, Hegel insiste d'emblée, dès la première phrase, sur le fait que, si intéressantes soient ces considérations, elles n'ont pas été saisies « dans la méthode suffisamment formelle de la science systématique, ni avec une exactitude suffisamment abstraite »[3]. Cela lui aurait peut-être permis de clairement comprendre la modalité exacte du rapport entre la représentation et le concept ! C'est également cette incompréhension de la progression dialectique, c'est-à-dire du déploiement de l'immanence du concept, qui permet à Hegel de fustiger Hülsemann dans l'exposé qu'il propose de son texte[4]. Il y aurait donc une grande naïveté – ce qui est aussi une des grandes tentations des études hégéliennes actuelles[5] – à vouloir dissocier ce que Hegel a explicitement voulu spéculativement conjoindre : à savoir la « méthode » et le « système ».

Cette dialectique immanente qui d'elle-même organise téléologiquement le savoir en système ne peut dès lors aboutir qu'au triomphe de sa pleine ressaisie spéculative dans la conscience de soi de l'Idée, c'est-à-dire dans l'Esprit. Si la vérité de celui-ci tient dans la religion révélée, son auto-énonciation consistera donc dans ce qui n'aura cessé d'être à l'œuvre et dont le nom propre est *philosophie*. Or pour dire cette processualité immanente,

1. Hegel, *Encyclopédie des sciences philosophiques*, trad. B. Bourgeois, t. 1, *La science de la logique*, Paris, Vrin, 1979, *sq.* au § 81, p. 344.

2. Hegel, *Science de la logique*, t. 2, *La logique subjective ou doctrine du concept*, trad. P.-J. Labarrière et G. Jarczyk, Paris, Aubier, 1981, p. 268.

3. Cf. *infra*, p. 87.

4. Cf. *infra*, p. 135 à 150.

5. La ruine du système, écrit par exemple H. Althaus, « n'affecte en rien la « méthode », qui se prête à des applications antidogmatiques ». Cf. H. Althaus, *op. cit.*, p. 8. Autant alors réinventer le hégélianisme !

Hegel a forgé en le surdéterminant le concept d'*Aufhebung*. S'agissant du passage de la représentation au concept dans l'ordre théologique, le processus qu'il décrit peut ainsi être nommé une *Aufhebung des Glaubens*. La difficulté qu'il y a à traduire cette expression dit tout à la fois l'obscurité, la duplicité et la plasticité du langage hégélien.

S'il est de mauvaises traductions de ce terme d'*Aufheben* qui défie toute idée de traduction, il n'en est pas une bonne qui s'imposerait sans réserve. Pour en conserver la duplicité constitutive et tenter d'écrire une langue française qui ne parle pas allemand, c'est-à-dire une langue qui ne préjuge pas de la connaissance de l'allemand, nous avons ici choisi de le traduire, selon ses occurrences dans la phrase et les possibilités du français, tantôt par « dépasser », tantôt par « surmonter ». Nous savons bien les limites spéculatives de ce choix, et notamment le fait que la traduction en retour de chacun de ces deux termes français ne renvoie pas immédiatement, loin s'en faut, au seul terme allemand d'*Aufheben*. Nous avons toutefois préféré ces termes à celui, pourtant très intuitif mais trop peu parlant, de « relève », jadis proposé par Jacques Derrida. Que signifie en effet, pour reprendre les formulations de l'auteur lui-même, « la relève (*Aufhebung*) de l'espace, du temps »[1] ? Ces expressions sont si muettes en français que Derrida est alors contraint d'introduire entre parenthèses le terme allemand pour espérer se faire comprendre. Nous préférons également « dépasser » ou « surmonter » au néologisme « sursumer » employé, à la suite de J. Gauvin, par les traducteurs français de la *Science de la logique*. Certes, la création d'un néologisme pourrait paraître suppléer à l'insatisfaction produite par la duplicité sémantique de ce terme, qui le rend fort difficilement traduisible. Toutefois, lorsqu'à la fin du chapitre consacré au « devenir » dans la *Science de la logique*, Hegel le présente et le commente comme « un des concepts les plus importants de la philosophie », c'est-à-dire de la sienne, il se sait alors en possession d'un terme qu'il va pouvoir spéculativement amplifier et grossir, précisément parce qu'il a une inscription immédiate dans la langue. « *Aufheben* a dans la langue ce double sens de pouvoir signifier tout autant conserver, *maintenir* que également faire cesser, *mettre un terme* ». Ainsi ce qui caractérise le sens spéculatif de *Aufheben* est de désigner non une immédiateté, mais un processus médiatisé, en sorte qu'il « a *encore en lui* la *détermination dont il provient* »[2]. C'est l'inscription immédiate dans la langue de ce terme qui permet à Hegel de jouer sur sa duplicité pour parvenir par là même à l'élever à la dignité d'un concept

1. J. Derrida, « Le puits et la pyramide », in *Marges. De la philosophie*, Paris, Éditions de Minuit, 1972, p. 102.

2. Pour ces passages, cf. Hegel, *Wissenschaft der Logik*, 1re partie, *Die objective Logik*, in *Werke*, t. 5, p. 114, Francfort, Suhrkamp, 1969.

spéculatif. Il importe donc de maintenir cette immédiateté de signification pour un concept dont le plus important est de comprendre qu'il « a *encore en lui* la *détermination dont il provient* ». Dès lors, si on a à l'esprit cette exigence de lisibilité, il devient cocasse de lire la phrase suivant : « *Sursumer* a dans le langage ce double sens » etc., car comment un mot qui n'a aucune inscription dans la langue pourrait-il être pourvu d'un « double sens » ? Le néologisme « sursumer » dogmatise ; il dogmatise car il fige, hors étonnement, dans l'ordre du prêt-à-penser, ce qui dans la langue hégélienne doit toujours être entendu de façon dynamique et surprenante, car contradictoire.

Pour respecter cette immédiateté signifiante, il importe de rappeler d'autres acceptions possibles de ce terme. Dans le dialecte souabe de Hegel, dans lequel le philosophe puise volontiers, *Aufheben* a, par exemple, le sens de « garder ». Là où l'allemand classique utiliserait le verbe *Aufbewahren*, le souabe utilise le verbe *Aufheben* : *Ich habe den Brief gut aufgehoben*, j'ai bien gardé la lettre. Il peut également signifier « soulever » dans le parler populaire : *Heb die Steine auf*, soulève la pierre. Or l'allemand classique, quant à lui, utiliserait à la place de *Aufheben*, le verbe *Hochheben*[1]. En outre, dans la langue allemande contemporaine, *Aufhebung* permet également de dire ce que nous traduisons par « déblocage ». Ainsi pouvons-nous lire dans les trains, près des portes des wagons, des mentions signifiant la conduite à tenir en cas d'urgence : « Déblocage de la porte ». Or pour traduire cette locution française, l'allemand dit : « *Aufhebung der Türblockierung* ». Certes, littéralement, si l'on retraduit l'expression en français, « déblocage » est appelé par « *Blockierung* » (blocage), non par « *Aufhebung* ». Toutefois, la traduction est intéressante. Le déblocage dit bien que l'on *met un terme* au blocage et que, pour autant, on *conserve* la porte, laquelle n'est pas purement et simplement démontée ou fracassée. Le double mouvement, d'apparence contradictoire et pourtant dialectiquement accompli, qui est descriptif du concept d'*Aufhebung* tel que Hegel le forge, est repris par le français « déblocage ». Et de fait, dans la logique hégélienne, le processus d'*Aufhebung* consiste en un *déblocage*, en une libération, une levée du *blocage* auquel un processus parvient. « Le devenir est une incessante inquiétude qui s'abîme dans un résultat quiet », écrit par exemple Hegel[2]. Or ici, la situation n'est conceptuellement débloquée, c'est-à-dire qu'elle ne permet de passer à des situations spéculativement plus riches que lorsque l'on pense le devenir à partir de l'unité de l'être et du néant, soit des deux moments qui la constituent, c'est-à-dire dans l'*être-là*. C'est alors l'*Aufhebung* du devenir.

1. Nous remercions, pour ces informations lexicales, Christa et Karl Walser.

2. Hegel, *Wissenschaft der Logik, Die objective Logik, op. cit.*, p. 113.

« Déblocage » n'est donc pas un terme si saugrenu. « Dépasser » et surtout « surmonter » nous auront toutefois paru plus sages. Ce dernier terme conserve en lui-même l'immédiateté et la duplicité de sens que Hegel médite. Ce qui est surmonté n'est pas supprimé ni même oublié. Dans le processus auquel il renvoie, il y a encore trace de « la détermination dont il provient ». Si « surmonter » peut donc traduire *Aufheben*, « surmontement » quant à lui, n'étant pas français, ne peut prétendre à traduire *Aufhebung*, et c'est pourquoi nous lui avons alors préféré le terme de « dépassement », peut-être moins intéressant conceptuellement, mais plus approprié et plus juste lexicalement.

Reste dès lors la difficulté principale de cette expression d'*Aufhebung des Glaubens*, qui nous semble, à elle seule, pouvoir dire en termes hégéliens tout l'enjeu de ce que Hegel lui-même nomme dans sa recension du livre de Göschel « le point de controverse », à savoir le passage de la représentation au concept dans l'ordre de l'esprit absolu, c'est-à-dire le passage de la religion à la philosophie. Si la religion révélée a pour contenu la vérité absolue, mais que la forme de son auto-énonciation reste un obstacle à la claire saisie spéculative de ce contenu, alors il convient de surmonter cet obstacle, ce « blocage », c'est-à-dire d'accomplir une *Aufhebung des Glaubens*. C'est là tout le sens et toute la différence du savoir conceptuel de la philosophie par rapport à celui de la religion. Mais comment dès lors nommer son contenu qui, lui aussi, à sa façon, bien que d'une façon inadéquate, dit la *vérité* ? La question revient pour nous à celle-ci : comment traduire *der Glaube* ?

On sait l'ambiguïté de ce terme en allemand qui désigne ce que le français traduira ou bien par *croyance*, ou bien par *foi*. Hegel, nous semble-t-il, là encore, en joue, et c'est pourquoi notre traduction aura, selon les contextes, adopté tantôt l'un tantôt l'autre terme. Or la différence est réelle et fort sensible. Toute l'ambiguïté peut en fait être ressaisie à partir du français *croyance*. Ce terme peut signifier l'adhésion théologique (« croire en Dieu ») – c'est là le sens grec de *pistis* ; mais il peut également signifier l'opinion – c'est là le sens grec de *doxa*. Dans le premier cas, la croyance religieuse, nommée plus communément la foi, n'a rien d'une détermination en instance de clarification rationnelle. La foi, pour le croyant, dans le christianisme auquel Hegel fait référence, est de l'ordre de la grâce, et n'est pas en défaut de rationalité : elle est d'un autre ordre que celui du rationnel. C'est bien plutôt ce que le français nomme *croyance* qui peut, quant à lui, signifier une attitude en défaut de justification rationnelle. Que le philosophe ait à concevoir et non seulement à croire, c'est-à-dire qu'il « surmonte » l'opinion fait même partie intégrante de la définition essentielle de sa vocation. Comment dès lors traduire *der Glaube* ? *Croyance* ou *foi*, *doxa* ou *pistis* ? Le choix même pourrait paraître cornélien, et symbole d'un radical parti pris d'interprétation. En vérité, la situation linguistique et conceptuelle élaborée par Hegel est plus complexe encore, car si pour lui *der Glaube* a bien, lorsqu'il emploie ce terme dans l'analyse de la religion, le sens de *pistis* et non de *doxa*, il emprunte toutefois une partie des déterminations du second pour penser le premier. La foi selon Hegel n'est pas une *opinion* en instance de justification rationnelle ; c'est une *vérité*. Mais c'est une *vérité* dont la modalité d'énonciation reste en instance de rationalisation formelle. C'est donc une *vérité* dont l'énoncé est insatisfaisant, comme si celui-ci n'était plus à la hauteur de celle-là, vérité que dès lors seul le concept de la philosophie peut ultimement venir satisfaire.

C'est parce que ce propos est complexe, et qu'il repose sur une duplicité recherchée, que Hegel s'efforce à chaque fois de l'établir avec fermeté. Ainsi, dans ces années 1820, cet établissement passe-t-il par le combat contre les « philosophies du sentiment », c'est-à-dire de la croyance et de la foi alors développées par Jacobi et par Schleiermacher. Pour chacun de ces deux penseurs, la compréhension de l'expérience religieuse déployée par la « croyance » ne saurait être déduite d'un savoir rationnel ni ramenée à lui.

De ce point de vue, une nouvelle fois, la recension hégélienne du livre de Göschel est intéressante. Les *Aphorismes sur le non-savoir et le savoir absolu* sont, comme le titre même y fait référence, un texte consacré à la mise en évidence de la résolution hégélienne des apories soulevées par Jacobi et relatives à l'opposition entre foi et savoir. Ainsi, prenant appui sur une lecture critique du livre de Jacobi, *Des choses divines et de leur révélation*, paru en 1811, Hegel veut montrer que la soi-disant incompréhensibilité de Dieu donnant naissance à une originaire nescience (un « non-savoir ») relève en fait d'une réduction de la pensée à un entendement se complaisant dans des oppositions dualistes et incapables de *surmonter* dialectiquement le conflit opposant foi et savoir. Pis encore, si l'entendement est, à lui seul, incapable de mener à l'intelligence de Dieu, c'est-à-dire dans cette perspective à Dieu lui-même, alors l'accusation de nihilisme que Jacobi déploie contre la philosophie idéaliste en général, accusée de vouloir substituer le concept au Créateur, se retourne contre lui-même. Göschel vient ici à point nommé, et Hegel le cite non sans plaisir : « Et pourtant nous voyons ceux qui déduisent de cette façon leur non-savoir tomber dans un même nihilisme »[1]. Toutefois, surmonter l'opposition que

1. Cf. *infra*, p. 93. Pour une connaissance plus approfondie de la critique hégélienne, nous renvoyons à la recension écrite par Hegel lui-même en 1817, parue dans les *Annales de littérature* de Heidelberg, et traduite sous le titre : *Recension des œuvres de Jacobi* par A. Doz *et alii*, Paris, Vrin, 1976. En outre, pour un tout autre exposé des thèses de Jacobi, nous

Jacobi signale signifie pour Hegel, toujours à partir du texte de Göschel, déployer toute la puissance de sa logique. Ce n'est qu'après avoir compris, écrit-il, que « l'immanence du concept a été déterminée à partir de la proposition selon laquelle la substance est également sujet et que le sujet absolu est également substance », que l'on peut comprendre d'une part que Dieu est savoir de lui-même (ou substance devenue sujet), et d'autre part que « ce savoir de Dieu dans l'homme est précisément la raison universelle, qui n'est pas ma raison, qui n'est pas non plus une faculté commune ou universelle, mais qui est l'être même, l'identité de l'être et du savoir »[1]. Par là est non seulement réfutée l'accusation jacobienne d'une « *auto-divinisation* du savoir »[2], mais plus encore développée une compréhension pleinement spéculative de Dieu. Si le Dieu de la religion révélée n'est, en son être, rien d'autre que savoir de lui-même (conscience de soi de la substance, ou substance devenue sujet), alors le savoir de Dieu est son être même, et son être est savoir. Cela justifie ainsi que l'accès aux plus hautes déterminations du savoir soit l'accès à l'être d'un Dieu qui lui-même a choisi de se révéler, c'est-à-dire de devenir *manifeste*. Savoir Dieu n'est pas « avoir Dieu », et encore moins « être Dieu »[3], mais c'est comprendre qu'une connaissance absolue et formellement exacte de ce que la foi médite est accessible. Bref, dans le savoir de Dieu, foi et savoir sont réconciliés, c'est-à-dire que l'obstacle de la croyance est finalement surmonté.

Comment faut-il toutefois préalablement concevoir cette « croyance » pour qu'elle puisse être *aufgehoben* ? Précisément, il s'agit ici de penser *der Glaube* comme une *croyance*, et non véritablement comme ce que les théologiens nomment *foi*, c'est-à-dire comme une détermination dont le contenu est certes véridique mais dont la forme, tout en restant en instance de rationalisation, est en elle-même rationalisable. Cela suppose donc de concevoir les mystères constitutifs de la foi – Création, incarnation, résurrection, immortalité de l'âme, etc. – comme des *symboles*, c'est-à-dire comme des déterminations renvoyant à autre chose qu'elles-mêmes : à savoir, à un contenu rationnel formellement accessible à la raison, dût-elle alors être spéculative. Une telle conception repose sur le fait de vider la foi de toute transcendance véritable, et de la ramener, bien comprise, à l'immanence du concept. Certes, l'identité spéculative du contenu de la foi et du savoir n'exclut pas la différence, langagière et formelle, de la représen-

renvoyons à notre ouvrage, *Philosophie et théologie de Kant à Schelling*, Paris, Ellipses, 1999, p. 83 à 98.

1. Cf. *infra*, p. 98.

2. *Ibid.*, p. 99.

3. *Ibid.*, p. 100.

tation ; mais cette assimilation n'en réduit pas moins la transcendance du religieux à n'être qu'une immanence mal ou pas encore comprise.

C'est à un même processus d'assimilation de la foi par le savoir que se livre déjà Hegel en 1822 dans sa préface au livre de Hinrichs, sauf qu'alors il s'en prend quasi explicitement, bien qu'il ne le nomme pas, aux analyses de Schleiermacher et à sa toute récente *Doctrine de la foi chrétienne* de 1821. Le sentiment de dépendance, dont Schleiermacher dit qu'il constitue l'essence même de la relation qui rapporte le croyant à son Dieu, lui reconnaissant par là même une indéfectible souveraineté, fait ici l'objet d'une admirable ressaisie dialectique, jusque dans sa genèse. Hegel propose en effet de remarquer que la pensée moderne des lumières, que Kant n'a fait qu'entériner, prend appui sur un double préjugé. Le premier, dit-il, consiste en ce que « *l'homme ne sait rien de la vérité* » ; quant au second, il consiste à dire que l'esprit « ne peut avoir à faire qu'avec des phénomènes et des finitudes »[1]. Mais dès lors, la conséquence d'un tel désastre pour l'homme, lui laissant « un au-delà vide », est que « son désir de vérité ne peut se réfugier que dans la région du sentiment »[2]. Une telle présentation du sentiment, vide de tout esprit, fruit d'un échec de la réconciliation entre foi et savoir, ne permet assurément pas d'en faire le point de départ d'une méditation pensante, comme c'est pourtant le cas avec la dogmatique de Schleiermacher. Ainsi est-il frappant de remarquer que tout l'enjeu de cette genèse spéculative du sentiment a, chez Hegel, pour but de durcir l'opposition de la foi et du savoir afin de montrer que non seulement aucune réconciliation n'est à attendre en provenance des pensées du sentiment, mais que plus encore celles-ci sont vides de tout savoir, et qu'elles ne peuvent conduire qu'à une véritable aliénation de l'homme. Tel est précisément le sens de sa violente allusion à la thèse de Schleiermacher développée dans la *Doctrine de la foi chrétienne.* « Si la religion dans l'homme, écrit ici Hegel, ne se fonde que sur un sentiment, alors ce dernier n'a justement aucune autre détermination que d'être le *sentiment de sa dépendance*, et le chien serait ainsi le meilleur chrétien, car il le porte au plus fort en lui et vit surtout dans ce sentiment. Le chien a aussi des sentiments de rédemption lorsqu'un os apaise sa faim. Mais l'esprit a bien plutôt dans la religion sa libération et le sentiment de sa liberté divine ; seul l'esprit libre a de la religion et peut avoir de la religion ; ce qui est lié dans la religion, c'est le sentiment naturel du cœur, la subjectivité particulière ; ce qui en elle devient libre et en cela advient, c'est l'esprit »[3].

1. Cf. *infra*, p. 72 et 73.
2. *Ibid.*, p. 74.
3. *Ibid.*, p. 76.

Présentée de la sorte, cette thèse de Schleiermacher donnant droit au sentiment religieux peut paraître insipide et source d'irrationalisme, ce qui, en contrepartie, ne rend que plus nécessaire la pensée hégélienne. Toutefois, loin de tout irrationalisme, et promouvant à l'inverse l'étude et la connaissance de Dieu, ce que cherche à établir le théologien, c'est non seulement la reconnaissance de la transcendance divine, et de son caractère dogmatiquement irréductible, mais plus encore une véritable autonomie de la théologie par rapport à la philosophie. Or là est assurément la source d'une des résistances majeures de Hegel à l'influence de Schleiermacher sur son époque. Pour Hegel, en effet, la théologie n'a pas de véritable autonomie par rapport au savoir philosophique, puisque la philosophie est elle-même une « *théologie spéculative* »[1], et que le savoir issu de la religion révélée constitue un des moments essentiels de l'accomplissement de l'Esprit absolu que la philosophie réfléchit et amène à la conscience de lui-même. Or depuis 1811, avec un texte intitulé *Kurze Darstellung des theologischen Studiums*[2], Schleiermacher n'a quant à lui cessé de méditer cette autonomie du savoir théologique par rapport à la philosophie. Ici la frontière ne passe pas entre foi et savoir, mais entre savoir issu de la foi et savoir issu du concept, entre savoir religieux et savoir philosophique – ce qui est tout autre.

Que Schleiermacher ne réduise pas le savoir religieux à une simple expérience subjective, cela est en effet dit clairement dès la première version de la *Kurze Darstellung*, ce que la version ici traduite de 1830 ne fera que confirmer. « Il n'y a pas de vraie connaissance du christianisme, écrit alors le théologien, si l'on se contente simplement d'une conception empirique, au lieu de saisir aussi bien son essence dans ce qui l'oppose aux autres modes de croire et aux autres Églises, que l'essence de la piété et des communautés religieuses dans leur rapport avec les autres activités de l'esprit humain. »[3] La visée d'essence est bien constitutive de la connaissance du christianisme; ici, toutefois, cette connaissance ne se déduit pas d'une genèse spéculative de l'Esprit mais, d'une tout autre façon, d'une analyse descriptive et comparée des fondements anthropologiques de la croyance. Or bien plus qu'une simple différence de méthode, ce que rend alors possible Schleiermacher, c'est la naissance d'une théologie autonome par rapport au savoir philosophique, théologie conçue, selon une expression qu'il reprend probablement aux *Leçons sur la méthode des études académiques* (1803) de Schelling, comme science *positive*, c'est-à-dire historique et factuelle.

1. Hegel, *Encyclopédie des sciences philosophiques*, éd. de 1817, rq. au § 17.
2. Texte traduit par B. Kaempf et P. Bühler, sous le titre : *Le statut de la théologie*, *op. cit.*
3. Schleiermacher, *Le statut de la théologie*, *op. cit.*, § 21, p. 27.

Cette radicale différence de conception dans l'approche même de la théologie entre Hegel et Schleiermacher va non seulement donner naissance à une élaboration fort différente des perspectives et enjeux de la théologie dans son rapport à la philosophie, mais en outre, comme cela est souvent à craindre, à une profonde et violente inimitié qui ira même, une fois Hegel arrivé à Berlin, à partir de 1818, jusqu'à obliger les étudiants à prendre objectivement parti entre l'un et l'autre des protagonistes. Comme le rappellent P. Bühler et P. Gisel, dans leur avant-propos à la traduction de la *Kurze Darstellung*, les cours de deux penseurs « étaient fixés à la même heure, marquant la concurrence de leurs projets respectifs, et obligeant leurs étudiants ou leurs auditeurs à choisir... »[1]. C'est de cette réelle inimitié dont on trouve trace dans les allusions violentes et explicites que Hegel glisse dans la préface au livre de Hinrichs ou encore dans la recension de celui de Göschel.

Il faut, pour comprendre ce qui explique une telle hostilité des allusions hégéliennes, reprendre la thèse même de Schleiermacher dans sa logique. Pensant la théologie comme science positive, celui-ci la pense comme prenant appui sur un fait, développant une histoire, et toute entière orientée par un projet – ce qui d'emblée détermine, en son étude, trois phases distinctes. La première partie de cette science positive est la théologie, laquelle « est constituée par tout ce qui, sur ces bases, vise à exposer à la fois l'essence du christianisme, ce qui en fait un mode de croire spécifique, et la forme que prend la communauté chrétienne ». En outre, elle montre « aussi comment ces deux éléments se divisent et se différencient »[2]. Vient ensuite la théologie historique, laquelle, en distinguant les différents moments de construction de la doctrine, vise à élaborer, à justifier et à rendre accessible un corpus de textes, dans le cadre de la constitution générale d'une dogmatique. Enfin Schleiermacher conçoit, sous la dénomination de « théologie pratique », ce qui est la finalité de l'ensemble, et dont le but, dit-il, est de s'occuper « de la manière correcte de procéder pour l'exécution de toutes les tâches réunies sous le concept de direction de l'Église »[3]. Si on laisse de côté cette ultime vocation de la théologie dont le but est ici clairement, et de façon très « pratique », d'organiser les cultes et le rapport à l'État, tâches que Hegel ne médite pas dans une perspective explicitement spéculative, il apparaît alors que le conflit opposant ces penseurs porte sur les deux premières déterminations de la théologie selon Schleiermacher, soit la question de son statut philosophique d'une part, puis historique d'autre part.

1. *Ibid.*, p. 10, note 11.
2. *Ibid.*, § 24, p. 27.
3. *Ibid.*, § 260, p. 94.

Concernant la détermination de la « théologie philosophique », tout d'abord, Schleiermacher vise en fait, comme nous l'avons rappelé, la détermination de l'essence du christianisme à partir de l'étude du mode d'être et de la singularité de la *croyance* qu'elle déploie. Or, sans d'aucune façon nier le fait que celle-ci se fonde ultimement sur la révélation divine du Christ, le théologien enracine tout d'abord son analyse dans l'étude première, et générale, de la croyance comme sentiment religieux. D'où dès lors ce propos qui peut paraître fort étonnant, selon lequel « la théologie philosophique ne peut, de ce fait, prendre son point de départ qu'au-dessus du christianisme, dans le sens logique du terme, c'est-à-dire dans l'idée générale de la communauté religieuse ou de la communauté de foi »[1]. Et c'est encore cette même thèse qu'il énonce dès le sixième paragraphe de sa *Doctrine de la foi chrétienne*, en 1821 : « Pour exposer, écrit-il alors, en quoi consiste l'essence de la piété chrétienne, il nous faut aller au-delà du christianisme, et prendre notre point de vue au-dessus de lui, pour le comparer avec d'autres modes de croyance »[2]. Pensant l'essence du christianisme, mais aussi de toute religion, en termes de théologie naturelle, il fait dès lors du sentiment religieux l'élément fondateur essentiel d'une conscience et d'un savoir spécifiquement religieux. En ce sens, c'est là l'un des rares points commun qu'on peut encore déceler entre ces textes écrits à partir des années 1810 et cette œuvre de jeunesse que constituent les *Discours sur la religion* de 1799[3].

Loin d'être, comme alors, l'expression toute confuse, car fusionnelle, d'un panthéisme, le sentiment religieux auquel Schleiermacher désormais se réfère est celui, rigoureusement fondé par sa *Doctrine de la foi chrétienne*, d'un « sentiment de dépendance ». En effet, si pour parvenir à « la science de la cohérence de la doctrine » recherchée, dit alors Schleiermacher, il nous faut d'abord « mettre un terme [*aufzuheben*] à l'état embrouillé de la pensée à propos des états d'âme pieux »[4], alors cela ne signifie nullement négliger l'importance du sentiment, car celui-ci, pensé selon une détermination religieuse en terme de *piété*, constitue la modalité première de notre accès au divin, ce dont rend alors compte le terme même de *croyance*. Tout à l'inverse, c'est précisément ce sentiment pieux qu'il s'agit d'éclairer afin de comprendre l'essence même de la foi. Or, « la piété en soi, écrit Schleiermacher, n'est ni un savoir ni une action, mais une

1. *Ibid.*, § 33, p. 31.

2. *Der christliche Glaube*, in *Kritische Gesamtausgabe*, Berlin-New-York, W. de Gruyter, 1980, t. 7/1, p. 20.

3. Sur ce texte et la critique déjà proposée par Hegel, cf. notre livre : *Philosophie et théologie de Kant à Schelling*, *op. cit.*, p. 98 à 112.

4. *Der christliche Glaube*, *op. cit.*, § 2, p. 14.

inclination et une détermination du sentiment », et c'est même « le plus haut niveau du sentiment humain »[1]. La raison en est qu'elle donne accès à l'être par lequel nous nous comprenons nous-mêmes. « Ce qu'il y a de commun, dit alors le théologien, à toutes les excitations pieuses, et ainsi à l'essence de la piété, consiste en ceci que nous sommes conscients de nous-mêmes comme absolument dépendants, c'est-à-dire que nous nous sentons dépendants de Dieu »[2].

Ainsi, contrairement à ce que dit Hegel, ce sentiment de dépendance ne fait pas du croyant un chien aliéné à son maître, et n'est en rien ce qui est susceptible de s'opposer à la libération de la conscience dans et par l'esprit. C'est l'inverse qui, une fois ce sentiment reconnu, devient possible. En effet, selon Schleiermacher, ce que signale en l'homme ce sentiment que le croyant découvre en le *ressentant* intimement, c'est d'abord l'évidence de Dieu. « La remarque, écrit-il, selon laquelle ce sentiment de dépendance serait une modalité essentielle de la vie remplace pour nous toutes les preuves de l'existence de Dieu, lesquelles, dans notre méthode, ne trouvent aucune place. »[3] Mais une fois, par le sentiment de dépendance, l'évidence intérieure de Dieu établie, ce que découvre Schleiermacher c'est la parution de l'homme, comme être et conscience finis, face à Dieu. Or cette conscience est la conscience du péché – dont précisément Hegel ne dit mot –, et c'est parce qu'elle est conscience du péché que, dès lors, le travail de rédemption qu'elle a à accomplir, par le secours de la grâce de Dieu, consiste à de nouveau s'unir à lui. « Si nous rapportons à la causalité divine notre conscience de la communauté avec Dieu, rétablie par l'efficacité de la rédemption en tant que sentiment de dépendance, alors le contenu de celle-ci est que l'implantation et l'extension de l'Église chrétienne est l'objet du gouvernement divin du monde. »[4] Or, pour autant que « l'activité divine dans le gouvernement du monde se présente à nous comme amour et sagesse »[5], le croyant ne peut voir dans ce « sentiment de dépendance », que Schleiermacher présentait d'emblée comme étant *originaire*, autre chose que ce qui, paradoxalement, permet l'accomplissement de sa liberté et de sa vie spirituelle. Ici le sentiment de dépendance qu'entend méditer le théologien, et qu'il établit tout d'abord comme un fait inhérent à la croyance, à la piété religieuse, n'est donc pas pour lui ce que Hegel veut en faire. Loin de toute aliénation, il dit à l'inverse l'attachement du croyant à

1. *Ibid.*, § 8 puis 10, p. 26 et 33.
2. *Ibid.*, § 9, p. 31.
3. *Ibid.*, § 38, p. 127.
4. *Ibid.*, t. 7/2, § 180, p. 339.
5. *Ibid.*, § 181, p. 344.

la souveraine transcendance de Dieu conçu comme amour et sagesse[1]. Dès lors, la foi exprimée dans et par ce sentiment n'a nullement à être « surmontée ». Plus encore, elle ne saurait être l'objet d'un processus d'*Aufhebung* sans que la totalité de la *compréhension* de Dieu qu'elle déploie ne s'effondre.

Et en effet, cette découverte de Dieu par le croyant dans le « sentiment de dépendance » donne bien lieu à une véritable compréhension et connaissance. C'est là l'objet du développement de l'exégèse dans la théologie historique. Or cette exégèse, Schleiermacher la fonde tout d'abord dans le sentiment pieux du croyant. « Les déterminations originaires des textes de foi, écrit-il, sont purement et simplement les expressions du sentiment universel de dépendance »[2]. En outre, il insiste sur le fait que la Bible constitue dès lors le texte de référence. « L'écrit saint est d'un côté le premier maillon dans la série continue de toutes les présentations de la foi chrétienne, d'un autre côté, c'est la norme pour tout ce qui suit »[3]. C'est parce que la Bible constitue le point d'ancrage de la foi révélée qu'elle doit faire l'objet d'une lecture minutieuse et précise. C'est là toute l'élaboration de l'herméneutique à laquelle travaille dans ses cours Schleiermacher depuis 1805. Dans sa *Kurze Darstellung*, en 1811, il précisera le double objet de cette exégèse impartie à la critique théologique. « La critique, note-t-il alors, doit entreprendre deux sortes de recherches : examiner s'il n'y a rien dans le canon qui, à y regarder de près, n'est pas canonique, et s'il n'y a rien, en dehors du canon, qui soit canonique sans être reconnu comme tel »[4].

Dans ce double développement de l'exégèse biblique tel que le pense Schleiermacher, se trouve également un point essentiel de discorde avec l'analyse hégélienne de la religion. Si singulier voire insignifiant puisse-t-il paraître, l'enjeu n'en est en fait rien moins que celui du rapport général entre savoir religieux et savoir philosophique. En développant une toute nouvelle exégèse biblique, Schleiermacher ouvre à la théologie un horizon radicalement distinct de celui que lui accorde alors la philosophie de la religion. Il ouvre la porte à une réelle autonomie de la théologie par rapport

1. Pensant Dieu comme amour et sagesse, Schleiermacher passe sous silence la détermination de Dieu comme loi, si caractéristique de l'Ancien Testament. Or ce silence est précisément solidaire de la très surprenante attitude qui lui fait, par deux reprises dans ce texte, rejeter le judaïsme du côté du paganisme (cf. § 22 et *sq.* au § 147). Là est une des raisons majeures pour lesquelles Karl Barth dira que sa dogmatique a conduit les protestants « dans une impasse ». Cf. K. Barth, *Die Theologie Schleiermachers. Vorlesungen Göttingen*, Zurich, 1978, p. 461.

2. *Der christliche Glaube*, *op. cit.*, t. 7/1, § 48, p. 140.

3. *Ibid.*, t. 7/2, § 147, p. 218.

4. *Le statut de la théologie*, *op. cit.*, § 111, p. 54.

à la philosophie. Et cette autonomie accorde bien le statut de *science* à la théologie, lors même qu'elle est fondée sur l'originarité d'un « sentiment de dépendance » ! Un tel propos contredit l'interprétation de Hegel qui ne voit dans le sentiment rien d'autre que le contraire, voire le refus, du savoir. C'est pourquoi l'idée d'une histoire savante et exégétique du propos biblique lui paraît sans nécessité aucune. Ceci, bien que de façon discrète, est déjà dit dans la préface de 1822 au livre de Hinrichs. « Le contenu absolu de la religion, écrit alors Hegel, est essentiellement un contenu actuel, et c'est pourquoi ce n'est pas dans l'ajout extérieur de l'histoire savante, mais seulement dans la connaissance rationnelle que l'esprit peut trouver ce qui continue de lui être présent et la liberté, ce qui peut apaiser son éternel besoin de penser et adjoindre en cela la forme infinie au contenu infini de la religion. »[1] L'allusion sera plus claire et plus vive dans la recension de 1829 de l'ouvrage de Göschel. « Personne, écrit-il alors, ne comprend l'Écriture sainte sans l'intermédiaire de l'Esprit saint ; c'est Lui qui ouvre à chacun la compréhension de la Bible, qu'il a lui-même dictée ; ce n'est donc pas la Bible, mais l'esprit de son rédacteur par le fait qu'il devienne l'esprit universel, commun, qui est le commencement et le principe vivant de toute foi. (À l'insistance sur sa raison naturelle, le rationalisme associe l'insistance sur l'*exégèse* de la Bible ; sa théologie *ne* doit être essentiellement *qu'exégétique*, que biblique ; il commet la duperie ou la tromperie de ne pas se rendre compte du fait que c'est l'esprit propre qui conduit l'exégèse et s'épargne la peine de montrer plus précisément le sentiment, l'entendement, la logique qui conduit l'exégèse et de prouver qu'il est l'esprit de la vérité ; il utilise pour cela l'entendement abstrait, ce qu'on appelle raison naturelle) »[2].

Comme on le voit, ces quelques textes ici présentés et traduits sont âpres et tendus ; âpres, par la langue qu'ils déploient et les conflits nombreux qu'ils mettent en évidence, mais également tout entiers tendus vers une réelle exigence philosophique qui, si aporétique nous paraît-elle, n'en force pas moins l'admiration et l'intérêt. Le projet hégélien d'une philosophie de la religion – que nous résumons tout entier dans cette difficile et paradoxale expression : *Aufhebung des Glaubens*, et qui est en cela même solidaire de la totalité de sa réflexion –, ce projet a voulu mener aussi loin que possible le triomphe d'une conception purement spéculative de la philosophie devant laquelle toute l'opacité éprouvée d'un phénomène (fût-il limite, comme l'est pour l'intellection en général, l'ordre théologique) devait être conçue comme ne relevant que de l'impuissance du penser et de ses catégories d'entendement. Que cette position nous paraisse intenable,

1. Cf. *infra*, p. 80.
2. Cf. *infra*, p. 111.

tant sont grandes les difficultés qu'elle suscite, n'a en rien à nous détourner de la lecture de Hegel. Il est des échecs qui apprennent bien plus que des réussites.

Schleiermacher, peu après la mort de Hegel, écrira à Victor Cousin en faisant ce constat : « Mais quels hommes ont en peu de temps quitté la scène et qui prendra leur place ? Hegel et Goethe ne laissent pas de successeur »[1]. Aucun homme qui pense loin et profondément, contraint qu'il est à inventer sa langue, ne peut laisser de successeur. Car l'intelligence qu'il aura déployée, il faudra à un autre penseur, son élève peut-être, pour continuer de porter haut l'esprit, et non simplement bégayer les leçons du maître, entièrement la reprendre et la reformuler.

1. Schleiermacher à V. Cousin, lettre de l'été 1832, in *Lettres d'Allemagne*, *op. cit.*, p. 157.

G. W. F. HEGEL

PRÉFACE À LA PHILOSOPHIE DE LA RELIGION DE HINRICHS [1822]

À PROPOS D'UNE ACCUSATION DE DIFFAMATION PUBLIQUE DE LA RELIGION CATHOLIQUE [1826]

APHORISMES SUR LE NON-SAVOIR ET LE SAVOIR ABSOLU EN RAPPORT AVEC LA CONNAISSANCE DE LA FOI CHRÉTIENNE [1829]

DE LA DOCTRINE HÉGÉLIENNE OU SAVOIR ABSOLU ET PANTHÉISME MODERNE
ET
DE LA PHILOSOPHIE EN GÉNÉRAL ET DE L'ENCYCLOPÉDIE DES SCIENCES PHILOSOPHIQUES DE HEGEL EN PARTICULIER [1829]

PRÉFACE À LA PHILOSOPHIE DE LA RELIGION DE HINRICHS [1] [1822]

|L'opposition de la foi et de la raison qui, durant des siècles, a suscité 42
de l'intérêt, et pas simplement celui de l'Université, mais celui du monde, peut sembler, à notre époque, avoir perdu de son importance, voire presque avoir disparu. Si les faits corroboraient cela, alors il n'y aurait peut-être qu'à souhaiter simplement bonne chance à notre époque. Car cette opposition est d'une telle nature que l'esprit humain ne peut se détourner d'aucun de ses termes; chacun s'avère bien plutôt s'enraciner dans sa conscience de soi la plus intime en sorte que, s'ils sont compris dans ce conflit, la tenue de l'esprit s'en trouve ébranlée et la scission la plus funeste en résulte. Mais si le conflit de la foi et de la raison a disparu et s'est transformé en une réconciliation, il dépend alors essentiellement de la nature même de cette réconciliation de savoir jusqu'à quel point on peut lui souhaiter bonne chance.

Car il y a également une paix de l'indifférence contre les profondeurs de l'esprit, une paix de l'insouciance, du dénuement; dans une telle paix, ce qui contrarie peut sembler écarté, par le fait que cela est simplement mis de côté. Mais ce qui est simplement négligé ou méprisé n'est pas pour cela surmonté. Si au contraire, le sanctuaire de l'esprit n'avait pas satisfait dans la réconciliation ses besoins véritables et les plus profonds, s'il n'y avait pas obtenu justice, la scission en soi aurait perduré et, à l'intérieur, l'hostilité aurait continué de suppurer d'autant plus profondément; le dommage n'en aurait été que plus dangereux, inconnu et méconnu de lui-même.

1. H. Fr. Hinrichs, *La religion dans son rapport interne à la science*, Heidelberg, 1822, p. I-XXVIII.

43 |Une paix insatisfaisante peut avoir été obtenue si la foi a été vidée de tout contenu et qu'il n'en est restée que la coquille vide de la conviction subjective et que d'autre part la raison a renoncé à la connaissance de la vérité et qu'il n'en est resté pour l'esprit qu'un diagnostic pour partie sous forme d'apparences, pour partie de sentiments. Comment un grand désaccord pourrait-il ici encore avoir lieu entre foi et raison, si aucun contenu objectif et par conséquent aucun objet de conflit n'est plus présent ni dans l'un ni dans l'autre ?

Sous le terme de foi, je ne comprends en effet pas – ni la simple conviction subjective laquelle se borne à la forme de la certitude et laisse encore indéterminé le fait de savoir si cette conviction a un contenu et ce qu'il est, ni d'un autre côté seulement le credo, la profession de foi de l'Église laquelle, prononcée ou écrite, peut être reprise par la parole, la représentation et la mémoire, sans que le contenu en ait été percé, ni n'ait été identifié à la certitude que l'homme a de lui-même, à la conscience que l'homme a de soi. Sous le terme de foi, je range, selon son ancien et véritable sens, le premier moment autant que le second et j'y pose que tous deux sont unis dans une unité différenciée. La communauté (l'Église) est dans une situation favorable lorsque l'opposition se borne purement en elle à la différence formelle indiquée et que ni l'esprit des hommes n'oppose un contenu propre à celui de l'Église, ni la vérité de l'Église ne passe dans un contenu extérieur, lequel est indifférent à l'Esprit saint. L'activité de l'Église consistera surtout dans l'éducation de l'homme, dans la tâche visant à ce que la vérité, qui ne peut qu'être d'abord donnée à la représentation et à la mémoire, prospère en vue d'une intériorité, à ce que les sentiments en soient imprégnés et traversés et que la conscience de soi ne
44 trouve elle-même et sa consistance essentielle | que dans cette vérité. Le fait que ces deux côtés ne soient l'un l'autre réunis dans toutes les déterminations ni de façon immédiate ni de façon durable et stable, mais que soit présente une séparation de la certitude immédiate d'elle-même d'avec le contenu véritable, cela relève de l'apparence de cette éducation durable ; la certitude d'elle-même est d'abord le sentiment naturel et la volonté naturelle et l'opinion lui correspondant et la vaniteuse représentation ; mais c'est d'abord dans le mot et dans la lettre que le contenu véritable revient extérieurement à l'esprit, et l'éducation religieuse produit les deux en *un*, – de sorte que les sentiments que l'homme ne fait que tirer immédiatement de la nature perdent leur force et que ce qui était lettre devient esprit propre et vivant.

Cette transformation et cette réunification de la matière d'abord extérieure trouvent certes dans le même temps un ennemi contre lequel elles ont fort à faire ; elles ont un contradicteur immédiat dans l'esprit de la

nature, et il leur faut présupposer un tel contradicteur, précisément parce que c'est l'esprit libre, et non la vie naturelle qui doit être produit, parce que l'esprit libre n'est que ce qui renaît toujours. Mais cet ennemi naturel est originairement vaincu par l'idée divine et l'esprit libre racheté. Le combat avec l'esprit de la nature n'est pour cette raison que le phénomène dans l'individu fini. Mais de l'individu provient encore un autre ennemi, un ennemi qui n'a pas dans la simple naturalité de l'homme le lieu de sa provenance, mais qui l'a bien plutôt dans son essence suprasensible, dans la *pensée*, – l'état originaire de l'intériorité même, la caractéristique de l'origine divine de l'homme, celle par laquelle il se différencie de l'animal et ce qui seul est à la fois la racine de sa grandeur comme de son humiliation; car l'animal n'est ni capable de grandeur ni d'humiliation. Si la pensée acquiert une telle autonomie dans laquelle elle devient dangereuse pour la foi, alors commence un combat plus élevé, plus âpre que ne l'est le
premier combat dans | lequel ne sont concernées que la volonté naturelle et 45
la conscience naïve, ne se posant pas encore pour elle-même. Cette pensée est alors celle que l'on a appelée la pensée humaine, l'entendement propre, la raison finie et qu'avec droit on différencie de la pensée qui, bien qu'humaine, est cependant divine, de l'entendement qui ne cherche pas le propre, mais l'universel, de la raison qui sait et considère l'infini et l'éternel comme ce qui seul est.

Il n'est cependant pas nécessaire que cette pensée finie soit en même temps opposée à la doctrine de la foi. En elle, et prétendument au profit de la religion, elle fait bien plutôt d'abord des efforts pour l'embellir, la soutenir et l'honorer de ses inventions, de ses curiosités et de ses finesses. Dans un tel effort, il arrive que l'entendement associe aux doctrines de la foi un grand nombre de déterminations telles que des conséquences ou des présupposés, des raisons et des fins, – déterminations qui sont d'un contenu fini, mais auxquelles on attribue facilement une dignité, une importance et une validité semblables à celle de la vérité éternelle elle-même, parce qu'elles apparaissent dans une immédiate cohérence avec elle. Par le fait qu'elles n'ont en même temps qu'un contenu fini et sont en cela d'autant plus capables de répliques et d'arguments contraires, elles ont facilement besoin, pour être affirmées, d'une autorité extérieure et deviennent un terrain propice aux passions humaines. Produites dans l'intérêt de la finitude, elles ne portent pas pour elles-mêmes le témoignage de l'Esprit saint, mais elles ont des intérêts finis pour les assister.

Mais l'absolue vérité elle-même entre de par son apparition dans une configuration temporelle et dans les conditions extérieures, cohérences et circonstances de cette dernière. – Ainsi, elle est d'elle-même déjà entourée d'indications de lieu, d'éléments historiques et d'autres éléments positifs.

46 Parce que | la vérité *est*, il lui faut apparaître et être apparue; sa manifestation appartient à sa nature éternelle même, laquelle est inséparable d'elle, et l'est tellement que cette séparation l'anéantirait, rabaisserait en effet son contenu à une abstraction vide; mais de l'apparition éternelle qui est inhérente à l'essence de la vérité, on doit certes différencier le côté de l'essence momentanément, localement et extérieurement adjointe pour ne pas confondre le fini avec l'infini, l'indifférent avec le substantiel. Par ce côté, un nouvel espace s'ouvre à l'entendement pour ses efforts et l'augmentation de la matière finie, et dans la cohérence de cette essence adjointe, il trouve un prétexte immédiat à élever ses singularités à la dignité du vrai divin, le cadre à la dignité de l'œuvre d'art qu'il entoure afin d'exiger pour les histoires finies, les événements, les circonstances, les représentations, les commandements etc. le même respect, la même *foi* que pour ce qui est l'être absolu, l'histoire éternelle.

C'est donc par ces côtés que la *signification formelle de la foi* commence à ressortir, – sa signification étant en somme le fait de *tenir-pour-vrai*; ce qui doit valoir comme vrai peut être constitué selon sa nature intérieure comme il le veut. C'est ce même tenir pour vrai qui est et vaut à sa place dans les choses quotidiennes de la vie courante, de ses situations, relations, événements ou autres existences, propriétés et constitutions naturelles. Si l'intuition extérieure sensible ou le sentiment interne immédiat, les témoignages d'autres choses et la confiance en celles-ci etc., sont les critères à partir desquels la foi procède pour des choses de cet ordre, on peut certes alors à ce sujet faire la différence entre une conviction en tant qu'un tenir-pour-vrai issu de *raisons*, et la foi en tant que telle. Mais cette différence est trop insignifiante pour qu'une telle conviction en tire
47 avantage contre la simple foi; car les soi-disant raisons ne sont | rien d'autre que les sources caractérisées de ce qu'on appelle ici la foi.

Mais en regard de ce tenir-pour-vrai universel, la différence qui se rapporte à la matière et en particulier à l'usage qui est fait de cette matière est d'une autre sorte. En effet, par le fait que ces histoires et circonstances finies et extérieures qui se trouvent dans le périmètre de la foi religieuse, sont en cohérence avec l'histoire éternelle qui forme la base objective de la religion, la piété puise alors dans cette matière ses multiples émotions, édifications et instructions à propos des relations mondaines, des destins et situations individuels et trouve ses représentations et toute l'étendue de sa formation rattachées en grande partie ou en totalité à ce cercle d'histoires et de doctrines duquel est entourée la vérité éternelle. Dans tous les cas, un tel cercle dans lequel les hommes ont en général, comme dans un recueil de légendes, puisé leur conscience concernant toutes les autres relations de leur cœur et de leur vie, qui est même le moyen par lequel ils élèvent leur effectivité à un point de vue religieux, mérite pour le moins la plus grande attention et un traitement plein de considération.

Il s'agit à présent d'autre chose quand un tel cercle est naïvement et simplement employé par le sentiment pieux et est utilisé en sa faveur, lorsqu'il est saisi par l'entendement et, tel qu'il est établi et saisi par celui-ci, est offert à un autre entendement, en sorte qu'il doive lui servir de règle et que quelque chose de solide passe pour le tenir-pour-vrai, et qu'en cela, cet entendement ne doive se soumettre qu'à l'entendement et seulement si cette soumission est exigée au nom de la vérité divine.

Dans les faits, une telle exigence produit le contraire d'elle-même ; en ce que ce n'est pas l'esprit divin de la foi, mais l'entendement qui exige à lui la soumission de l'entendement, l'entendement est bien plutôt alors par là immédiatement autorisé à avoir le dernier mot dans les | affaires divines. **48**
Contre un tel contenu de la lettre et l'aride érudition de l'orthodoxie, le sens le meilleur a un droit divin. Il arrive alors que plus la sagesse finie à propos des affaires divines se répand, plus elle accorde de poids à ce qui relève des considérations historiques extérieures et à l'invention de sa propre perspicacité, plus elle a travaillé contre la vérité divine et contre elle-même. Elle a produit et reconnu le principe opposé à la vérité divine, elle a ouvert et préparé un tout autre terrain à la connaissance ; c'est sur celui-ci que l'énergie infinie, qui à la fois possède en elle le principe de la connaissance et dans laquelle se trouve la possibilité plus profonde de son ancienne réconciliation avec la vraie foi, se rebellera contre la menace de l'emprisonnement dans ce royaume fini de l'entendement et détruira les prétentions de ce dernier à vouloir être le royaume des cieux.

C'est le sens le meilleur qui, s'emportant contre la contradiction d'une telle prétention à faire reconnaître et honorer des choses finies et extérieures comme étant le divin, et qui armé de la pensée finie, a d'une part établi et affirmé en tant que *Lumières* la *liberté de l'esprit*, le principe d'une religion spirituelle, mais qui d'autre part, en tant que pensée simplement abstraite, *n'a su faire aucune différence* entre des déterminations d'un contenu simplement fini et des déterminations *de la vérité* même. Ainsi, cet entendement fini s'est retourné contre *toute* déterminité, a parfaitement vidé la vérité de tout contenu et n'a pour lui rien gardé d'autre que, d'une part, le pur négatif lui-même, le *caput mortuum* d'une *essence* simplement abstraite, et d'autre part une matière finie ; celle-ci est pour partie, selon sa nature, finie et extérieure, et est pour partie celle qu'il s'est procurée en puisant dans le contenu divin ; cette matière, il l'a rabaissée à une extériorité d'événements relevant simplement de l'histoire générale, à des avis locaux et à des opinions temporelles particulières. –

49 |Mais la pensée ne peut absolument pas être inactive. À partir de ce Dieu et dans ce Dieu, il n'y a rien à creuser ni à recreuser car il est déjà en lui-même parfaitement creux. Il est l'inconnaissable, car la connaissance a à voir avec un contenu, une détermination, un mouvement, alors que le vide est sans contenu, indéterminé, sans vie ni ressort en lui. La doctrine de la vérité consiste tout entière dans le fait d'être une doctrine de Dieu et d'avoir révélé sa nature et ses activités. Mais l'entendement, ayant dissout tout ce contenu, a de nouveau enveloppé Dieu et l'a rabaissé à ce qu'il était auparavant à l'époque du simple désir : à l'inconnu. À l'activité pensante, il ne reste de ce fait aucune matière si ce n'est celle finie indiquée auparavant, mais *avec la conscience et la détermination* que ce n'est rien d'autre que la matière finie et temporelle ; elle est bornée à se perdre dans une telle matière et à trouver sa satisfaction dans la vanité, à souvent façonner ce qui est vaniteux, à le diriger et, de façon savante, à en amener à soi une grande masse.

Mais pour l'esprit qui ne se complaît pas dans cette vanité, reste seul le fait de désirer ; car là où il voulait se satisfaire, c'est un *au-delà*. Il est sans forme, sans contenu, sans détermination ; mais ce n'est que par une figure, un contenu, une détermination qu'il est quelque chose pour l'esprit, que ce soit une raison, une effectivité, une vie, que ce soit en et pour soi. Cette matière finie est seulement quelque chose de subjectif et est incapable d'abandonner le contenu pour l'éternel vide. Le besoin, présent dans l'esprit qui cherche de nouveau la religion, est pour cette raison plus précisément déterminé de sorte qu'il exige un contenu qui soit en et pour soi, une vérité qui n'appartienne pas à l'opinion et à l'outrecuidance de l'entendement, mais qui soit *objective*. Il ne reste désormais plus à ce besoin, pour parvenir à une satisfaction, que *d'être ramené* dans les *senti-*
50 *ments*. Le sentiment est encore le seul mode | dans lequel la religion peut être présente ; la réflexion prend toujours part aux formes plus élevées de l'existence, à la forme de la *représentation* et du *tenir-pour-vrai* d'un contenu, et la réflexion s'est avancée jusqu'à la négation de toute détermination objective.

Voilà en bref les grands axes de la démarche que la réflexion formelle a suivi dans la religion. Le système des différenciations et des déterminations casuistiques, métaphysiques et sophistiques dans lesquelles l'entendement a morcelé le solide contenu de la religion et en lequel il a placé la même autorité que celle qu'a la vérité éternelle, est le premier mal qui commence à l'intérieur de la religion même. Mais l'autre mal, pour autant qu'il semble d'abord en être le contraire, est déjà fondé sur ce premier point de vue et n'en est qu'un développement ultérieur ; le mal consiste en ce que la pensée se présente comme autonome et en ce qu'elle se retourne contre cela avec les armes formelles, auxquelles cette masse d'aride absence de contenu doit son origine et que la pensée même doit à cette première activité, et en ce qu'elle trouve son dernier principe, à savoir la pure abstraction elle-même, la plus haute essence vide de détermination. Il est intéressant pour la considération philosophique de remarquer précisément ce retournement, inattendu pour la réflexion même, en quelque chose d'hostile contre ce qui est son œuvre propre, – un retournement qui n'est également que la détermination propre de la réflexion même.

Selon ce qui a été dit, le mal, dans lequel les Lumières ont apporté la *religion* et la *théologie,* se détermine comme le manque *de vérité connue, d'un contenu objectif, d'une doctrine de la foi.* En fait, on ne peut pourtant parler que de la religion, de sa souffrance d'un tel manque, car il n'y a plus de théologie lorsqu'un tel contenu fait défaut. Cette dernière en est réduite à n'être plus qu'une érudition historique et ainsi l'exposition indigente de quelques sentiments subjectifs. Mais le résultat donné est, ce qui est arrivé du côté religieux, la réconciliation de la foi et de la raison. Il faut encore
maintenant | évoquer le fait que la *philosophie* a aussi de son côté prêté la 51
main à cet arrangement, et ce de la même façon. Car le manque dans lequel la philosophie est tombée se montre également comme manque d'un *contenu objectif.* Elle est la science de la raison pensante comme la foi religieuse est la conscience et l'absolu tenir-pour-vrai de la raison donnée pour la représentation, et pour cette science, la matière est devenue aussi mince que pour la foi.

La philosophie, dont on a d'abord constaté le point de vue de la formation universelle de la pensée à une époque récente et qui s'est appelée avec droit la philosophie *critique,* n'a rien fait d'autre que de réduire à sa simple formule l'activité des Lumières qui était d'abord dirigée vers des représentations et objets concrets; cette philosophie n'a aucun autre contenu et résultat que ce qui provient de cet entendement raisonnant. La philosophie *critique* ou *kantienne* est certes selon son nom quelque chose d'aussi démodé que ce que peuvent être les *Lumières*, et on tomberait mal si, pour ceux qui se nomment philosophes parmi les écrivains, et plus précisément parmi les écrivains scientifiques à propos de matières théologiques, religieuses, morales, et également parmi ceux qui écrivent sur les affaires politiques, les lois et les questions constitutionnelles, on dénonçait encore de nos jours, comme philosophie kantienne, ce qui pourrait sembler relever, dans leur œuvre, de la philosophie, – de la même manière que l'on tomberait mal si on voulait encore attribuer les *Lumières* aux théologiens raisonnants et plus encore à ceux qui font reposer la religion sur des sentiments subjectifs. – Quel est celui qui n'a pas réfuté ou amélioré la philosophie kantienne et qui aujourd'hui ne s'anoblit pas

encore en se mesurant à elle ? Qui n'a pas davantage progressé ? Mais si on considère les actes de cette littérature, celle qui est philosophique, morale, et celle qui est théologique, cette dernière refusant souvent très vivement
52 entre tous | le fait de vouloir être quelque chose de philosophique, on ne reconnaît alors aussitôt que ces mêmes propositions et résultats, lesquels toutefois apparaissent déjà en tant que *présupposés* et *vérités reconnues*. « Vous les reconnaissez à leurs fruits ». Le fait de ne se trouver que dans l'ornière de la représentation temporelle et des préjugés n'empêche pas l'outrecuidance de croire que ses trivialités, puisées dans le flot commun, sont des opinions tout à fait originales et de nouvelles découvertes dans le domaine de l'esprit et de la science.

Ce qui est en soi et pour soi et ce qui est fini et temporel, – ce sont les deux déterminations fondamentales qui, dans une doctrine, doivent sortir de la vérité, et savoir quel est le contenu d'une doctrine, cela dépend ici de la façon dont sont saisis et établis ces deux côtés et de la place qui est assignée à l'esprit par rapport à eux. Considérons après cela les vérités de la philosophie de ce temps – des vérités qui ont la réputation d'être si reconnues qu'il n'est plus nécessaire d'en dire un mot.

L'un des présupposés absolus de la culture de notre temps est que *l'homme ne sait rien de la vérité*. L'entendement des Lumières n'a pas tant pris connaissance de ce résultat ni ne l'a tant formulé qu'il l'a occasionné. Il est parti de cela, comme on l'a mentionné, pour libérer la pensée des liens de cet autre entendement, lequel a planté ses finitudes sur le sol de la doctrine divine elle-même et il a voulu utiliser l'autorité divine absolue pour cette mauvaise herbe foisonnante, et pour produire la liberté, laquelle a été gagnée par la religion de la vérité et en a fait son pays natal. Il a eu la volonté d'attaquer d'abord l'erreur et la superstition, et ce qu'il est véritablement arrivé à détruire, ce n'est certes pas la religion, mais cet entendement pharisien qui a sagement saisi les choses d'un autre monde à la
53 manière des choses de ce monde et | il a cru pouvoir nommer sa sagesse doctrine de la religion. Il a voulu éloigner l'erreur dans le seul but de faire de la place à *la vérité* ; il a cherché et reconnu des vérités éternelles et n'a fait reposer la dignité de l'homme que dans le fait que de *telles vérités* ne *soient pour lui* et que pour lui, et non pour l'animal. Dans cette intention, ces vérités doivent être ce qui est solide et objectif contre l'opinion subjective et les pulsions du sentiment et, pour pouvoir être justifiés, opinion comme sentiments doivent être soumis et conduits essentiellement selon l'examen de la raison.

Mais le développement conséquent et autonome du principe de l'entendement ne conduit à saisir toute détermination et par là tout contenu que comme une finitude et ainsi à anéantir la configuration et la détermination

du divin. Par cette formation, la vérité objective, qui doit être le but, a sans davantage de conscience été ramenée à quelque chose de bien mince, lequel avait alors seulement besoin d'être amené à la conscience par la philosophie kantienne et d'être exposé comme détermination du but de la raison. Par conséquent, *l'identité de l'entendement* a été nommée par celle-ci le principe le plus haut, l'ultime résultat, tant pour la connaissance elle-même, que pour son objet, – le *vide* de la philosophie atomique, Dieu sans détermination, élevé à *l'au-delà* du savoir, sans tous ses prédicats et propriétés ou bien plutôt rabaissé à une absence de contenu. Cette philosophie a fait savoir à l'entendement à propos de lui-même qu'il était incapable de connaître la vérité; mais du fait qu'elle n'a conçu l'esprit que comme cet entendement, elle en a déduit la proposition universelle que l'homme ne pouvait rien savoir de Dieu – comme s'il pouvait y avoir en général en dehors de Dieu une vérité et des objets absolus –, et en général de ce qu'il *est en soi*. Si la religion place l'honneur et le salut de l'homme dans le fait
de connaître Dieu, et | si, en lui ayant communiqué cette connaissance et en **54**
lui en ayant dévoilé son essence inconnue, elle est charitable, alors dans cette philosophie, dans cette très monstrueuse opposition à la religion, l'esprit est rabaissé à la modestie de la brute conçue comme sa détermination la plus haute, si ce n'est qu'il possède de manière funeste l'avantage d'avoir encore la conscience de son ignorance; en échange de quoi la brute possède dans les faits une modestie de l'ignorance beaucoup plus pure, véritable, et vraiment tout à fait naïve. On peut certes maintenant considérer que ce résultat est devenu à peu d'exception près un préjugé universel de notre culture. Il ne sert à rien d'avoir réfuté la philosophie kantienne ou de la mépriser; les progrès et les illusions de progrès peuvent par ailleurs, par delà elle, avoir fait à leur façon beaucoup avancer les choses; comme elle, ils ne relèvent que de cette même sagesse du monde, car ils dénient à l'esprit la capacité et la détermination d'atteindre à la vérité objective.

L'autre principe qui est immédiatement lié à cette sagesse est que l'esprit, par le fait qu'il a certes accès à la connaissance mais que la vérité lui est refusée, ne peut avoir à faire qu'avec des phénomènes et des finitudes. L'Église et la piété ont souvent tenu les sciences mondaines pour suspectes et dangereuses, voire hostiles à leur égard, et ont considéré qu'elles conduisaient à l'athéisme. Un astronome célèbre a dit avoir scruté le ciel en totalité et n'avoir pu y trouver Dieu. En fait, la science mondaine s'attache à la connaissance de la *finitude*; du fait qu'elle s'efforce d'y pénétrer, les causes et les raisons sont la dernière chose auprès de laquelle elle s'apaise. Mais ces causes et ces raisons sont essentiellement quelque chose d'analogue à ce que l'on doit expliquer, et elles ne sont également

pour cette raison que des forces finies qui tombent dans son domaine. Si maintenant ces sciences, faute d'une pratique de la médiation, ne mènent pas immédiatement leurs connaissances dans la région de ce qui est éternel – c'est-à-dire de ce qui n'est pas seulement quelque chose de suprasensible,
55 car ces causes et forces, l'intérieur qui | est produit par l'entendement réfléchissant et est connu à sa façon, ne sont pas non plus quelque chose de sensible–, alors rien n'empêche la science du fini d'admettre une sphère divine. Face à une telle sphère plus élevée, il est pour soi très facile de ne reconnaître, en tant que contenu, lequel n'est rien en et pour soi, n'est que phénomène, ce dont on ne prend connaissance que par les sens et la réflexion de l'entendement. Mais lorsqu'on renonce à la connaissance de la vérité en général, alors le connaître n'a pour *sol* que le sol du phénomène. De ce point de vue, il peut aussi s'agir, pour ce qui est des efforts de la connaissance à l'égard d'une doctrine qu'elle reconnaîtrait sinon comme divine, non pas de la *doctrine elle-même*, mais seulement de son environnement extérieur. La doctrine reste pour elle-même hors de l'intérêt de l'activité spirituelle, et on ne peut ni l'examiner, ni y prêter foi, ni s'en convaincre, car son contenu est accepté comme ce qui est inatteignable. Il faut ainsi que l'activité de l'intelligence se borne, en ce qui concerne les doctrines de la religion, à leurs côtés apparents, qu'elle se jette sur les circonstances extérieures et que l'intérêt devienne *un intérêt historique*, un intérêt tel que l'esprit se rapporte à des événements passés, à quelque chose qui est loin de lui, où il *n'*est *pas lui-même présent*. Ce que produit le sérieux effort de l'érudition, de l'assiduité, de la perspicacité etc. est également appelé vérité et on encourage et propage de nos jours une mer de telles vérités ; mais ce ne sont pas des vérités du genre de celles qu'exige l'esprit sérieux de la religion pour sa satisfaction.

Si maintenant ce qui est ici-bas et qui a un présent pour l'esprit est ce large royaume du vaniteux et de l'apparaissant, alors que ce qui est en et pour soi échappe à l'esprit et est un au-delà vide pour lui, où peut-il encore trouver un lieu dans lequel il rencontre le substantiel, dans lequel ce qui est éternel viendrait à lui et dans lequel il pourrait en cela parvenir à leur unité,
56 à leur certitude et | à leur jouissance ? Le désir de vérité ne peut se réfugier que dans la *région du sentiment*. La conscience ne peut supporter ce qui a un réel contenu, ce qui ne se dérobe pas devant la réflexion, que sous le mode enveloppé de la sensation. Cette forme manque de l'objectivité et de la déterminité qu'exigent le savoir et la foi consciente d'elle-même ; l'entendement a su les réduire à néant, la religiosité les craint précisément à cause de ce danger et elle les met pour cette raison dans cette enveloppe qui ne semble pas, pour la pensée, prêter le flanc à une attaque dialectique. Dans une telle religiosité, si elle provient d'un authentique besoin, l'âme

pourra trouver la paix exigée, en s'efforçant, dans l'intensité et l'intériorité, de compléter ce qui lui est ôté en contenu et en extension de la foi.

Mais en tant que *troisième préjugé universel*, on peut encore mentionner l'opinion selon laquelle le sentiment est la forme véritable et même unique dans laquelle la religiosité conserve son authenticité.

Tout d'abord, cette religiosité n'est plus naïve. L'esprit exige en général, parce qu'il est esprit, que ce qui est dans le sentiment soit aussi pour lui présent dans la représentation, qu'un senti corresponde à la sensation et que la vivacité de la sensation ne reste pas une concentration immobile, mais qu'elle soit une activité pourvue de vérités objectives et ainsi, ce qui se produit dans un culte, qu'elle s'étende à des actions qui attestent de la communauté des esprits dans la religion autant qu'elles nourrissent, à la manière de l'activité pourvue de vérités, la sensation religieuse, la préservent dans la vérité et lui procurent la jouissance d'elles-mêmes. Mais une telle extension à un culte, de même qu'à un corpus de doctrines de la foi, n'est plus compatible avec la forme du sentiment; la religiosité dans la forme ici considérée s'est bien plutôt réfugiée, en partant du développement et de l'objectivité, dans le sentiment | et l'a déclaré de façon 57
polémique comme étant la forme exclusive et prépondérante.

C'est donc ici que prennent leur source le danger de ce point de vue et son renversement dans le contraire de ce que la religiosité cherche en lui. C'est ici un aspect de la plus grande importance que l'on doit encore évoquer brièvement, ce en quoi il me faut ne me référer qu'à ce qu'il y a de plus universel sans pouvoir ici plus avant pénétrer dans la nature du sentiment. Il ne peut y avoir aucun doute sur le fait que le sentiment est un sol, qui, pour lui-même indéterminé, inclut en lui à la fois ce qu'il y a de plus multiple et de plus opposé. Le sentiment pour soi est la subjectivité naturelle, aussi capable d'être bonne que mauvaise, pieuse qu'impie. Si donc ce qu'on appelait autrefois raison, et qui n'était en fait que l'entendement fini et son raisonnement, est devenu décisif autant à propos de ce que je dois tenir pour vrai que de ce qui doit être mon principe d'action, et si ce doit alors être le sentiment duquel doit provenir la décision de ce que je suis et de ce qui vaut pour moi, même l'apparence de l'objectivité, qui doit au moins se trouver dans le principe de l'entendement, a alors disparu; car d'après cela, ce qui doit valoir pour moi doit pourtant reposer sur un fondement valant universellement, sur quelque chose qui est en et pour soi. Mais de façon encore plus déterminée, ce qui est en soi et pour soi divin, éternel, raisonnable vaut, dans toute religion, dans toute vie éthique commune des hommes, que ce soit dans la famille ou dans l'État, comme une *loi objective* et cette loi objective vaut ainsi comme *ce qui est premier*, cela seul conférant au sentiment sa position, sa direction véritable. Les sentiments naturels doivent bien plutôt être déterminés, rectifiés, purifiés par les doctrines et l'exercice de la religion et par les fermes principes de l'éthique, et seulement à partir de ces bases être amenés dans le sentiment ce qui en *fait* un véritable *sentiment religieux, moral*.

« *L'homme naturel* ne perçoit rien de l'esprit de Dieu et ne peut pas le
58 connaître, car il lui faut être armé spirituellement. » | Mais l'homme naturel est l'homme dans ses sentiments naturels, et il est celui qui ne doit certes rien connaître selon la doctrine de la subjectivité, mais il doit être le seul en tant qu'homme naturel à percevoir l'esprit de Dieu. Parmi les sentiments de l'homme naturel, se trouve certes *aussi* un sentiment du divin, mais il y en a aussi un autre qui est le sentiment naturel du divin, un autre qui est l'esprit de Dieu. Mais quels autres sentiments ne se trouvent pas encore dans le cœur de l'homme ? Même le fait que ce sentiment naturel soit un sentiment du divin ne réside pas dans le sentiment en tant que sentiment naturel ; le divin n'est que dans et pour l'esprit, et l'esprit, comme on l'a dit précédemment, n'a pas à être une vie naturelle, mais un esprit qui renaît. Si le sentiment doit constituer la détermination fondamentale de l'essence de l'homme, alors il est mis sur le même plan que l'animal, car le propre de l'animal, c'est d'avoir ce qui est sa détermination dans le sentiment et de vivre selon le sentiment. Si la religion dans l'homme ne se fonde que sur un sentiment, alors ce dernier n'a justement aucune autre détermination que d'être le *sentiment de sa dépendance*, et le chien serait ainsi le meilleur chrétien, car il le porte au plus fort en lui et vit surtout dans ce sentiment. Le chien a aussi des sentiments de rédemption lorsqu'un os apaise sa faim. Mais l'esprit a bien plutôt dans la religion sa libération et le sentiment de sa liberté divine ; seul l'esprit libre a de la religion et peut avoir de la religion ; ce qui est lié dans la religion, c'est le sentiment naturel du cœur, la subjectivité particulière ; ce qui en elle devient libre et en cela advient, c'est l'esprit. Dans les pires religions – celles dans lesquelles la servitude et ainsi la superstition sont le plus puissamment présentes – le lieu pour l'homme dans l'élévation vers Dieu est celui où il sent, contemple, goûte sa liberté, son infinitude, son universalité, c'est-à-dire ce qui est plus haut et qui ne provient pas du sentiment comme tel, mais de l'esprit.

59 |Lorsqu'on parle de sentiments religieux, éthiques, etc., il faut certes dire que ce sont des sentiments authentiques ; et lorsqu'ensuite, comme nous sommes de là arrivés à ce point de vue, il s'y est adjoint la méfiance ou bien plutôt le mépris et la haine de la pensée – la misologie dont parle déjà Platon – on est ainsi tout près de mettre dans les sentiments pour eux-mêmes l'authentique et le divin. Il ne serait pas nécessaire, en particulier pour ce qui est d'abord de la religion chrétienne, de ne voir pour origine de la religion et de la vérité qu'un choix entre entendement et sentiment et,

pour être borné à ce choix et vouloir ensuite fonder en général, après la récusation de l'entendement et plus précisément de la pensée, une doctrine chrétienne sur des sentiments, on doit avoir déjà écarté ce que la religion chrétienne indique comme étant sa source, la plus haute révélation divine. – Mais le sentiment devant être en général le siège et la source de ce qui est véritable, on omet alors cette nature essentielle du sentiment, le fait qu'il est pour soi une *simple forme*, qu'il est pour soi indéterminé et qu'il peut avoir tout contenu en soi. Il n'a rien qui ne puisse être senti et ne soit senti. Dieu, la vérité, le devoir sont sentis, tout autant que le mal, le mensonge, l'injustice ; toutes les situations et tous les rapports humains sont sentis ; toutes les représentations de leur propre rapport aux choses spirituelles et naturelles deviennent des sentiments. Qui voudrait chercher à nommer et à énumérer tous les sentiments, depuis le sentiment religieux, le sentiment du devoir, la compassion etc., jusqu'à l'envie, la haine, l'orgueil, la vanité, etc., la joie, la douleur, la tristesse etc. ? Déjà à partir de la différence, mais plus encore à partir de l'opposition et de la contradiction des sentiments, on peut aussi justement conclure pour la pensée commune que le sentiment n'est que quelque chose de formel et ne peut être un principe pour la détermination véritable. En outre, il est également juste de conclure que, du fait que le *sentiment* est érigé en principe, il ne reste plus qu'à abandonner au *sujet* | les sentiments *qu'*il veut avoir ; c'est l'absolue indéter- **60**
minité qui se donne pour mesure et norme, c'est l'arbitraire et le plaisir d'être et de faire ce qui lui plaît et de s'ériger en oracle de ce qui doit valoir, et valoir noblement, pour la religion, le devoir, le droit.

La religion, comme le devoir et le droit, deviennent et doivent aussi devenir l'affaire du sentiment et entrer dans le cœur, de même que la liberté en général s'abaisse à être sentiment et devient en l'homme un sentiment de la liberté. Mais c'est tout autre chose lorsqu'un contenu tel que Dieu, la vérité, la liberté est puisé dans le sentiment, lorsque ces objets doivent avoir pour norme le sentiment ou lorsqu'à l'inverse, un tel contenu objectif, valant en et pour soi, entre seulement dans le cœur et le sentiment, et que les sentiments obtiennent bien plutôt seulement de lui à la fois leur contenu et leur détermination, leur correction et leur norme. Tout revient à *cette différence de position*. C'est sur elle que repose la séparation d'une part de l'ancienne légalité et de l'ancienne foi, de la véritable religiosité et de l'éthique qui fait de Dieu, de la vérité et du devoir *ce qu'il a de premier*, et d'autre part de l'absurdité, de l'outrecuidance et de l'égoïsme absolu qui s'est épanoui à notre époque et qui érige l'entêtement, l'opinion propre et le plaisir en règle de la religiosité et du droit. Obéissance, discipline et foi au sens ancien du terme, respect de Dieu et de la vérité sont les sensations qui sont liées à la première position et en résultent, alors que vanité, outrecuidance, bassesse et orgueil sont les sentiments qui résultent de la seconde position, à moins que ce ne soit bien plutôt de ces sentiments de l'homme seulement naturel que cette position surgit.

Par leur matière, les remarques faites jusqu'à présent se prêteraient à un exposé détaillé, exposé dont j'ai déjà ailleurs livré quelques pages, mais qu'il n'y pas lieu de reprendre ici. Elles ne peuvent qu'être le souvenir des
61 points de vue soulevés pour | caractériser plus précisément ce qui constitue le mal *de l'époque* et par là *son besoin*. Ce *mal*, la *contingence* et l'*arbitraire du sentiment subjectif* et de sa visée, lié à *l'élaboration de la réflexion*, qui se montre dans le fait que l'esprit du *savoir* est *incapable de vérité*, a été appelé depuis les temps anciens *sophisterie* [*Sophisterei*]. C'est elle qui mérite le surnom de *sagesse du monde*, que monsieur Friedrich von Schlegel a très récemment de nouveau réhabilité ; car elle est une sagesse valant dans ce qu'on a l'habitude de nommer le *monde* et relevant de lui, de ce qui est contingent, de ce qui n'est pas vrai, de ce qui est temporel ; elle est la vanité qui érige ce qui est vain, la contingence du sentiment et le plaisir de l'opinion, en principe absolu de ce qui est droit et devoir, foi et vérité. Certes, il nous faut souvent entendre appeler philosophie ces présentations sophistiques ; pourtant maintenant, même cette doctrine contredit pour elle-même l'utilisation du nom de philosophie, car on peut souvent l'entendre dire *que la philosophie ne vaut rien*. Elle a raison de ne rien vouloir savoir de la philosophie ; elle exprime en cela la conscience de ce qu'elle veut et est dans les faits. Depuis toujours, la philosophie a été en conflit avec la sophistique ; celle-ci ne peut emprunter à celle-là que l'arme formelle, l'élaboration de la réflexion, mais, pour ce qui est du contenu, elle n'a avec elle rien de commun, car elle consiste précisément dans le fait de fuir tout ce qui est objectif dans la vérité. Elle ne peut pas non plus se servir de l'autre source de la vérité, sachant que la vérité est l'affaire de la religion, à savoir des écrits saints de la Révélation, pour acquérir un contenu ; car cette doctrine ne reconnaît d'autre fondement que la propre vanité de son avis et de ce qu'elle révèle.

Mais pour ce qui concerne le *besoin* de l'époque, il s'ensuit que le besoin *commun* de la *religion* et de la *philosophie tend* à un *contenu objectif et substantiel de la vérité*. Prenant modèle sur la façon dont la religion, quant à elle, procure de nouveau à son contenu considération,
62 respect et autorité contre l'opinion commune et se | constitue en un ensemble de foi objective, doctrine, et même de culte, cette recherche, qui est pour elle-même d'une si vaste nature, devrait fondamentalement considérer l'état empirique de l'époque selon ses multiples directions, et par conséquent, de même qu'elle ne devrait pas ici être à sa place, elle ne devrait nullement être d'un genre simplement philosophique. Mais les

deux sphères de la religion et de la philosophie coïncident pour une partie de la démarche visant à satisfaire ce besoin. Car on peut au moins évoquer le fait que le développement de l'esprit des temps a conduit à ce que la pensée comme le mode deviennent, l'une pour la conscience, l'autre pour l'opinion, cette dernière étant liée à la pensée, *les conditions impérieuses* de toute reconnaissance et de *ce qui* permet de *tenir pour vrai*. Peu importe de savoir dans quelle mesure c'est seulement une partie de la communauté religieuse qui ne serait plus capable de vivre sans la liberté de l'esprit pensant, c'est-à-dire plus capable d'exister spirituellement, ou dans quelle mesure ce sont bien plutôt toutes les communautés, s'étant ouvertes à ce principe plus élevé, pour lesquelles désormais la forme de la pensée, développée à quelque degré que ce soit, est devenue une exigence indispensable de la foi. L'évolution et le retour aux principes sont capables de bien des niveaux ; car la pensée peut être employée, pour parler vulgairement, à ramener certains cas, certaines propositions à une *proposition universelle immanente*, qui est, de façon relative, le *principe* pour cette matière qui en est dépendante dans la conscience. Ce qui est principe, dernier point fixe, à un niveau du développement de la pensée a besoin de nouveau, pour un autre niveau, d'être ramené de façon plus poussée à des principes encore plus universels et profonds. Mais les principes sont un contenu que la conscience tient fermement dans sa conviction, un contenu duquel son esprit donne témoignage et qui est désormais inséparable de la pensée et de sa propre identité. Si les principes sont livrés au raisonnement, on a remarqué plus haut le fourvoiement dans lequel il met l'opinion subjective et | 63
l'arbitraire à la place des principes et s'intensifie pour devenir sophisterie.

Mais la manière de convaincre qui se trouve dans la religion, peut rester dans la forme de ce qui est proprement *foi*, ce en quoi on ne doit pas seulement laisser hors de toute considération le fait que la foi ne devrait pas être présentée comme quelque chose d'extérieur, que l'on doit donner mécaniquement, mais, afin qu'elle soit quelque chose de vivant et qu'elle ne soit pas servitude, le fait qu'elle a essentiellement besoin du témoignage de l'esprit inhérent de la vérité et doit être placée dans le cœur lui-même. Mais si l'élément des principes est entré dans le besoin religieux, alors ce besoin est désormais inséparable du besoin et de l'activité de la pensée, et la religion exige, vue sous cet angle, une *science* de la religion, – une théologie. Ce qu'il a de plus en elle, ou ce qui mérite simplement d'y être en plus que la connaissance universelle de la religion, qui relève de cette culture propre à chaque membre, ceci, cette science l'a en commun avec la philosophie. Ainsi est apparue au moyen âge la *théologie scolastique*, – une science, qui a façonné la religion à la manière de la pensée et de la raison et s'est efforcée de saisir en pensant les enseignements les plus profonds de la religion révélée. Contre l'orientation élevée d'une telle science, cette façon de faire de la théologie est très en retard, elle qui ne place que dans l'élément historique sa différence scientifique avec l'enseignement religieux universel, élément qu'elle adjoint en long et en large à la religion, dans ses singularités sans fin. Le contenu absolu de la religion est essentiellement un contenu actuel, et c'est pourquoi ce n'est pas dans l'ajout extérieur de l'histoire savante, mais seulement dans la connaissance rationnelle que l'esprit peut trouver ce qui continue de lui être présent et trouver la liberté, ce qui peut apaiser son éternel besoin de penser et adjoindre en cela la forme infinie au contenu infini de la religion.

64 |Quant au préjugé contre lequel le philosopher a à combattre à notre époque à propos de l'objet de la religion, à savoir que le divin ne peut être *compris*, mais que plus encore ce sont le concept et la connaissance conceptuelle qui rabaissent Dieu et les propriétés divines au domaine de la finitude et en cela précisément les anéantissent bien plutôt – un tel préjugé, la théologie scolastique n'avait heureusement pas encore à le combattre; l'honneur et la dignité de la connaissance pensante n'avaient pas été tant rabaissés, mais, au contraire, laissés intacts et impartiaux. C'est seulement la philosophie moderne elle-même qui a si mal compris son propre élément, le concept, et l'a discrédité de cette façon. Elle n'a pas reconnu son infinité et l'a confondu avec la réflexion finie, l'entendement – elle l'a tant confondu que seul l'entendement doit penser, la raison, elle, ne doit pas penser, mais seulement savoir immédiatement, c'est-à-dire sentir et contempler, et ainsi ne pouvoir *savoir* que *de façon sensible*.

Les poètes grecs antiques ont donné de la justice divine la représentation selon laquelle les dieux attaquaient et rabaissaient ce qui s'élevait, ce qui était heureux, ce qui était excellent. L'idée plus pure du divin a chassé cette représentation. Platon et Aristote enseignent que *Dieu n'*est *pas jaloux*, et qu'il ne cache pas aux hommes la connaissance de lui-même et de la vérité. Que serait-ce d'autre que de la *jalousie* si Dieu refusait à la conscience le savoir de Dieu; il lui aurait refusé en cela toute vérité, car Dieu est seul le vrai; ce qui par ailleurs est vrai et semble peut-être n'avoir aucun contenu divin n'est vrai que parce qu'il est fondé en lui et est reconnu à partir de lui; le reste n'est que phénomène temporel. La connaissance de Dieu, de la vérité est seule ce qui élève l'homme au-dessus de l'animal, le distingue, le rend heureux ou bien plutôt, suivant Platon, Aristote et la doctrine chrétienne, le remplit de félicité.

65 |C'est le phénomène tout à fait propre à cette époque que d'être retourné, parvenu au sommet de sa culture, à cette ancienne représentation selon laquelle Dieu serait l'incommunicable et sa nature ne se révélerait pas à l'esprit humain. Cette affirmation de la jalousie de Dieu doit d'autant plus

sauter aux yeux dans le cercle de la religion chrétienne que cette religion n'est rien et ne veut rien être d'autre que la *révélation* de ce qu'est Dieu et que la communauté chrétienne ne doit rien être d'autre que la communauté dans laquelle l'esprit de Dieu a été envoyé et dans laquelle ce même esprit – qui précisément, parce qu'esprit, n'est pas sensibilité et sentiment, n'est pas une représentation du sensible, mais est pensée, savoir et connaissance et, parce qu'il est esprit saint, divin, n'est que pensée, savoir et connaissance de Dieu – conduit les membres dans la connaissance de Dieu. Que serait encore la communauté chrétienne sans cette connaissance ? Qu'est-ce qu'une théologie sans connaissance de Dieu ? Précisément ce qu'est une philosophie sans elle, un airain résonnant et une clochette sonnante !

Par le fait que mon ami, qui se présente au public pour la première fois avec l'œuvre suivante, a souhaité que je la fasse précéder d'un avant-propos, il me fallait d'abord me représenter la position dans laquelle une telle tentative, comme l'est une considération spéculative de la religion, apparaîtrait aux yeux du premier venu, à notre époque. Je croyais, dans cet avant-propos, avoir à rappeler à l'auteur lui-même quelle réception et quelle faveur il peut attendre d'une situation où ce qui se nomme philosophie et ne jure que par Platon lui-même n'a également plus la moindre idée de ce qu'est la nature de la pensée spéculative, de la considération de l'idée, d'une situation où, tant dans la philosophie que dans la théologie, l'*ignorance bestiale de Dieu* et la *sophisterie de cette ignorance*, qui place le sentiment individuel et l'opinion subjective à la place de la doctrine de la foi, comme des principes, des droits et des devoirs, | monopolisent la **66**
parole ; ou encore d'une situation où les œuvres de théologiens chrétiens comme *Daub* ou *Marheineke*[1], qui préservent encore la doctrine du christianisme comme le droit et l'honneur de la pensée, et des œuvres, où sont défendus et sont fondés par le concept les principes de la raison et de l'éthique contre les doctrines qui détruisent la cohérence éthique des hommes et de l'État et la religion, font l'expérience de la plus indigne diffamation de la part de la bassesse et de la volonté la plus méchante.

Pour ce qui est de la tendance de mon ami lors de la rédaction de son opuscule, je ne peux rien faire de mieux que de citer ses propres termes ; il m'écrivait à ce propos la chose suivante dans une lettre du 25 janvier de cette année :

« Mon livre a désormais pris une toute autre tournure que celle qu'il avait et pouvait avoir dans le manuscrit que je vous avais adressé, et il vous agréera, comme je l'espère, maintenant davantage. Il est si proprement issu

1. Karl Daub (1765-1836) et Philipp Konrad Marheineke (1780-1846) sont des théologiens protestants luthériens, proches de Hegel [ndt].

du besoin de mon esprit. Car, depuis mon enfance, la religion (pas la bigoterie) a toujours été pour moi ce qu'il y a de plus haut et de plus sacré, et je l'ai tenue pour vraie pour la raison toute simple que l'esprit du genre humain à cet égard ne se laisse pas tromper. Mais la science me prit l'élément de la représentation dans lequel j'étais habitué à regarder la vérité, et que trouvai-je de plus naturel que le fait d'essayer de surmonter la scission la plus grande, provoquée en moi par la science, et le désespoir le plus grand et de gagner ainsi la réconciliation dans l'élément du savoir. Je me disais alors à moi-même : si je ne puis comprendre, par la philosophie dans la forme pure du savoir, ce qui se trouve dans le christianisme comme la vérité absolue, en sorte que l'idée même est cette forme, alors je ne veux rien savoir de plus de toute philosophie. – Mais la science (poursuivais-je),
67 comme elle s'est | développée en tant que philosophie chrétienne à une époque récente, doit alors être le produit le plus haut du christianisme, et c'est ainsi que cette recherche, que j'ai développée dans mon livre, est devenue ma tâche, tâche que je me suis alors efforcé de résoudre sous l'angle de la religion pour ma quiétude et, par là, pour la reconnaissance de la science ».

Berlin, le jour de Pâques 1822.

À PROPOS D'UNE ACCUSATION DE DIFFAMATION PUBLIQUE DE LA RELIGION CATHOLIQUE

Berlin, le 3 avril 1826

|En ce qui concerne une confidence qui m'a été faite par monsieur le 68
conseiller secret Schulze sur recommandation de monsieur le Ministre et qui a trait à une dénonciation de propos que je suis censé avoir tenu dans mes leçons sur la religion catholique[1], je me sens obligé de faire les remarques suivantes dont j'ai déjà adressé publiquement de ma chaire le contenu à mes auditeurs après avoir été mis au courant de cette plainte :

1. En tant que professeur de philosophie, dans une université royale prussienne, à Berlin et en tant que chrétien luthérien, on ne devrait rien attendre d'autre de ma part sinon que je m'exprime en ces qualités sur les doctrines et l'esprit du catholicisme; ce serait là une nouveauté si l'on trouvait cela choquant; si l'on attendait quelque chose d'autre, je considérerais cela comme une offense personnelle, voire une offense à l'égard du haut gouvernement, qui n'est pas seulement tolérant vis-à-vis de l'Église évangélique, mais qui, depuis longtemps, occupe expressément la position éminente d'être à la tête des États protestants d'Allemagne, vers lequel tous les protestants dirigent toujours leurs regards et dans lequel ils voient leur soutien principal et leur solide point d'ancrage.

2. Je n'ai pas cherché une occasion de querelle pour parler de l'Église catholique; mais dans mes leçons sur l'histoire de la philosophie, j'ai eu nécessairement à parler autant de la religion chrétienne, en traitant de la philosophie des Pères de l'Église, que de la religion catholique, en traitant
de la philosophie scolastique, | celle-ci se mouvant à l'intérieur de celle-là 69
et ayant en elle sa base.

1. Le propos incriminé est reproduit dans les *Leçons sur l'histoire de la philosophie*, tome 5, p. 1054, trad. P. Garniron, Paris, Vrin, 1978 [ndt].

3. Dans l'intérêt scientifique, que j'ai seul en vue lors de mes cours, je n'en suis pas resté à des généralités indulgentes et timides, ni non plus à des généralités qui condamnent et contestent, mais j'ai dû concevoir la doctrine catholique en son point central, l'hostie, et j'ai dû parler d'elle et parler sur elle avec une précision scientifique et, de ce fait, j'ai débattu de la doctrine de Luther et l'ai présentée comme étant la vraie et comme étant la seule véritable que reconnaît pour sa part la philosophie. Du moins croirais-je ici agir de façon irrespectueuse, dans cette explication, si je prétendais savoir que m'est expressément réservé le droit qui me revient, en tant que chrétien luthérien, de pouvoir présenter sans détour la doctrine catholique de l'hostie comme une idolâtrie papiste et une superstition.

4. À propos de ce qui a été dit quant aux conséquences que j'ai tirées de la doctrine catholique, je pourrais invoquer le droit de l'exposé oral dont le sens, en relation du moins à des mentions incidentes, repose souvent sur les nuances mêmes du ton de la voix et qui peut donc être modifié, voire complètement perverti par des décalages, des omissions ou des additions, et je me souviens précisément d'avoir en partie ce jour-là parlé dans un sens tout à fait hypothétique et indéterminé. Mais pour ce qui est de l'affaire qui nous retient, il m'est ainsi absolument indifférent de savoir si l'Église catholique attache des conséquences, et lesquelles, à ses doctrines – indifférent d'une part en raison de l'aspect historique, selon lequel je ne sais que trop combien toutes sortes de conséquences affirmées franchement et partout, comme par exemple les prétentions des papes ou du reste du clergé à propos du pouvoir temporel des princes et des autorités, à propos de la liberté de croyance des chrétiens en général, à propos des confessions déviantes de celle de l'Église catholique et de celles qui leur sont
70 apparentées, à propos de la science en particulier etc., | ont à l'inverse été désavouées pour devenir des doctrines et des affirmations de l'Église catholique – indifférent d'autre part du fait, que quand elle juge qu'une conséquence ne découle pas de l'une de ses prémisses, ou même qu'elle en découle mais ne doit pas être appliquée, ce n'est pas sur ce point le jugement de l'Église catholique qui vaut, mais le mien.

5. Si certains, comme l'indiquent mes cours, se montrent irritables quant aux conséquences que je suis censé avoir tirées, mais se rendent par contre coupables de se faire eux-mêmes justice et même d'en tirer des conséquences personnelles, alors je dois également en premier lieu trouver en-dessous de ma dignité de leur opposer une défense, comme je suis confiant dans le fait de pouvoir tenir ceci pour superflu; par contre, à l'occasion d'une déclaration formellement accomplie, je souhaite volontiers avoir à porter plainte auprès du ministère royal ou peut-être bien plutôt auprès des tribunaux royaux. La fonction de professeur, en

particulier de professeur de philosophie, serait la situation la plus pénible si celui-ci avait l'intention d'être attentif, en s'y impliquant, aux absurdités et méchancetés qui circulent à propos de ses cours et dont, comme d'autres, j'ai suffisamment fait l'expérience. Ainsi je trouve, parmi les propos dont on m'accuse, beaucoup de choses que je pourrais brièvement réfuter et qualifier de malentendus, mais je crois être obligé de tenir plus précisément quelques unes d'entre elles pour des inexactitudes et des malentendus, d'autres non pas simplement pour cela, mais pour des contre-vérités, et le reste non pas simplement pour des conclusions fausses issues de fausses prémisses, mais pour de méchantes diffamations.

6. Si une plainte était portée à cause de propos que j'ai tenus en chaire devant des auditeurs catholiques et qui les a irrités, ces derniers n'auraient ou bien qu'à s'accuser eux-mêmes de fréquenter les cours de philosophie d'une université évangélique auprès d'un professeur qui se fait gloire d'avoir été baptisé et élevé en luthérien, | qu'il est et restera, ou bien qu'à en **71**
attribuer la faute à leurs supérieurs qui ne les ont pas mis en garde ou qui ne leur ont pas interdit d'y aller comme cela arrive ailleurs à l'égard des étudiants en théologie catholique.

Hegel,
Prof. p. o. de philos. à l'Univers. roy [1].

1. « Professeur *par ordonnance* de philosophie à l'Université royale [de Berlin] » [ndt].

APHORISMES SUR LE NON-SAVOIR ET LE SAVOIR ABSOLU EN RAPPORT AVEC LA CONNAISSANCE DE LA FOI CHRÉTIENNE

UNE CONTRIBUTION À LA COMPRÉHENSION DE LA PHILOSOPHIE DE NOTRE TEMPS PAR KARL FRIEDRICH GÖSCHEL [1]

Ainsi, personne ne doit mettre sa fierté dans des hommes. Car tout vous appartient : Paul, Apollos ou Céphas, le monde, la vie, la mort, le *présent* ou l'*avenir*, tout est à vous ; mais vous, vous appartenez au Christ et le Christ appartient à Dieu. I. Corinthiens, 3, 21-23.
Berlin, chez E. Franklin, 1829
(Épigraphe situé sur l'envers de la page de titre :
I. *Corinthiens* I, 20-23)

|Monsieur l'auteur ne pouvait peut-être nommer aphorismes les **353**
considérations sur les objets évoqués dans le titre que pour la raison qu'il ne les a pas saisies dans la méthode suffisamment formelle de la science systématique, ni avec une exactitude suffisamment abstraite. Pour le reste, l'exposé entretient un rapport fondamental vis-à-vis des matières et des points de vue qui sont considérés et requiert un lecteur attentif qui se serve de sa pensée, et qui puisse aussi, là où l'exposition semble faire de brusques sauts, ce qui est certainement plus le cas dans la première section que dans la suivante, être habitué à maintenir le fil de la pensée. Cet ouvrage possède ceci d'exquis et de rare – il est, si l'on veut, ce qu'on appelle un témoignage significatif de l'époque –, que monsieur l'auteur s'affirme au sens pieux du terme, imprégné autant de la vérité des anciennes doctrines, c'est-à-dire des doctrines propres à la foi chrétienne, que de la
nécessité de la raison pensante, | et ceci grâce à la formation complète qu'il **354**
en a reçue. Par là-même, l'intérêt se trouve ici, selon le contenu et la forme,

1. *In* : *Annales de la critique scientifique* 1829, n° 99/100, 101/102, 105/106.

directement au cœur de la philosophie spéculative. La différence entre le christianisme et le penser philosophique, qui a l'habitude d'être présentée à tort comme une distance infinie et une force qu'on ne peut combler, est réfutée d'un coup ; ce prétendu fossé n'est absolument pas présent à cette profondeur. L'ouvrage dont il s'agit n'est par conséquent ni une *introduction*, ni un *avant-propos* au savoir, à la religion et à la croyance ; la théorie du non-savoir a pourtant livré de tels avant-propos et introduction, qui se placent à l'extérieur de la *chose*, pour la science tout entière elle-même, voire pour la religion ; ici, on traite bien plutôt de la chose. Si, souvent, le fait de poser la question de la soi-disant énigme du monde passe pour être l'effort et l'élévation les plus hauts possible pour l'esprit, mais de telle façon qu'il faille essentiellement faire abstraction de sa résolution, monsieur l'auteur a eu au contraire la satisfaction précoce d'en trouver la solution qui lui était donnée depuis longtemps par la révélation, et dans cette perspective, cet ouvrage continue à s'occuper de la solution de l'énigme subjective, la manière dont cette unité originelle du christianisme et de la raison spéculative, et leur unification consciente, peut se montrer comme insaisissable pour la représentation. C'est d'une part la foi chrétienne fondée sur le vieux christianisme et d'autre part la théologie rationaliste que monsieur l'auteur cherche à accorder, la première, dans la mesure où elle est empreinte de méfiance, voire d'hostilité contre la philosophie, la seconde, à laquelle on reproche la connaissance tant chrétienne que philosophique qu'elle a de Dieu et dont la raison, de laquelle elle invoque le nom, reste en général totalement méconnue. – L'importance des matières traitées, tout comme la manière dont elles sont traitées, et de ce fait aussi, comme nous ne pouvons le passer sous silence, la relation
355 multiple de celles-ci par rapport aux efforts philosophiques | du recenseur, poussent ce dernier à attirer l'attention des lecteurs, par un rapport assez long, sur cet ouvrage, qui sinon aurait peut-être été simplement dénigré ou au mieux ignoré, et à leur faire succinctement connaître.

C'est la « philosophie de notre temps » que monsieur l'auteur s'efforce de mettre au clair pour les chrétiens sans préjugés contre l'entendement de la théologie rationaliste, qui ne pense que ce qui est fini et pose des limites à toute vérité. Il dit à la page 2 que la tâche de s'accommoder à l'époque, et donc à la nôtre en rapport avec sa philosophie et son sommet actuel, ne peut pas facilement être complètement repoussée par ces chrétiens que leurs activités professionnelles ont appelé à la science, sans qu'ils ne commettent de péché. Elle nécessite, ajoute-t-il, « également une attention particulière de la part de ce chrétien, qui se suffit pour lui-même de sa foi simple et vivante et qui, dans l'élément représentant, devient certain de la vérité absolue ». L'une des tâches que la philosophie, et ce en tant que

science, a à accomplir, est de rechercher la forme du penser et d'y reconnaître le contenu de la vérité ; mais la vérité est également présente pour elle-même depuis longtemps sous sa figure propre dans la foi pieuse du christianisme, et celle-ci, dans sa confiance divine, impose aux résultats de la pensée l'exigence « de se montrer en accord avec elle ». L'échappatoire antérieure qui consiste à éviter cette exigence en tenant les propos mensongers suivants, à savoir que la religion et le penser rationnel seraient deux domaines totalement différents et devraient être complètement tenus à l'écart l'un de l'autre, la philosophie du temps présent non seulement ne la dédaigne pas, mais c'est elle-même qui suscite cette comparaison et qui reconnaît à la foi le droit que soit satisfaite son exigence. « La philosophie de notre temps », dit l'auteur, « se nomme volontiers elle-même chrétienne, elle ne veut pas être considérée comme un encouragement au christianisme ou comme son perfectionnement, mais comme son | fruit et 356
son œuvre ; elle se nomme, en tant que bien commun du genre humain, le produit le plus élevé du christianisme ; elle exprime tout à fait inconditionnellement son respect devant la parole révélée de Dieu en tant que vérité absolue donnée et s'emporte avec beaucoup de persévérance contre toute dénaturation et toute évacuation du contenu réel de l'Écriture sainte et contre sa licencieuse transformation en un esprit pur qui se serait formé lui-même et en un simple entendement humain ». – Indépendamment du fait qu'il serait très osé, voire irresponsable de considérer avec suspicion ces aspirations scientifiques sans en prendre connaissance plus précisément, de sorte, qu'au bout du compte, la vérité de la religion révélée y deviendrait, *au moyen* du concept, pourtant *une autre* que celle *directement* donnée dans la représentation (« en ceci, le point de controverse est précisément et fondamentalement » formulé), il arrive pourtant, et certes d'une façon remarquable, que les chrétiens *croyant en la Bible* « *ne semblent s'accorder en rien* que dans leurs accusations contre la philosophie spéculative » avec leurs adversaires, qui se nomment en tant qu'êtres raisonnables *les rationalistes*. « Le rationalisme reste fidèle à lui-même et conséquent, quand il s'oppose en tant que la *sagesse subjective, sensible-abstraite de l'entendement* » (I. Cor. 1, 21, parce que le monde, à travers *sa* sagesse, ne reconnut pas Dieu dans *sa* sagesse) « à la philosophie spéculative en tant que pensée *objective*, par le fait que son point de vue... défigure immédiatement les résultats spéculatifs et les dépouille de leur validité ». <Le soi-disant *supernaturalisme* est, en tant que système de la théologie chrétienne, essentiellement différent sous tous rapports du rationalisme, et donc également dans sa relation à la philosophie spéculative. C'est pourquoi on doit lui attribuer l'égarement de certains théologiens chrétiens, quand ils font cause commune avec le rationalisme contre la philosophie ; ils deviennent

eux-mêmes rationalistes, lorsqu'ils soumettent des doctrines spéculatives à l'entendement sensible-abstrait et qu'elles sont de ce fait atteintes et
357 détournées dans leur essence la plus intime. | L'inconséquence de tels théologiens est, qu'en procédant ainsi, ils retombent dans une sphère qu'ils reconnaissent comme ineffective et mensongère, à laquelle ils attribuent aussi peu de considération que les philosophes, et selon laquelle doivent être orientées aussi peu la théologie que la philosophie>[1]. L'opinion profonde de monsieur l'auteur se démontre dans cette détermination précise et simple de la déraison, dans laquelle la théologie chrétienne s'enferme elle-même, lorsqu'elle admet et accepte l'entendement rationnel, qui est mortel pour son propre contenu, lorsqu'elle se retourne contre la philosophie. Si l'on étudie de plus près ce qui est commun à l'une et à l'autre, on trouve la source de leurs retournements dans le manque de conscience et de connaissance en ce qui concerne la nature des catégories dont elles se servent dans leur traitement des propositions philosophiques, qu'il soit affirmation ou contestation. L'accusation selon laquelle elles ne savent pas ce qu'elles disent semble être dure ou tout à fait irrecevable. Mais lorsque l'élaboration d'une réflexion courante peut expliquer un contenu dans ses cohérences et dans ses fondements, ou en raisonnant ou de façon cérémonieuse, on doit encore bien distinguer d'une telle habileté la conscience logique concernant les formes mêmes et leur valeur, formes dans lesquelles on explicite tous les liens des représentations exposées. Dans une considération spéculative cependant, ces formes ne sont pas seulement essentielles, mais tout dépend d'elles, car, dans cette haute sphère de la pensée, se reconnaît ce qui constitue le point le plus intime, la non-vérité de la différence entre forme et contenu, et le fait que ce soit la pure forme elle-même qui devienne contenu. Que l'accusation de ne pas savoir ce qu'on dit ne soit pas exagérée découle d'une manière en fait incroyable des multiples débats, les meilleurs, les plus récents comme les plus remarquables, qui sont dirigés contre la philosophie spéculative. Si la clarification de toutes
358 sortes d'attaques, d'objections, de doutes que monsieur l'auteur | entreprend dans l'ouvrage présent, y devient précisément si limpide et est couronnée de tant de succès, c'est pour la raison que ce même auteur, en possession de cette conscience aiguë concernant les formes de pensée, montre avec précision celles qui sont utilisées ingénument dans ces attaques ; – cette présentation ne facilite pas seulement la compréhension de leur irrecevabilité, mais elle y conduit presque aussitôt d'elle-même et pour elle-même. Formes de la scission et de la non-vérité, les catégories du fini sont en elles-mêmes inutilisables pour saisir et caractériser ce qui est

1. Ces crochets <> indiquent que Hegel a ici librement cité le texte auquel il fait référence [ndt].

l'unique en soi, le vrai ; dans les objections contre le spéculatif, il n'est pas seulement toujours fait usage de telles formes de pensée, mais il arrive même en outre que ces formes de la non-vérité remplacent les pensées spéculatives qui doivent être jugées, et que l'on prête ainsi à ces dernières un fait erroné.

Monsieur l'auteur considère d'abord la théorie du *non-savoir*, et il ne ménage certes pas sa peine pour en retracer le destin tel qu'il se montre en fait de la façon la plus déterminée et la plus parlante dans les présentations du « général d'armée à la hauteur de l'esprit de notre temps, M. Fr. *Jacobi* ». Cet effort est pénible, parce qu'il aborde celui-ci avec la croyance que, chez un écrivain respecté et célèbre, il puisse y avoir au moins une cohérence et une concordance dans les représentations, et qu'il se retrouve ensuite confronté à la difficulté d'examiner cette concordance jusqu'à ce qu'il s'avère, grâce à une poursuite et à une comparaison constantes, que l'on se retrouve enfermé dans des déterminations totalement contradictoires, et même, ce à quoi on ne peut absolument pas penser dans un premier temps, dans la contradiction de l'affirmation de ce même point de vue contre lequel avaient été précisément employées, par la théorie du non-savoir, la réfutation et la condamnation les plus vives.

Cependant, on doit d'abord expliciter la façon dont est introduite, en relation avec le non-savoir, la différenciation des points de vue, qui constituent l'objet plus précis de cet ouvrage. | La situation de celle-ci est 359
indiquée précisément de cette façon à la page 9 : « La renonciation au philosopher, qui ne le conduit que jusqu'au non-savoir, *sans que* la *croyance brisée* par la science dont on a pris congé soit *rétablie*, n'est à bien y regarder qu'une *demi*-renonciation ». – « Car cet *élément malheureux* de la science, qui détruit la croyance et qui, précisément pour cette raison, a signifié à celle-là son congé, *n'a pas* été effectivement congédié… Pour une renonciation conséquente, il convient bien plutôt qu'on *ne reconnaisse pas* non plus cet élément malheureux, ce en quoi il s'enlève de lui-même son influence sur la croyance objective ». Après cela, il s'ensuit un *second* point de vue dans la détermination suivante (page 10) : « Mais, après que, par la conséquence de cette renonciation, a été enlevée pour *toujours* à la pensée, ou bien plutôt à ses éléments isolés, son influence *unilatérale* et négative sur la croyance objective, laquelle se trouve au-dessus d'elle et est en cela l'autorité la plus haute qu'elle voulait usurper, alors que la croyance est garantie elle-même en tant que fidélité de la confiance absolue en la vérité révélée, il ne peut manquer que, en dépit de ceci, la raison soit utilisée au service de la croyance et en obéissant à la discipline du Verbe, comme de la vérité, pour amener de plus en plus la représentation donnée à la vie et à l'intelligence » ; c'est ainsi que se crée le niveau *de la foi et du*

savoir, qui distingue l'une de l'autre, qui soumet celui-ci au service de celle-là, de sorte que la pensée ne peut que servir à la foi sans lui nuire, – un « niveau de la connaissance de la foi, qui, au niveau *du savoir absolu* » (le *troisième* point de vue), « lequel a la vérité dans la forme de la vérité, est caractérisé comme le vrai en tant qu'il est *donné dans la représentation* et *étroitement lié avec la pensée*, mais non traversé par la pensée, car ce niveau n'en est pas arrivé au même point avec la pensée qu'il ne l'est avec la foi et qu'il sait cette dernière indépendante de son entendement... Ce croire et ce savoir se situent par conséquent au milieu, entre le non-savoir et le savoir
360 absolu ». – | Monsieur l'auteur s'attache d'abord à la considération des deux extrêmes dans l'intérêt d'apprendre à connaître plus précisément et plus profondément la philosophie de notre temps selon ses derniers résultats, c'est-à-dire dans ses rapports avec le christianisme.

L'ouvrage se divise ainsi en trois parties : I. *Le non-savoir.* II. *Le savoir absolu* et III. *Foi et savoir.* Nous voulons suivre la présentation dans ses moments principaux ; mais, tout en étant excellente, riche d'esprit et d'idées, concise dans ses déductions et emprunte dans le même temps d'une vivacité chaleureuse et rafraîchissante, on devra certainement également, quand on dépassera les expressions générales du jugement pour en arriver à une exposition résumée du contenu, lui faire perdre une part de l'importance et du mérite que lui donne la présentation.

Dans la première partie, monsieur l'auteur donne, surtout d'après les instructions de l'ouvrage de Jacobi *Des choses divines,* les réponses que dispense le *non-savoir* à « la question ultime entre toutes », la question *Qu'est-ce que Dieu*? En traitant cette question, le non-savoir se montre dans toute son ingénuité. *Dieu est ;* c'est le premier point. *Dieu est Dieu ;* c'est le second et *dernier* point ; Il est *seulement semblable à lui-même*, et, en dehors de Lui, rien n'est semblable à Lui (selon le principe de l'identité abstraite de l'entendement). En cela, la vérité est *immédiatement* certaine, et il s'ensuit la chose suivante : Dieu est – *tout ce que nous ne pouvons savoir*, il est séparé et différent *toto coelo* de ce qu'Il n'est pas Lui-même, hors du monde, transcendant – *et pourtant* avec et en nous ; – est effectif, n'est pas un individu, pas un particulier – *et pourtant* une personne, oui la personnalité même ; – une personne et *pourtant* simplement infini, sans limites, partout et nulle part. – Que ceci se dépasse et se contredise phrase pour phrase n'échappe pas au non-savoir ; mais de cela, il déduit uniquement que Dieu est incompréhensible, indicible, ce qui est déjà présent dans la phrase citée plus haut, que Dieu est seulement semblable à lui-même. « Alors que ce non-savoir », continue monsieur l'auteur, « devrait
361 maintenant conduire précisément à la nécessité et à | l'effectivité de la *révélation* du » (selon son résultat) « Dieu *caché en lui-même*, il se borne à

la révélation naturelle donnée dans la conscience, quelque grande que soit également la contradiction avec la naturalité de la pensée ». Cette soi-disant révélation naturelle dans la conscience est le savoir immédiat, c'est-à-dire n'est que le savoir de cette abstraite égalité à soi de Dieu, qui échappe à la pensée et à son empire, le savoir ; cette pensée est pour elle-même bien plus poussée vers la plénitude de l'essence divine et, par là, vers la connaissance concrète. On continue maintenant de suivre les va-et-vient malheureux de l'âme, cet effort incessant qui lui est imposé pour fuir ses propres vues qu'elle ne peut cependant abandonner.

Dans le Verbe exprimé, la Création, Dieu est la cause, il a créé la mesure et la forme, la loi et l'être fini, l'espace et le temps, les jours et les années et les lieux, la langue et les langages, le concept et l'être humain ; lui-même n'est pas la mesure, il est par-delà le temps et l'espace etc., lui-même ne parle pas ; c'est ainsi que, dans toutes ces tournures, la réalité et l'autonomie de Dieu ne se réduisent alors qu'à un *être infini*, qui est le fondement de toute effectivité, sans lui-même être pour soi, sans être effectif. « On répète toujours, qu'il est dans l'intérêt de la science de réduire et d'annihiler la réalité, … par le fait que l'objet doive être dépassé pour être connu. » (Monsieur l'auteur cite ici également pour étayer ses dires l'ouvrage intitulé *Le vrai sacre du sceptique* [1], deuxième édition). « Et pourtant nous voyons ceux qui déduisent de cette façon leur non-savoir tomber dans un même nihilisme ». – Monsieur l'auteur maintient très fermement en vue ce non-être de l'égalité à soi-même affirmée, de l'identité abstraite, dans laquelle persistent toujours ceux qui, en combattant la philosophie spéculative, n'ont pas honte de l'appeler système de l'identité. Il s'attache au fait que le principe de Jacobi n'est rien d'autre que cette identité, qui est d'abord le nihilisme de l'être uniquement infini et est ensuite, dans sa forme affirmative, | le *panthéisme* que Jacobi a ailleurs défini de façon **362**
extrêmement déterminée, à savoir que Dieu est l'*Être* dans tout *être-là*, c'est-à-dire cette abstraction immanente et en même temps complètement indéterminée. – En particulier, il montre plus loin comment Jacobi se comporte pareillement vis-à-vis du christianisme ; le christianisme, dit-il p. 21, est ici, comme partout, l'épreuve, « par rapport à laquelle les pensées les plus secrètes de l'âme se révèlent et – se brisent. L'orgueilleuse idée, malgré toute son humilité et sa modestie, s'irrite de la figure de valet du fils de Dieu ; … cette irritation est surmontée par l'orgueil humain en transposant sur notre propre personne ce qui nous irrite dans la personne étrangère, car nous pouvons plutôt mieux supporter de telles qualités

1. Hegel fait ici référence au livre de August Tholuck, *Die Lehre von der Sünde und von Versöhner, oder die wahre Weihe des Zweiflers*, Hambourg, 1823, lequel dénonçait le hégélianisme comme étant un panthéisme [ndt].

lorsqu'elles nous concernent nous-mêmes. En considérant l'apparence extérieure comme un habillement inessentiel et en plaçant l'être dans l'idée, et l'idée en nous-mêmes » (comme l'annonce de la conscience la plus intime), « nous nous délivrons de cette irritation » ; nous sommes cet idéal ; l'erreur du christianisme réside uniquement dans le fait que cet idéal est transposé sur un seul être humain.

Plus loin est démontrée très précisément la manière dont, dans cette théorie, l'entendement qui « devait se contenter de ne rien savoir des choses divines, qui ne pouvait donc pas en arriver à la conclusion du non-être à partir de la contradiction, à partir de l'impensabilité, et ne pouvait pourtant pas contester la réalité à ce qui se contredit », – la manière dont, soudainement, ce même entendement se prononce *contre* la *figure* dans la religion avec une effronterie infaillible selon la même loi de la contradiction, qu'il avait d'abord *aussi* jugé démodé (voir plus haut). « C'est presque comme si notre homme naturel ressentait moins de crainte devant Dieu dans Sa majesté que devant Dieu dans Son humiliation » (seul le Dieu dans sa majesté est le Dieu inaccessible que l'homme maintient loin de son esprit et de son corps comme l'au-delà) ; le Dieu de l'entendement est, par pure infinité, trop noble pour se vêtir de notre chair et de notre sang ; « Il ap-
363 partient précisément à l'amour de Dieu », dit l'auteur, | « de se mettre réellement, personnellement à la place de sa créature déchue et de l'*être lui-même* ». Cette philosophie du non-savoir a enseigné que « reconnaître Dieu signifie le rendre fini, l'humilier. Mais *nous* ne pouvions certainement pas humilier Dieu, et, par conséquent, pas *non plus* le *connaître*. Maintenant cependant, Il s'humilie Lui-Même en vue de Sa révélation, et, dans notre orgueil, nous nous indignons désormais de nouveau de Son humiliation ». Ceux qui continuent de rester fidèles à la foi en la révélation, mais en affirmant que l'on ne peut pas connaître Dieu, sont en accord avec le non-savoir, et ils affirment ainsi dans *un* flux de paroles que Dieu s'est révélé aux hommes en la personne du Christ, et qu'il a révélé ceci de lui-même qu'il ne s'est pas donné à connaître. Ils admettent que Dieu s'est fait homme de façon finie, qu'il a posé la finitude en lui et lui dans la finitude, mais qu'il n'est *que* l'infini abstrait, qu'il faut saisir bien loin de la finitude.

L'auteur suit avec autant de précision, dans les présentations de Jacobi, des pages 30 à 47, la réponse à l'autre question « *Qu'est-ce que l'homme* ? », jusque dans les élans, hésitations et contradictions auxquels elle aboutit. La question : *qu'est-ce que l'homme ?* est associée à la question : *qu'est-ce que Dieu ?* dans une telle interaction qu'en répondant à l'une on répondrait aussi à l'autre, – car en fait, avec ces deux questions, nous ne demandons pourtant rien d'autre que : *qu'est-ce que Dieu dans son*

rapport avec l'homme ? Qu'est-ce que l'homme dans son rapport avec Dieu ? – Une phrase très importante, que ne comprennent pas ceux qui ne veulent qu'indiquer et reconnaître la relation de l'homme à Dieu et affirment par là-même que l'on ne sait rien de Dieu. Par le fait que monsieur l'auteur concède aux présentations de Jacobi une profondeur de vue dans le cœur de l'homme, il attire également l'attention sur le fait que souvent, là où on place des attentes d'éclaircissements à propos des questions les plus hautes, elles n'aboutissent qu'à des formulations générales, par lesquelles on n'a pas beaucoup avancé, voire « à une interruption instructive par l'annonce *que le souper est servi* ». | C'est en 364
particulier la *belle âme*, telle qu'elle ressort de ces présentations, que l'on étudie de plus près, mais c'est ensuite l'erreur fondamentale, qui règne partout sur la chose principale, sur *la nature du mal*, qui est découverte. Elle se voit au fait qu'on déduise, à partir de l'*être*, la *bonté* de l'être (également selon le principe de l'identité propre à l'entendement) et au fait que, comme monsieur l'auteur l'exprime plus loin, on conclut que le cœur est *né noble*, parce qu'il est, comme l'avoue volontiers le non-savoir, *créé noble*. En cela, ce non-savoir, qui ne sait pourtant rien, présuppose *immédiatement* l'être *effectif* de l'homme. Pour simplement arriver à comprendre ces déterminations de monsieur l'auteur, il faudrait certes que le non-savoir connût les différenciations essentielles entre ce qui n'est que disposition, nature abstraite, originaire, ce qui n'est pas encore effectivité et ce qui est effectivité. Comme explication, on peut simplement avancer ici cet argument que l'animal est aussi bon par nature que l'homme et que l'effectivité de l'animal est bornée à cet être-bon par nature. Mais l'effectivité de l'homme est une effectivité qui est d'abord spirituellement effective, et un moment essentiel réside en ce que l'être-bon par nature n'est pas ce par quoi il aurait déjà son effectivité, que cet être-bon par nature est, pour son être spirituel, où réside seulement son effectivité, bien plutôt ce qui n'est pas bon. Plus précisément, monsieur l'auteur montre que cette erreur fondamentale se développe pour aboutir à tant méconnaître la nature *du mal* que, s'il doit pourtant être question de lui, il est simplement placé dans *la finitude* en sorte que le fini se montre dans la connaissance en tant que non-savoir, dans la volonté en tant que *sensibilité*. Le bon, que nous trouvons effectivement dans notre *cœur*, nous le dérivons de notre cœur, tandis que le mal, au moins le penchant pour le mal, nous ne l'attribuons *pas à notre liberté*, même si nous la tenons par ailleurs en estime, mais à notre finitude, à notre sensibilité ; mais celle-ci n'est pourtant en soi rien d'autre qu'une borne nécessaire pour cette vie. – C'est ainsi que nous laissons s'interpénétrer et s'entremêler pêle-mêle le mal, le fini, l'imperfection, le sensible, | et, pour ne surtout pas sortir de l'obscurité confortable 365

sur nous-mêmes, nous allons jusqu'à faire porter *à Dieu* la faute du mal – en tant que sensible, fini, borne nécessaire pour cette vie – que nous réhabilitons de nouveau en le rendant un peu meilleur. Et pourtant, ajoute monsieur l'auteur, ceux qui ont compris ne rien savoir par eux-mêmes – si le non-savoir était la *simplicité du cœur* et la *pauvreté d'esprit*, qui sont magnifiées dans le sermon sur la montagne – n'auraient besoin de rien d'autre que de se laisser instruire par la parole de Dieu; un unique coup d'œil sérieux, clairvoyant dans le troisième chapitre de la Genèse suffirait pour en arriver à une compréhension sur soi-même et le monde (dans la postface p. 190, monsieur l'auteur revient sur ce chapitre et donne, dans ces *cahiers annuels*, à l'occasion d'une remarque du recenseur, des explications intéressantes et claires à ce propos). De même que le non-savoir ne connaît pas les besoins et les pensées plus profonds, de même monsieur l'auteur remarque également, à propos des « belles âmes » évoquées plus haut au temps de Jacobi, que non seulement elles ne croient ni n'acceptent rien de la Bible et du catéchisme, mais qu'en plus elles n'en savent effectivement rien. – Un exemple en est donné par la pieuse princesse Gallitsine mentionnée à une autre occasion, qui fut seulement incitée par Hamann à se familiariser avec la Bible, qu'elle n'avait encore jamais lue.

Dans la deuxième partie (p. 48-115), *Le savoir absolu*, monsieur l'auteur établit aussitôt le point de vue général que *toute* activité de l'esprit (non pas une faculté particulière ou une partie de celle-ci) se révèle être précisément esprit par le fait qu'elle englobe en elle-même l'être en repos qui lui est opposé et qu'elle a en cela l'aspiration et la tâche de dépasser le dualisme, qui la sépare de l'*être*, pour ne pas être *au contact* de l'objet, mais *dans* l'objet. – Saisi de façon générale comme la nature de l'activité de l'esprit, ceci aiderait la *psychologie* à atteindre un état moins superficiel
366 que celui dans lequel nous | la voyons habituellement; et inversement, si on considérait les activités les plus habituelles de l'esprit dans ce qu'elles poursuivent et accomplissent de façon plus ingénue, c'est-à-dire seulement de façon empirique, alors s'évanouirait par là-même, pour ainsi dire comme par une induction, l'appréhension qu'éveille l'idée spéculative chez ceux qui n'en ont pas l'habitude, du fait que celle-ci n'exprime rien d'autre que ce qui se donne à reconnaître le plus manifestement dans tout acte de l'âme. Habitué à la forme de l'idée dans cette manifestation de son application, il serait plus facile de saisir l'idée pour elle-même dans son caractère non borné où l'on n'a plus affaire au contenu fini, mais à celui infini de la vérité même. La tâche et l'aspiration dont parle maintenant l'auteur tendent vers cette vérité; cela appartient à l'activité *tout entière* de l'esprit dans laquelle il lui faut se retirer de ces activités particulières et de leur contenu borné. Ce n'est pas (p. 48) l'esprit humain en et pour soi,

c'est-à-dire l'esprit qui se révèle à l'homme, mais précisément l'homme lui-même dans sa naturalité abstraite qu'il faut accuser de morceler l'esprit dans des directions séparées et d'opérer arbitrairement au moyen de forces égoïstes isolées, lorsque l'aspiration n'est satisfaite d'aucune façon, que la tâche n'est résolue d'aucune façon, ce qui aboutit finalement au fait *qu'être et savoir* se séparent complètement et que le premier terme est précisément posé comme l'inaltérable en sorte qu'il ne *sait pas* et *n'est pas su*.

« L'être est faux et ineffectif, parce qu'il est sans conscience; seul l'esprit, *par lequel d'eux-mêmes fini* et *infini se séparent de l'effectivité*, est vrai et effectif » (p. 49). Mais ceux qui restent collés à l'opposition entre fini et infini et précisément, en raison de cela, au fini, ne peuvent parvenir à cette séparation, et de ce fait, pas non plus à la conscience de l'effectivité. C'est avec perspicacité que monsieur l'auteur compare alors le non-savoir et le savoir absolu eu égard à leur comportement en rapport à l'*être*; tous deux | s'accordent pour attribuer à l'être une inconnaissabilité; mais ils se **367**
différencient par ceci que le non-savoir attribue à *cet être l'effectivité*, tandis que le savoir absolu dénie au simple être non seulement la connaissabilité, mais en cela aussi l'effectivité; pour le non-savoir, être et non-savoir sont identiques, pour le savoir absolu ce sont le non-être et le non-savoir. – Le non-savoir s'y entend bien pour parler d'une élévation au-dessus de la nature; mais il est dans sa nature de ne pas savoir ce que signifie s'élever au-dessus de la nature; l'élévation au-dessus de la nature aurait transformé le non-savoir en savoir.

Après cette allusion du passage du non-savoir au savoir, qui a sa détermination ultérieure dans la proposition selon laquelle aussi longtemps que Dieu s'oppose *seulement* comme *objet* face au sujet, il ne peut pas être reconnu, monsieur l'auteur reconsidère d'abord la question *Qu'est-ce que Dieu*? « Aussi longtemps que nous ne connaissons pas Dieu, nous ne connaissons absolument rien, *car qu'y a-t-il hors de Dieu et sans Dieu ?* » – Monsieur l'auteur s'avance, en étant d'une part libéré des trivialités et des vanités de la réflexion finie, d'autre part ancré et ferme dans la foi chrétienne – dans la foi vivante et éprouvée de la Pentecôte qui se développe à partir de l'obéissance dans la foi de l'Église – dans l'intimité de la nuit de cet objet qui s'éclaire au jour de la reconnaissance pour l'esprit se trouvant soumis à ces deux conditions. On part pour cela des présentations du recenseur, on expose au lecteur les assertions « si possible les plus trompeuses, les plus dangereuses ou les plus décriées », on compare les phrases avec l'enseignement de l'Écriture, on examine et on explique des difficultés et des malentendus que suscite une opinion prisonnière de la pensée finie, ou bien plutôt des écarts et des digressions par rapport au sens et au contenu effectif de l'Écriture. Monsieur l'auteur traite l'objet

spéculatif avec autant d'originalité vivante que de précision très affûtée de
368 la pensée ; | les concepts gagnent dans le traitement rafraîchissant et perspicace d'une pensée autonome une confirmation supplémentaire et une nouvelle clarté. Ce sont des propositions principales et quelques traits que nous voulons brièvement souligner.

Après que l'immanence du concept a été déterminée à partir de la proposition selon laquelle la substance absolue est également sujet et que le sujet absolu est également substance, est avancé (p. 62) le fait que l'Écriture, en enseignant que l'homme ne peut, à partir de lui-même, à partir de sa subjectivité coupée de Dieu, accéder à Dieu et à la connaissance de Dieu, se révèle elle-même comme le savoir, qui n'énonce rien d'autre que le fait que l'homme ne peut accéder à Dieu comme la vérité universelle que par Dieu en tant que le savoir universel (le savoir particulier est le savoir séparé de Dieu, contingent, propre à l'homme). Les propositions suivantes sont développées dans le détail. La *première* est : Dieu lui-même n'est pas simplement l'Être éternel (substance), mais aussi le savoir de Lui-Même (sujet) – comment ceux qui veulent juger la philosophie spéculative peuvent-ils ignorer la plus expressive de ses propositions, pour l'accuser de panthéisme ! – ; Dieu n'est effectif que dans la mesure où Il se sait Lui-même ; avec sa conscience naît et disparaît son être-là ; l'Écriture s'accorde en cela avec ce rapport de l'Être et du savoir à Dieu en tant qu'objet absolu qui est lui-même sujet absolu. La *seconde* est la suivante : (p. 63, 65) : Dieu, en tant que l'être en Lui-Même, est savoir de Soi en Lui-Même – *conscience de soi* de Dieu ; et en tant que l'être dans l'autre, il est le se-savoir à l'extérieur de Soi – la *conscience* de Dieu – dans le monde, dans les êtres particuliers en tant que créatures de Dieu, ce par quoi précisément cet *être hors de soi* est également de nouveau *surmonté*, dissout, par le fait que les êtres particuliers, selon leur être et leur savoir, sont en tant qu'ils sont conservés en Dieu, alors même qu'ils ne sont pas Dieu lui-même, et que bien plus, seul Dieu est Lui-même en Lui-même. Lorsque Dieu *est* effectif dans et avec ses créatures, ce qu'enseigne l'Écriture, alors le savoir de Dieu
369 est aussi en eux – parce qu'il n'est que | pour autant qu'il se sait –, et ce savoir de Dieu dans l'homme est précisément la raison universelle, qui n'est pas ma raison, qui n'est pas non plus une faculté commune ou universelle, mais qui est l'être même, l'identité de l'être et du savoir. – « De ce fait, l'être et le savoir de Dieu en moi ne contiennent pas simplement la connaissance que Dieu a de moi, mais également la connaissance que j'ai de lui et qui peut plus ou moins être altérée par le Moi, d'autant plus ou d'autant moins qu'elle provient de moi à partir de l'identité avec la connaissance de Dieu. Pour ce second élément, la relation de l'être et du savoir à l'être humain, – la substance est également sujet – c'est la

promesse qui parle de nouveau ». La comparaison de ces propositions avec l'Écriture est explicitée par les expressions suivantes (p. 63 *sq.*) : « Dieu ne connaît le monde, l'humanité que dans la mesure où Il est en elle ou bien, si elle n'est pas restée en Lui, dans la mesure où Il s'est de nouveau placé en elle. L'homme ne connaît Dieu que dans la mesure où il est en Lui ou bien, s'il est déchu, dans la mesure où il est de nouveau placé en Lui. Mais l'homme ne peut être en Dieu qu'à travers Dieu, et, si n'être placé en Dieu que par Dieu a cessé un jour, c'est dans la mesure où Dieu se place en lui d'abord et devient lui-même humain et se révèle à lui. C'est seulement dans cette révélation, seulement dans *Jésus-Christ* que l'être humain reconnaît Dieu et il n'a pas de nom par lequel il puisse s'adresser à Dieu que le nom de fils de Dieu. » – Mais dans combien de livres d'enseignement de la théologie rencontre-t-on encore le dogme de l'incarnation de Dieu, dans combien trouve-t-on encore de la philosophie ?

Monsieur l'auteur en vient maintenant à l'accusation toujours répétée de l'*autodivinisation* du savoir, qui a l'habitude de découler des propositions du savoir spéculatif : *le savoir de Dieu est l'être de Dieu.* Si Dieu, en connaissant l'homme, est lui-même homme, alors l'homme est également, en connaissant Dieu, Dieu lui-même ; c'est, semble-t-il, la conséquence inévitable du savoir absolu, qui ne doit pas se la voiler[1].

|Monsieur l'auteur montre d'abord que, dans la présentation dont les 370
traits principaux viennent d'être cités, cette conséquence est déjà écartée. Il montre que dans le fait que l'homme reconnaisse Dieu, il n'y a pas seulement le fait que Dieu est dans l'homme, mais aussi que l'homme est en Dieu, et *uniquement* le fait que *l'homme est en Dieu*, et non pas le fait que l'homme est Dieu. – La détermination plus précise donnée précédemment contient cela sous la forme suivante : l'être hors de soi de Dieu, son être dans ses créatures, est également dissout et les êtres particuliers sont en Dieu, comme préservés selon leur être et leur savoir, par le fait qu'ils ne sont pas Dieu lui-même, mais que bien plutôt, seul Dieu Lui-Même est en Lui-Même. Mais ce n'est pas à partir de l'immanence, mais à partir de *l'identité*, ce mot qui est trouvé dans l'exposition philosophique, que cette conséquence de l'autodivinisation est réalisée. – Dans les formes qui viennent d'être introduites, sur le fait que Dieu est *dans* l'homme et que l'homme est *en* Dieu, on pourrait se rappeler l'habitude de Jacobi de philosopher par prépositions au lieu d'exprimer effectivement les *catégories* qui sont seulement contenues en elles – une manière qui, en ayant l'air d'être bien déterminée de pousser la déterminité dans ce qu'il y a d'ultime et de

1. L'éditeur allemand indique deux versions possibles de ce dernier segment de phrase : ou bien « *die es sich selbst nicht verhehlen darf* » ou bien « *die er sich selbst nicht verhehlen darf* ». La seconde nous semble plus cohérente [ndt].

plus simple dans les prépositions, laisse pourtant bien plutôt le regard errer dans l'indéterminé et le flou et empêche la conscience de s'*éveiller* aux *catégories* dans lesquelles se cache l'entendement et de pouvoir rester éveillée à leur propos. Si ces formes, que monsieur l'auteur utilise souvent, devaient également faire difficulté ici et là, il résulte à l'inverse dans le même temps de ce qui vient déjà d'être exposé que ce reproche ne le concerne pas lui-même, mais concerne les prépositions qui rendent également un grand service en tant qu'abréviations nécessaires dans la langue philosophique, et qu'il n'utilise que par moments; ces prépositions se montrent mises en valeur dans leurs catégories déterminées et ces dernières sont prolongées vers ce qu'il y a de dialectique dans leur concept.

Cette vigilance à propos de catégories qu'utilise l'entendement accusa-
371 teur de la philosophie est ce qui lui | manque; il est touchant de voir avec quel esprit aiguisé monsieur l'auteur garde un œil ouvert en ce qui concerne cette pensée, constante dans ses conclusions aveugles, la conçoit et la conserve dans les tournures de son jeu erroné. Cela n'aide en rien d'avoir présenté un concept philosophique dans son développement spéculatif, et de montrer en outre qu'une affirmation dont on accuse la philosophie *n'*est *pas* présente dans son développement. Eux [les accusateurs de la philosophie] en tirent *leur propre* conséquence et font du sur-place avec celle-ci en dehors de toute exposition; car c'est la conséquence qu'*ils* ont tirée; sur le fait qu'ils puissent tirer de bonnes conclusions ne leur vient aucun doute. En cela, ils montrent pourtant simplement qu'ils n'ont pas suivi l'exposition spéculative; autrement ils auraient pu remarquer au moins que les formes de la conclusion, dont ils se servent avec tant d'ingénuité, doivent être ici elles-mêmes prises en compte, qu'une tout autre configuration de la pensée est ici présupposée à la place de celle dans laquelle ils se meuvent avec naïveté et en toute confiance. – Pour revenir à la démarche de monsieur l'auteur, il remarque, en considérant d'abord l'*identité* sur laquelle on passe habituellement si vite, que cette dernière, de la façon dont elle provient dans la connaissance spéculative, n'exclut pas la différence; bien plus, elle la possède essentiellement dans sa détermination. Ce n'est qu'à partir de leur propre perfection du pouvoir et de l'arbitraire, que ces accusateurs déchiffrent l'identité, qu'ils voient comme un mot inscrit devant eux, et qu'ils attribuent, rendu ainsi abstrait, à la philosophie; s'ils avaient jeté un regard sur les expositions elles-mêmes, ils auraient vu que le contraire de l'identification abstraite a été dit. Mais monsieur l'auteur rapproche l'entendement, « si lourd dans sa façon de penser, c'est-à-dire paresseux et futile », de ses falsifications (p. 69). Du jugement « *Savoir de Dieu = Être de Dieu* », cet entendement en vient directement à la conclusion « alors *savoir Dieu = être Dieu* » et de là au résultat final « *Si j'affirme savoir ce*

qu'est Dieu, je dois affirmer être Dieu moi-même ». | Dans la première 372
conclusion, la prémisse « Savoir de Dieu » a été changée en « savoir Dieu », mais la seconde est restée inchangée; par là-même est causé le grossier malentendu qui n'est pour ainsi dire pas attribué à une erreur propre, mais à l'adversaire. Si on entreprend cette modification d'une partie de la proposition, l'autre doit alors suivre le même rythme que la première : Dieu doit également se mettre à l'accusatif en elle et *être* se transformer de cette façon en *avoir* : « savoir Dieu = avoir Dieu ». *Avoir* est un Être qui n'est pas lui-même ce qu'il a. En allant plus loin, le passage de ce *savoir-Dieu* = *Être-Dieu* s'est également lui-même glissé insidieusement dans le résultat : si *Je* sais Dieu, alors *Je* dois être Dieu. Dans le *Savoir-Dieu*, celui qui pouvait Le savoir était encore indéterminé, si ce n'était pas Dieu lui-même. Mais maintenant vient s'y ajouter *Je*, ce Je qui plus est, et ce de telle façon que le Je est exigé pour le prédicat « savoir Dieu », *que le Je est là déjà prêt*[1], *avant qu'on en vienne à Dieu ;* comme il me faut pourtant d'abord savoir Dieu, avant de pouvoir savoir qui je suis, et qu'il me faut *d'abord savoir qui je suis* avant de pouvoir *être*, et, qu'avant toute chose, il faut que Dieu puisse savoir ce que je suis avant que je puisse savoir qui est Dieu et moi-même en Dieu. Monsieur l'auteur ajoute en outre à ce débat fondamental la détermination logique que je *ne peux pas savoir* Dieu en tant que *ce Je* tel que le pense l'entendement sensible ; par conséquent, je ne le peux qu'en étant cet être surmonté, c'est-à-dire *négativement* par auto-extériorisation, *positivement* par Dieu qui sait Dieu, ce qui revient à dire en d'autres termes que je ne peux connaître Dieu que dans la mesure où je suis en Dieu, donc *non pas ce Je pour moi*. – L'intention de monsieur l'auteur doit être considérée dans cet exposé comme réellement très réussie : en effet, il montre dans un exemple riche d'enseignements la façon dont l'entendement sensible abstrait a coutume de se conduire avec les vérités spéculatives, et la façon dont il leur assigne subitement un autre sens. Le concept spéculatif situe tout dans le procès d'auto-extériorisation du savoir et de l'être naturels de l'homme et fait de ce procès de la renaissance
spirituelle | le juste contenu de l'exposition du savoir véritable et la seule 373
effectivité de l'esprit. Mais dans le sommeil de la pensée, l'entendement abstrait sensible opère une falsification subite, celle de placer le sujet immédiat, le moi *de ceux* qui savent, la naissance naturelle, l'opinion et le savoir immédiats à la place du concept de subjectivité et du savoir de son procès, à la manière dont il met son identité à la place de l'identité du concept.

1. L'éditeur indique deux versions possibles de ce segment de phrase : ou bien « *ich schon fertig da bin* » ou bien « *ich schon fertig da ist* ». Nous avons retenu la seconde version [ndt].

Sur la réponse philosophique à la question *Qu'est-ce que l'homme*? (p. 76-116), nous ne pouvons pas nous étendre aussi explicitement que cela le mériterait, car nous avons déjà été très prolixes. La réponse à cette question sera considérée dans l'intérêt de la question plus précisément déterminée qui consiste à savoir *comment l'homme parvient à Dieu*. À ce propos, on peut immédiatement remarquer que le fait de poser la question revient seulement à l'entendement du non-savoir, qui, selon l'erreur que l'on doit blâmer, part du sujet comme point de départ et ainsi appauvrit et étiole la réponse, alors qu'au contraire dans le savoir absolu, qui part de l'absolu, de la substance en tant que parole objective de Dieu, on s'interroge sur *la manière dont Dieu* parvient *à l'être humain*. – On en vient ici surtout aux concepts difficiles de *liberté*, *de mal* et *de péché*, et ensuite à celui *de réconciliation*; monsieur l'auteur les saisit dans leur vérité la plus profonde. – La *liberté* donc (p. 84) est, selon son concept et essence véritable, la volonté absolue; en tant que volonté absolue, elle est déterminée en elle-même. L'arbitraire est le contraire de la liberté, c'est l'esclavage du péché. Dieu est libre, car il est le pouvoir d'être Lui-Même. La nature du *mal* est donnée dans toute la déterminité de sa difficulté. Le mal n'est pas simplement *l'absence* de bien, mais ce négatif affirme dans le sentiment une effectivité positive; et pourtant, c'est seulement le néant en soi; le péché repose sur la chute, sur la confusion, sur le rien, – il est vaniteusement tromperie; le mal est par là-même, puisqu'il est les deux, une
374 effectivité positive, | contenant par là le bien et la nullité en soi, le bien inversé, opposé, dénaturé; il lui revient une effectivité mais mise à l'envers. Comme c'est l'être pour soi, elle est alors une effectivité subjective, presque une demi-effectivité; l'effectivité effective est en et pour soi; l'en-soi du mal, le bien, ne concerne en rien le mal lui-même en tant que volonté s'appuyant sur l'être pour soi; il est borné à son essence et à son être subjectifs. – En abordant le concept du mal, il n'est exigé rien moins que de penser la *contradiction* de ce qui doit être impossible selon la logique habituelle, le système de l'identité de l'entendement, et en outre, ce mal est même à saisir en tant que l'*existence* de la contradiction. – On associe immédiatement au mal le concept de la rédemption, qui de la même façon (p. 90), n'est pas à saisir seulement comme le surmontement du mal ou de la séparation d'avec Dieu, mais également comme le moment positif déjà contenu dans la négation en tant que *réconciliation* de l'être mauvais avec Dieu comme avec le Bien. Ici, l'auteur a l'audace de ne pas se retenir d'exprimer le fait que la rédemption en tant que réconciliation *est le dépassement de la différence entre le bien et le mal*. Monsieur l'auteur développe ceci de la façon suivante: la réconciliation n'est pas sans *pardon*; mais pardonner le mal contient les deux choses suivantes: en effet

[premièrement], le fait que le *mal* y soit *reconnu en tant que mal* (et non pas comme plus haut, que l'homme est bien *né* et que le mal n'est pas le mal, mais *seulement* borne, finitude, sensibilité), en *ayant besoin du pardon* (la borne, la finitude, la sensibilité n'ont pas besoin de pardon ; pour elles, la réconciliation et la rédemption sont superflues, n'ont pas même de sens) ; mais elle contient [deuxièmement] également de la même manière le fait que le mal en soi est bien reconnu et mis en balance avec le bien, *en exigeant effectivement un pardon.*

Monsieur l'auteur développe ces concepts dans le cours de sa justification contre les objections de l'entendement abstrait | et contre sa façon de 375
concevoir le spéculatif, qui ici se réduit également, comme toujours, à ne saisir du tout concret que la moitié et à falsifier le fait de la totalité pour en faire une demi-mesure. Il est aussi intéressant que riche d'enseignements de voir de quelle manière pointilleuse monsieur l'auteur soutient et explique ces demi-mesures de l'abstraction ; l'erreur, la contre-vérité est toujours ce qui reste dans la demi-mesure ; l'*abstraction*, qu'elle engendre elle-même, est (p. 80) l'absolue discrétion du cœur dur, qui est pour lui-même, qui se ferme à l'essence dans son isolement figé et se révèle comme le mal et le néant ; c'est ainsi (p. 84) que le mode sensible de l'entendement, qui véhicule un concept abstrait, dépourvu de vie, sensible, machinal, à la place d'un concept spéculatif, est le péché, qui renverse tous les concepts et les souille.

L'entendement, qui procède selon la loi de l'identité, dépasse, avec l'éloignement de la contradiction, toute la difficulté qui réside dans le concept du mal, mais précisément en cela, il dépasse aussi la chose elle-même, le concept du mal, qui est la contradiction même et accuse en dépit de cela la philosophie du délit de corrompre peut-être moins le concept du mal qu'au contraire celui du bien en l'identifiant au mal. Monsieur l'auteur n'est ici pas non plus en reste pour poursuivre les illusions lorsqu'elles brillent encore autant. Poussé à l'extrême par l'entendement (p. 91), l'examen conçoit aussi que le *bien*, dont se targue l'entendement, parce qu'il est une *abstraction*, est lui-même mauvais, parce qu'il n'*existe* qu'en tant que *bien en soi*, et est encore retenu comme quelque chose d'abstrait dans l'être pour soi lui-même, qui est le défaut de sa détermination. Bien et mal, conçus comme pôles de l'opposition, comme pôles discrets, dans lesquels chacun exclut l'autre et reste pour soi, sont également mauvais ; – le bien existe ainsi dans les configurations des sentiments de la belle âme et de la loi abstraite du devoir universel. | La simple représentation du bien est 376
certes quelque chose d'aussi anodin qu'ineffectif. Comme l'entendement n'a, de son bien, que la moitié en vue, *l'être en soi*, il procède de même en regard de l'idée spéculative pour ce qui concerne *la différence entre bien et*

mal ; lorsque cette différence en elle est dite nulle *en soi*, alors il saisit ce *moment*, le proclame idée *totale*, *détermination totale* à propos de la différence entre le bien et le mal et s'abandonne, pour s'y opposer, à des déclamations morales et pieuses. Tout d'abord il passe *outre,* de façon arbitraire, l'*autre* détermination, celle de l'être pour soi, qui comprend en soi toute volonté existante, action, moralité et tout ce qui se rapporte par ailleurs à ce point de vue, imputation, punition, etc., détermination dans laquelle la différence entre bien et mal est *posée* expressément et affirmée comme *essentielle*, déclarée inséparable de l'être en soi dans le concept et logiquement démontrée comme inséparable, de sorte qu'aussitôt et à travers cela, on explique expressément que la chose n'est pas épuisée dans chaque en soi. En dehors de cette mutilation, l'entendement passe outre la *troisième* détermination principale, à savoir la réconciliation, dans laquelle seule et seulement cette première qu'il isole obtient sa signification et sa vérité, ce qui est également le cas en regard de la seconde. En outre, comme il a été suffisamment rappelé ailleurs, l'expression selon laquelle le bien et le mal sont *en soi la même chose*, comme elle le dit si immédiatement, est pour elle-même si faussement et fâcheusement choisie qu'elle invite et convie pour ainsi dire aux malentendus ; plus que la philosophie, c'est l'entendement qui, pour soutenir sa polémique, a cette expression à la bouche. – Mais la signification concrète de la phrase, qu'elle ne reçoit seulement que dans la réconciliation, avant laquelle et en dehors de laquelle elle est simplement inexacte et n'a pas de sens en elle-même, a été tirée précédemment de l'excellente présentation de monsieur l'auteur.

Pourtant, le recenseur doit se retenir de distinguer les autres discussions extrêmement intéressantes de monsieur l'auteur, qui sont données dans
377 cette | section à propos des doctrines les plus élevées du Dieu de la Trinité, de la personnalité de ces *trois* entités à différencier en lui, de l'incarnation du Christ, etc. Mais le recenseur a à faire une déclaration qui doit être prise en considération sur ce que monsieur l'auteur, qui se trouve à un point de vue si élevé du christianisme et de la connaissance, donne à penser, en conclusion de cette section (p. 113 *sq.*), à la philosophie qu'il a ici en vue, ou, comme il le dit, à son *commencement* : ne gagnerait-elle pas en effet dans *sa démarche* en clarté et en déterminité si elle *se ralliait* avec plus de résolution *à la parole de Dieu*, à partir de laquelle elle s'est développée, et avec plus de détermination, à savoir *plus nommément* (c'est-à-dire par la dénomination du nom) si elle prenait pour point de départ le *péché*, qui s'est manifesté à elle en tant qu'*abstraction*, sans le présupposé duquel aucune compréhension du monde, sans la reconnaissance duquel aucune connaissance de soi, sans le dépassement duquel aucune connaissance de Dieu ne sont possibles ; – en outre, selon cette philosophie même, la

pensée n'est pas ce qu'il y a de plus haut, mais c'est la *représentation*, la *figure* qu'on ne peut reconnaître que comme immanente, que comme phénomène de l'essence identique à l'essence. Le savoir, pour autant qu'il se trouve aussi bien dans la vérité de l'absolue réalité que cette dernière en lui, est l'être de l'esprit, lequel inclut le concept, la représentation et la foi, et en prend soin comme de lui-même ; le formalisme de cette doctrine elle-même ne semble pas toujours y penser ; « car, pour ne rien cacher, nous avons eu l'impression plus d'une fois dans le domaine de ce pur savoir de quelque chose de si incorporel, de si fantomatique et de si inquiétant que nous avons vraiment sérieusement eu la nostalgie de personnes et de figures et qu'ensuite, nous n'avons cherché et trouvé nulle part ailleurs le réconfort que dans la parole de Dieu, et bien souvent à travers une seule parole biblique, comme à travers la force de Dieu, nous avons été rafraîchis jusqu'à la moelle. Nous nous sentons si sensibles que pour satisfaire notre désir de comprendre, nous | ne pouvons pas nous passer de prendre avec nos **378**
mains ». Le recenseur ne peut pas, comme cela va de soi à partir de ce que monsieur l'auteur a avancé pour appuyer son exigence, le refuser. Monsieur l'auteur a touché en cela un point de vue intéressant – le passage, en général, *de la représentation au concept et du concept à la représentation*, un va-et-vient, qui est présent dans la méditation scientifique et duquel on exige ici qu'il soit formulé également partout dans la présentation scientifique. De même que Homère indique à propos de quelques astres les noms qu'ils ont chez les dieux immortels et quels autres noms ils ont chez les hommes mortels, de même la langue de la représentation est autre que celle du concept, et l'homme ne connaît pas d'abord simplement la chose au nom qu'elle a dans la représentation, mais c'est seulement par ce nom, qu'auprès d'elle, il est chez lui, de façon vivante, et la science n'a pas simplement à inscrire ses figurations dans ces espaces abstraits, et certes plus abstraits que ceux où habitent ces dieux immortels – non pas ceux de la vérité, mais de l'imagination –, mais elle a à y inscrire leur incarnation, et en vérité chacune immédiatement pour elle-même, et également à mettre en évidence et à spécifier l'existence qu'elles reçoivent dans l'esprit effectif, – et c'est cela la représentation. Le recenseur devrait, au moins dans le but de s'excuser de l'imperfection de ses travaux après cette page, rappeler que le *commencement* dont parle également monsieur l'auteur, impose surtout de se rattacher plus fortement au concept, arraché à la représentation dans une lutte souvent âpre, ainsi qu'au processus de son développement, tel que le dit son expression dans la pure pensée ; il impose de suivre plus strictement sa voie pour s'en assurer et de se détourner violemment des dispersions qu'entraînent avec elles la diversité de la représentation et la forme de la contingence telles qu'elles sont liées dans leur détermination ;

cette diversité rapproche trop du danger qu'est la facilité de fléchir dans la
379 rigueur de la méthode du penser. | La fermeté plus grande obtenue dans le mouvement du concept va permettre d'être plus insouciant vis-à-vis de la tentation de la représentation et, sous la domination du concept, de la laisser faire plus librement ; de même la certitude qui est déjà présente dans la foi divine permet, de chez elle, d'être tranquille vis-à-vis du concept et de s'engager en lui sans avoir de crainte sur ses conséquences, pas plus que de ne s'inquiéter quant à sa conséquence, laquelle n'a pas à prouver sa liberté quand la foi est présupposée. Considérée de l'extérieur, on autorise également une telle forme de représentation plutôt à l'égard de la foi en Dieu qu'à l'égard de l'incroyance, qui a au moins le bon droit de se souvenir de l'exemple de la philosophie scolastique, laquelle philosophait avec le présupposé de la solide foi de l'Église et ne pouvait pas de ce fait accéder à la liberté du concept pensant ; et ce nonobstant le fait que l'incroyance, qui prétend verser dans la pensée et même dans la raison et exige avec droit la satisfaction de cette dernière, s'effraie du fait que, par *la nomination* des formes de foi, elle ait à obéir à la raison conceptualisante, lorsqu'elle semble pressentir que la démarche de la raison *ne* peut toutefois *aboutir qu'à* la connaissance de Dieu et même à la Trinité, à l'incarnation du Christ etc., entendu que de tels résultats du philosopher sont bien plutôt, déjà dès le départ, quand bien même négligerait-on la raison, des présupposés bien établis, et ne peuvent être que cela ; oui, son appréhension se transforme en impatience et en colère du fait qu'il faille prendre au sérieux le fait de mettre en évidence la raison dans ces doctrines. *La religion dans les limites de la simple raison* de Kant n'a elle-même certainement pas suscité cette attention négative, parce qu'on ne pouvait y reconnaître ce sérieux de la spéculation et que la tentative qu'il faisait de ce côté pouvait être aussitôt prise, en regard du reste de son système, pour un jeu oisif, superflu. – Si en tenant compte de la contrainte évoquée vis-à-vis
380 de la forme de pensée, celle-là | devient prépondérante dans une élaboration logique, alors on doit d'autant mieux trouver bienvenu dans un ouvrage comme celui-ci le fait que les concepts spéculatifs soient soulignés pour reconnaître leur accord avec la représentation religieuse et que les paroles et les signes soient traduits de l'une dans l'autre langue. Par là, on n'apporte pas seulement une aide à la confiance que la foi, comme dans la théologie scolastique, peut regagner en la raison pensante, une raison toutefois désormais libre dans sa pensée ; mais cette façon de comparer a également apporté avec elle le fait de pouvoir débattre, sur leur propre terrain, des soi-disant objections, qui ont été communément produites avec le même entendement unilatéral, tant du côté de la pensée qui ne sait pas que du côté de la croyance. En ce qu'il exprime, de façon profonde, la manière dont la

réfutation a à se dérouler, monsieur l'auteur formule, p. 67 *sq.*, pour une telle discussion, l'exigence que le système a à se dire système, qu'il sorte de lui-même, surmonte sa dernière abstraction et se dise amour par le fait que, précisément, il *ne s'oppose pas* de son côté à ce moment qui est posé face à lui, mais qu'il *se transpose* en lui. La véritable réfutation d'une affirmation doit se passer en fait par rapport à elle-même, et non pas par opposition à d'autres principes extérieurs à elle ; la nature du concept est si infiniment puissante que même dans une proposition fausse, le contraire de la détermination qui est affirmée en elle y est contenu, voire déjà souvent exprimé. De ce fait, il ne faut prendre que cette proposition elle-même pour produire par l'analyse son contraire, et en cela sa contradiction interne, qui n'a certes pas été résolue. À cela, on peut ajouter la remarque suivante, à savoir que les objections, qui sont faites contre un système spéculatif – si elles méritent par ailleurs le nom d'objections ; ce nom, ici lui-même insuffisant, ne peut pas même être attribué à chaque piètre fantaisie complètement superficielle – sont contenues et traitées directement à l'intérieur du système. Les | objections, lorsqu'elles sont effectivement en rapport avec la 381
chose contre laquelle elles sont dirigées, sont des déterminations unilatérales dont les unes sont produites, comme il a été indiqué précédemment, par falsification du fait spéculatif et prennent la forme d'une accusation contre lui, et dont les autres sont établies comme des affirmations à son encontre. Ces déterminations unilatérales, pour autant qu'elles sont en rapport avec la chose, sont des *moments de son concept*, chose qui doit donc être présentée lors de son exposition dans sa position momentanée et dont il faut montrer la négation dans la dialectique immanente du concept ; cette négation est ce qui, étant posée sous forme d'objections, en vient à se trouver dans la forme de sa réfutation. Dans la mesure où des gens qui réfléchissent et ont quelque peu confiance dans leur réflexion n'ont pas la patience de pénétrer dans la dialectique du concept ici présentée, où ils trouveraient reconnu et honoré le contenu de leur objection, et préfèrent bien plus avancer qu'une telle détermination vient de leur entendement subjectif, l'entreprise de monsieur l'auteur d'accepter et de traiter de telles déterminations comme des objections est populaire et très louable. La science pourrait formuler l'exigence qu'une telle entreprise fût superflue car elle n'est engendrée que par le manque de formation de la pensée et par l'impatience de la vanité de ce manque. Seulement, on ne peut pas éviter que de telles personnes prennent la parole, elles qui n'aiment que ce qui leur vient à l'esprit et ce parce que ça leur vient, et qui préfèrent cette contingence de leur entendement à la démarche objective de la science et à sa nécessité, – elles se privent par là même de la conscience du fait que les déterminations, qui semblent pulluler à partir de leur pensée subjective

particulière, sont chassées par la nature du concept et ont dû, dans la discussion le concernant, être par là même déjà présentes à une position qui ne doit rien au hasard, ni n'est indifférente, mais est choisie en conscience et selon sa nécessité. Étant donné que nombreux sont ceux qui laissent venir quelque chose à leur esprit avec ce qu'on nomme encore de la bonne
382 volonté, mais qui, avec | l'outillage de leurs pensées subjectives et de l'habitude, refusent dans le sentiment de leur liberté de se livrer pour ainsi dire pieds et poings liés à la démarche de la science, et que la science est essentiellement instructive, celle-ci va aussi pouvoir appliquer ce côté superficiel de l'enseignement et chercher, sur la supposition de cette bonne volonté, à contribuer à lever ces obstacles du chemin. Ce qui a été dit ici, engendré par le bon exemple de monsieur l'auteur et par ses déclarations, doit servir à la fois d'avant-propos en guise d'excuse et, en regard de la nature de ce que sont les objections contre la démarche scientifique et de ce qui est leur contradiction, d'introduction au jugement porté à propos de quelques ouvrages qui sont parus il y a peu contre la philosophie du recenseur et que ce dernier s'efforce de dénoncer[1].

Pourtant, il est nécessaire d'évoquer encore au moins la troisième section, intitulée « la *reconnaissance de la foi* ou *foi et savoir* » (p. 116 à 189). On y entreprend de présenter l'opposition moderne entre savoir et foi sous tous les angles et dans toutes ses expressions et de montrer par là-même la nullité de leur soi-disant irréductibilité et de leur séparabilité. Le préjugé fâcheux de cette opposition, qui se donne pour une vérité ferme et insurmontable, est, en 29 paragraphes plus courts, suivi dans tous les modes de l'entendement qui le produit; c'est avec une profonde maîtrise de la pensée comme avec une profonde foi chrétienne et des sentiments chaleureux que monsieur l'auteur engage une conversation avec ces formes de réflexion. On peut renvoyer à cette section ceux qui sont encore soumis à ce préjugé de notre temps ; ou bien plutôt, s'ils prennent au sérieux non pas la querelle, mais la chose même, ils s'y rapporteront d'eux-mêmes. « Si »,
383 dit monsieur l'auteur à la page 112 de ses remarques, | « elles ne peuvent pas effacer *tous* les doutes et les malentendus, du moins indiquent-elles, en apportant la solution à quelques-uns de ces doutes, la *source* de laquelle partent tous les malentendus… »; ces remarques pourraient servir à ceci « qu'elles nous incitent, *avant* toute compréhension, à une *obéissance consciencieuse* dans l'*apprentissage*, qui en reste si facilement à la superficialité et à des résultats unilatéraux et leur attribue un autre sens, – à l'*amour* dans la *compréhension*, car une compréhension est aussi impossible sans amour, sans transposition en l'autre que sans entendement, – et surtout à la *prudence* chrétienne *dans le jugement* ».

1. Voir la recension suivante, p. 115 *sq*.[ndt].

Monsieur l'auteur indique d'abord la différence qui, pour partie, se trouve entre foi et savoir, qui, pour partie, est admise de manière erronée, et montre que cette différence ne fonde pas leur séparabilité ou une opposition véritable. – « Le savoir trouve la foi en lui, la foi trouve aussi le savoir en elle, car *la foi* est *connaissance de la foi* ». « Ta foi croît avec ton savoir, comme ton savoir avec ta foi, comme la racine avec l'arbre, comme l'arbre avec la racine ». – Si le savoir du monde est attribué à la philosophie en tant que *sagesse du monde* (expression par laquelle on la traduisait ingénument autrefois, mais qu'on lui attribue quelquefois depuis peu comme un surnom – comme le fait par exemple Friedrich von Schlegel), alors monsieur l'auteur montre qu'une telle connaissance exclusive du monde pour soi et sans Dieu ne serait rien d'autre que le fait de connaître ce qui est faux sans la lumière de la vérité ; connaître le monde ne peut rien signifier d'autre que connaître la vérité du monde, la vérité dans le faux pour soi, et cette vérité est *Dieu*. Précisément, seul celui qui connaît le monde connaît aussi Dieu ; celui qui ne connaît pas également dans l'essence suprasensible de Dieu la nature et la personne de Dieu ne connaît pas non plus la surnaturalité de Dieu. S'il y a un savoir, si nous ne voulons pas abandonner le savoir pour l'amour du non-savoir (du savoir nul, du savoir de ce qui est nul), il lui faut être, comme la foi, divin et | surnaturel ; en tant que **384**
surnaturelles, il faut à la philosophie et à la foi avoir la parole de Dieu pour seul fondement et l'anéantissement de la nature déchue, la rédemption de la nature pour but. Toutes deux sont surnaturelles, par le fait qu'elles élèvent l'homme au-dessus de la nature déchue, ce qui ne peut pas être effectué par la nature elle-même ; mais toutes deux sont également naturelles par le fait qu'elles doivent avoir pour conséquence le rétablissement de la nature effective. C'est sur la suprasensibilité vide de tout contenu que se brise le rationalisme.

Sur ce, monsieur l'auteur s'en va vers des chemins que d'autres ont empruntés et qu'ils ont avoué avoir pressé et retourné pour fixer une différenciation entre foi et savoir. On peut simplement en citer quelques catégories de plus en exemple. [À savoir :] Que la différence subsiste dans la pensée sur ce qu'est le savoir lui-même et sur ce qu'est son œuvre. Personne ne va vouloir affirmer, réplique monsieur l'auteur, que la foi est irréfléchie ; la philosophie a également comme pensée effective l'être effectif, la vie et le faire, qu'elle identifie avec la foi. – [Ou :] La foi ne commence certainement pas avec le penser, elle transmet en une fois et essentiellement la vérité, elle vient *sans notre intervention*, le savoir repose sur une *activité autonome*. Monsieur l'auteur répond p. 135 : « Une telle confiance en Dieu, nous l'avons par le Christ, et non par le fait que nous la bâtissions sur nous à travers nous..., non par le fait que nous

soyons capables de nous-mêmes de penser quelque chose comme venant de nous-mêmes, mais à l'inverse, c'est par Dieu et à partir de Dieu et à travers le Christ, qui est le *Logos*, qui nous enseigne la *logique* et s'est humilié lui-même pour que nous apprenions à le connaître et à le comprendre que nous sommes capables de penser et de concevoir (λογίσασθαι) quelque chose ». On montre comment toutes ces différences, de même aussi que la catégorie aujourd'hui si appréciée d'*immédiateté*, s'effacent lorsque les expressions indéterminées dans lesquelles elles se meuvent sont corrigées
385 et déterminées. Une différence en particulier s'énonce | ainsi : la croyance vient du *cœur*, le savoir de l'entendement; l'erreur propre à notre époque se trouve dans l'arrachement de la force intellectuelle à son lien naturel avec notre être qui ressent et agit. Ce reproche, répond monsieur l'auteur, tombe lui-même une première fois dans l'erreur qu'il commet lorsqu'il établit un domaine de la connaissance *à côté* du domaine de tout être et de toute vie, et il retombe une seconde fois dans l'erreur en nommant *naturel* le lien postulé; bien qu'originel, il n'est pas pour autant *naturel*; la scission des forces de l'esprit dans l'homme est bien plus naturelle. – Une philosophie sans cœur et une foi sans entendement sont elles-mêmes des abstractions de la vraie vie et être du savoir et de la foi. Celui que la philosophie laisse froid ou celui que la foi effective n'éclaire pas, celui-là regarde volontiers où se trouve la faute; elle se trouve en lui, et non dans le savoir ou dans la foi. Le premier se situe encore en dehors de la philosophie, le second en dehors de la foi. – Il avait déjà été dit plus haut (p. 96 *sq.*) : « Ne sois pas trop fier de ta part et si hautainement fermé à la spéculation, que tu accuses de fierté et de froideur... Plonge-toi plutôt de façon vivante dans les concepts de la philosophie... ; supporte-les simplement et accepte-les simplement dans tes *sentiments*, et tu éprouveras leur vie et leur vérité, c'est-à-dire leur accord avec la parole de Dieu dont ils sont la traduction ». – En relation à cela est posée p. 146 *sq.* la question suivante consistant à savoir si la raison *humaine* ne s'est pas imaginée avoir par elle-même la vérité qu'elle a d'abord volée dans la *Bible* (et ce qui est vrai en celle-là, c'est ce qui a été en fait soustrait en celle-ci). Monsieur l'auteur réplique que le rationalisme de la raison naturelle, laquelle se considère comme une propriété absolue, autonome et s'emploie ainsi, n'a rien à voir avec la philosophie spéculative; toute la différence revient à celle qui existe entre l'Écriture sainte et la raison universelle objective, terme par lequel nous
386 n'entendons rien d'autre | que l'esprit de Dieu qui, selon l'Écriture, nous est transmis dans la foi et pour la foi. Mais dans la mesure pourtant où une différence subsiste et se fait valoir, la foi n'en est pas moins touchée que le savoir. Car personne ne comprend l'Écriture sainte sans l'intermédiaire de l'Esprit saint; c'est Lui qui ouvre à chacun la compréhension de la Bible,

qu'il a lui-même dictée ; ce n'est donc pas la Bible, mais l'esprit de son rédacteur par le fait qu'il devienne l'esprit universel, commun, qui est le commencement et le principe vivant de toute foi. (À l'insistance sur sa raison naturelle, le rationalisme associe l'insistance sur l'*exégèse* de la Bible ; sa théologie *ne* doit être essentiellement *qu'exégétique*, que biblique ; il commet la duperie ou la tromperie de ne pas se rendre compte du fait que c'est l'esprit propre qui conduit l'exégèse et s'épargne la peine de montrer plus précisément le sentiment, l'entendement, la logique qui conduit l'exégèse et de prouver qu'il est l'esprit de la vérité ; il utilise pour cela l'entendement abstrait, ce qu'on appelle raison naturelle). – Si l'on dit que la philosophie n'a pas son point de départ dans la Bible, alors la foi, en tant qu'elle se développe, n'a pas non plus son point de départ dans la Bible, mais conduit à la Bible dans laquelle elle saisit la vérité et, par conséquent, se saisit elle-même. C'est un préjugé (auquel on oppose directement le fait de la philosophie) que de chercher le principe et, par là-même, le concept de la philosophie dans son point de départ, dans son commencement, car c'est bien plutôt seulement dans son achèvement qu'il faut les chercher comme ne faisant qu'un (p. 149).

C'est avec autant de profondeur que monsieur l'auteur aborde les catégories du *dépassement de la personnalité* de Dieu, qui doit arriver à travers la philosophie, – de l'*incompréhensibilité* de Dieu. C'est la foi, dit monsieur l'auteur p. 157, « qui, donnée d'en haut, rend compréhensible l'incompréhensible et explore l'inexplorable, sans être arrêtée par une limite finie. <Ce qu'aucun œil n'a vu, qu'aucune oreille n'a entendu et qui n'a pénétré dans aucun cœur humain, c'est ce que Dieu a préparé pour ceux qui l'aiment ; mais à nous, | Dieu l'a révélé par *Son* Esprit. Car *l'Esprit* 387
explore toute chose, y compris les profondeurs de la divinité> ». <Quand la philosophie se meut dans le concept, mais que la foi se réfère à l'expérience intérieure et à la conscience, alors cette dernière n'est pas une chose particulière, mais ce qui est commun à tous les hommes ; et l'esprit, qui éveille la conscience, éclaire la raison et transpose dans la raison universelle, n'est pas l'esprit propre des maîtres. Comme nul ne peut donner la foi à autrui, mais qu'elle doit être apprise de Dieu, la philosophie a aussi son sommet qui ne peut pas être appris, pas être imposé de l'extérieur, qui ne peut pas être transmis d'un *homme* à l'autre ; et n'est-ce pas là précisément le *sommet de la vie* ? Le philosophe lui aussi fête sa Pentecôte ; sans renaissance, personne ne sort de la sphère de l'entendement naturel pour entrer dans les hauteurs spéculatives du concept vivant. – Mais la vérité, selon son essence la plus intime, consiste dans sa nécessité, elle a sa contrainte en elle-même ; il lui faudrait donc, pensons-nous, se laisser également forcer et contraindre, en sorte que nous ne résistions pas, – il lui

faudrait pourtant se laisser démontrer si fondamentalement, que nous ne pourrions y échapper. Mais l'homme peut en fait somme toute résister à la vérité, à la vérité toute puissante. Et qu'entendons-nous par cette preuve fondamentale et universellement valable, qui nous manque dans la croyance ? Ne la cherchons-nous pas dans notre propre intériorité, au lieu de la chercher dans *l'intériorité de la chose,* – dans le sujet au lieu de la chercher dans la vérité ? N'est-ce-pas ce *qui est fait par soi*, ce que nous avons rassemblé et cherché dans nos propres pensées, que nous nommons fondamental et qui n'a, sitôt réalisé, aucun effet et ne prouve rien, car ce n'est rien ? C'est précisément parce que la vérité a sa contrainte *en elle-même*, et précisément pour cela, qu'elle ne peut se trouver dans la preuve conçue comme une *preuve différente de la vérité même*, – car elle est esprit, elle est inaccessible à l'*entendement isolé* et à ses preuves, elle ne peut pas
388 être attribuée à l'entendement isolé, déchu, de l'homme ; c'est pourquoi | la foi provoque le passage de l'entendement à l'esprit qui n'est pas morcelé, à la conscience, le passage de la preuve à l'expérience intérieure. C'est ainsi que tout savoir spéculatif ne peut être positivement forcé par une preuve de l'entendement; la philosophie aussi doit faire l'expérience que ses adversaires ont des oreilles pour entendre et ne pas entendre, et des yeux pour voir et ne pas voir> [p. 159-162].

À propos de la différence selon laquelle la foi nous montre, au moyen du sentiment, la *dépendance* de la créature vis-à-vis de Dieu, alors que la science nous rend *libre* au moyen de la pensée, monsieur l'auteur fait remarquer qu'en nous sentant dépendants dans la foi, nous nous sentons dépendants *de Dieu*; mais la dépendance vis-à-vis de Dieu est selon son essence liberté en Dieu, de même qu'être en dehors de Dieu est aussi être en-dehors de la liberté ; ainsi vous *croyez* que vous *connaîtrez* la vérité, et que la vérité vous rendra *libres*. D'une autre façon, aucune philosophie ne peut également rendre libre ; ce n'est qu'en Dieu qu'est la liberté (p. 169).

Voilà, dit monsieur l'auteur à la fin, pour la paix entre savoir et foi ; – la différence entre les deux ne peut pas être niée, mais l'identité n'exclut pas la différence, de sorte que c'est assurément de cette façon que l'autre se trouve et se différencie, mais, dans le même temps, se sait également lié de façon inséparable. Penser et croire sont à considérer comme les parties d'un tout vivant, qui sont pour elles-mêmes dépendantes, en sorte que, séparées dans l'effectivité, elles ne peuvent pas s'affirmer et que, étant pourtant séparées, elles se changent en caricatures de ce qu'il y a de plus saint. Que grand bien nous fasse, si nous pouvons répéter avec bonne conscience les mots de l'apôtre Paul : « *Je sais* en qui je *crois* ! » Car c'est une chose précieuse que le cœur s'affermisse; et il ne s'affermit et ne gagne en certitude que lorsqu'il *sait* en qui il *croit*.

Le recenseur salue dans cet ouvrage l'aurore de cette paix qu'il est déterminée à promouvoir efficacement avec une pensée et un cœur aussi pieux que forts et avec leur réconciliation désormais atteinte. C'est un | bon 389
témoignage que le christianisme rend à la philosophie ; ce peut être un témoignage d'autorité pour ceux qui ne peuvent reconnaître le témoignage de l'esprit que dans le témoignage d'autorité d'un cœur pieux (et certes pas seulement de leur cœur personnel, individuel) ; mais c'est tout autant un témoignage de l'esprit, dont la pensée est profonde et qui amène les catégories de l'entendement au tribunal de la pensée ; ces catégories, le chrétien évangélique les soumet à une double inconséquence : contre la philosophie, il les utilise de concert avec le rationalisme, l'antipode commun à la philosophie spéculative et à la foi, et impute dans le même temps à la philosophie les catégories dans lesquelles (p. 82) « verse cette plate doctrine des Lumières de l'entendement, qui est en ce moment à l'agonie, mais qui ne lutte assurément contre sa mort qu'avec d'autant plus de puissance et de violence ». –

Si le commandement : Évitez tout mauvais article ! empêche souvent le bien, et au moins ce qui est convenable, engendre même parfois le mal, alors le danger du mauvais article qui consiste à prendre partie pour sa propre cause n'a pu empêcher le recenseur de parler de cet ouvrage avec une reconnaissance heureuse pour le contenu et pour l'aide qu'il a apporté et va apporter à la vérité, ni de tendre finalement avec gratitude la main à monsieur l'auteur, que le recenseur ne connaît pas personnellement, pour sa proximité assez grande vis-à-vis du travail de ce dernier en ce qui concerne la philosophie spéculative.

1. DE LA DOCTRINE HÉGÉLIENNE OU SAVOIR ABSOLU ET PANTHÉISME MODERNE

LEIPZIG 1829 CHEZ CHR. E. KOLLMANN. 236 PAGES.

2. DE LA PHILOSOPHIE EN GÉNÉRAL ET DE L'ENCYCLOPÉDIE DES SCIENCES PHILOSOPHIQUES DE HEGEL EN PARTICULIER

UNE CONTRIBUTION POUR JUGER DES DERNIERS OUVRAGES DU DR K. E. SCHUBARTH ET DU DR. L. A. CARGANICO

BERLIN 1829 À LA LIBRAIRIE ENSLIN. 222 PAGES [1].

PREMIER ARTICLE

|Le recenseur, en ayant entrepris la recension des œuvres ici indiquées, a **390** éprouvé par avance la gêne dans laquelle ce travail allait le placer, mais la réalisation a encore augmenté de beaucoup ce sentiment. Dans un article précédent, à l'occasion de l'ouvrage intitulé *Aphorismes sur le non-savoir et le savoir absolu*, on a débattu de la nature dont sont habituellement faites les objections contre la philosophie spéculative, y compris la façon dont on doit les traiter; mais l'application de ce procédé devient d'autant

1. *In* : *Annales de la critique scientifique*, 1829, n°10-11, 13-14, 37-40, 117-120. Dans ce même numéro (n° 10), et dans le titre, sont encore présentés, pour être recensés, trois autres livres, qui en fait ne seront pourtant pas discutés : 3. *Du point de vue actuel de la science philosophique, particulièrement en rapport au système de Hegel*, de E.H. Weisse, professeur à l'Université de Leipzig. Leipzig, 1829. Éd. Joh. Ambr. Barth, 228 p.– 4. *Lettres contre l'Encyclopédie hégélienne des sciences philosophiques*. 1er Cahier, extrait des points de vue de l'encyclopédie et de la philosophie. Berlin, 1829, chez Joh. Chr. Fr. Enslin, 94 p.– 5. *De l'être, du néant et du devenir. Quelques doutes à propos de la doctrine de M. le professeur Hegel*. Berlin, Posen et Bromberg, chez E.S. Mittler, 1829, 24 p.

391 plus difficile pour soi | que les auteurs des œuvres citées plus haut, chacun à sa façon, ont, pour leurs objections, agi avec d'autant plus de légèreté et de commodité.

Mais il s'ensuit une difficulté particulière lorsque celui-là même, contre la philosophie duquel ces ouvrages sont dirigés, doit s'expliquer sur les attaques qu'ils contiennent ; cette situation entraîne l'exigence qu'une telle explication doive être une réponse, et surtout un juste débat, ne négligeant rien de ce qui a été avancé contre lui. Seul un tiers pourrait être autorisé à formuler un simple jugement ; venant de celui qui a été lui-même attaqué, il apparaîtrait nécessairement comme contestable et partisan. Mais un débat, qui, pour échapper au reproche de ne pas tout réfuter, devrait tout prendre en considération, serait en outre obligé, par le fait que son rédacteur s'en lasserait encore bien plutôt, d'en devenir odieux pour les lecteurs – complètement, s'il ne s'agissait pas de discussions sur des grands objets d'intérêt spirituel, comme les rédacteurs des ouvrages cités en ont cependant bien peu donné l'occasion, par le fait qu'ils ne s'engagent pas à de telles profondeurs, mais qu'ils se contentent bien plutôt simplement des aspects formels ou superficiels. Mais si cette justification devait sembler suffisante à ceux qui s'intéressent à la chose, on voit pourtant aisément un autre inconvénient, à savoir celui que ceux qui ont trouvé profond ou du moins significatif le blâme avancé contre une philosophie, ont ensuite, quand on leur en a dévoilé la platitude, l'habitude d'être les premiers à expliquer que ces ouvrages sont indignes de considération et à retourner alors simplement le blâme qu'ils y avaient puisé, contre celui qu'il concernait, en un autre blâme, à savoir que ce dernier viendrait de la discussion de telles attaques.

Pourtant, malgré ces inconvénients et d'autres, il faut mener à bien la
392 tâche déjà entreprise. On doit au moins d'abord | se féliciter du soulagement de voir que les auteurs des ouvrages à considérer ne rallient pas la bannière du savoir immédiat, du sentiment et de la foi, mais admettent plus ou moins la pensée, voire la compréhension et la pensée spéculative, tout comme ils se laissent donc, de temps à autre, eux-mêmes entraîner dans ces ouvrages à s'établir dans le philosopher sur la base de l'expérience de ce qu'ils combattent. Ceux qui se sont décidés à rester collés au savoir immédiat et ont, de ce fait, également cru qu'ils restaient effectivement dans le savoir immédiat, ne peuvent pas se déployer de façon conséquente pour aboutir à un raisonnement, mais il leur faut se contenter de prodiguer, dans des préfaces et à d'autres occasions, à partir de l'autorité que leur confèrent leur sentiment et leur foi, des assurances de dénégation, qui ne s'appuient pas sur un raisonnement et encore moins sur des concepts – les ouvrages à considérer n'en manquent du moins nullement.

Ce qui rend le plus difficile la tâche de recension, c'est le premier ouvrage nommé, *De la doctrine hégélienne ou savoir absolu et panthéisme moderne*, d'un anonyme, à cause d'une confusion particulière et d'une incohérence de la pensée et de la démarche dans l'exposé. Il est impossible de le suivre dans le détail ; presque chaque ligne nécessiterait une invitation à la correction ; il n'y a rien d'autre à faire que d'essayer de résumer son style dans une caractérisation et d'y ajouter ensuite des détails comme preuves, non pas pour épuiser la défense de tout ce qui y est attaqué, ou même simplement vouloir indiquer tout ce qui peut être avancé à son encontre. Après en avoir commencé une lecture approfondie, on renonce à l'invitation, qui se trouve presque à chaque ligne, d'y insérer une contradiction ou une remarque, ainsi qu'à l'émotion suscitée par une indignation que l'on pourrait éprouver à propos de toute la façon de se comporter de l'auteur pour la raison précise que | de telles invitations ou sentiments sont **393**
en mesure de toujours s'intensifier lors de la poursuite de la lecture. On a d'abord le sentiment fort d'avoir affaire ici à quelque chose qui ressemblerait à un accès d'humour hypocondriaque, qui aurait paralysé chez le rédacteur, quelque puisse être d'ailleurs son activité ou son objet d'étude, les facultés de concevoir justement, voire de lire justement, la capacité de se souvenir au bout de quelques lignes de ce qu'il avait dit, et simplement de comparer sereinement. Toute la construction de l'ouvrage annonce quelque chose de cette sorte ; l'exposé se déroule sans interruption, sans graduation et sans ordre avec *un* tel zèle ; la polémique ardente, qui répète autant la même chose qu'elle passe de la manière la plus contingente à autre chose, alterne pêle-mêle des tentatives de déduction propres et également confuses, et ensuite des déclamations pompeuses remplies de sentiments exquis et de hautes exigences ; on se remet confortablement des efforts fournis par des épanchements bonhommes et onctueux. « *La philosophie* », commence l'auteur page 11, « *aspire à la vérité* ; – seulement, les destins de la philosophie ne sont que trop souvent confondus avec la philosophie *immortelle* elle-même ; on lui impute les ouvrages d'hommes particuliers. *On* observe les curieux, les indifférents, les fats » etc. (on trouve encore un tel *on* sur presque toute la page 14). « L'*esprit de la science* ne connaît pas de *parti*. *La vérité agit* en elle, elle est *immortelle* et *éternelle* » etc. (page 15). « Le présent est un résultat des temps lointains, mais pas seulement un résultat des temps lointains. *On* honore les anciens, mais on ne cherche pas ce qui est vivant dans ce qui est mort » etc.

« Seul le *mouvement conduit au repos* – là où le repos, le vrai repos *règne*, là même *règne* (un mot fétiche de l'auteur) le mouvement libre, vraiment vivant ». Cela continue ainsi aux pages 16 et 17 : *on* n'est pas injuste contre notre époque etc. On n'observe pas seulement l'effervescence

qui règne dans la philosophie et la religion, *on* les compare toutes les deux en ce qui concerne la formation de la *vie* en général, etc. Ailleurs (p. 94), on
394 peut lire : « *Là où* | *on aspire à la vraie connaissance, l'erreur* doit *être stigmatisée.* » (-assurément-) etc. Partout sont en particulier très généreusement propagées les exigences d'un progrès *normal*, d'une évolution *normale*, de la conception de l'individu à partir de la *totalité*, du fait de le laisser se développer à partir de la *totalité* etc. Il serait facile de montrer, à partir de ce qui reste de pensées dans les déclamations de l'auteur, que tout ceci n'a été puisé que dans *la* philosophie qu'il conteste et qu'il diffame. Des catégories telles que *le développement à partir de la totalité*, *l'objectivation de la raison*, *l'effectuation de la substance dans la nécessité* etc., ne sont restées chez l'auteur que dans une plate généralité, par le fait qu'il ne les emploie à rien si ce n'est à faire l'important ; elles sont donc incapables de porter des fruits et restent, malgré les mots souvent utilisés tels idée, conception *vivante*, conception *profonde* etc., mortes et plates. Dès lors, si l'auteur, à partir de la phrase précédemment citée, selon laquelle le véritable mouvement *règne* dans le repos véritable, avait eu la moindre conscience de la réunification de ce qui est opposé, du positif et du négatif, qui y sont présents, et, s'il avait su le développer, comme on développe à partir de la totalité de l'idée etc., le fruit aurait été qu'il aurait à peu près raturé l'ensemble de son ouvrage.

Si déjà l'ardeur polémique en alternance avec la parrhésie [1] d'une trivialité parénétique renvoie l'incohérence de la présentation à un mal hypocondriaque, on pourrait alors également, à partir de celui-ci, trouver explicable la manière dont l'auteur agit avec le *factuel* en regard de la philosophie qu'il combat : « le *but de l'ouvrage présent* est », dit-il page 31, « *d'encourager* le *penser rationnel, vraiment spéculatif.* – En face de son objet *historique* (l'objet de cette philosophie), cet ouvrage doit donc s'assigner pour *devoir* d'amener à ce *qu'il soit compris, connu et saisi à*
395 *tous égards* ». Si on voulait concéder à l'auteur la | compréhension, la connaissance et la saisie de l'objet, le *devoir* de cette démarche se limiterait pourtant en premier lieu à la définition *juste*, et en cela honnête, *de* l'objet *historique*. Nous voulons d'abord voir à l'aide d'exemples comment l'auteur a observé ce devoir.

Le premier exemple sur la manière d'interpréter de l'auteur, nous le prenons dans les pages 100-101. Après avoir montré ici même une insatisfaction confuse à propos de la détermination logique de la réalité, on trouve la phrase suivante : « Hegel n'a pas encore donné de preuve de sa *position*. De ce fait, *les exemples* ne disent rien non plus ». Les exemples

1. Hegel translittère ici le mot grec παρ-ρησία, signifiant "liberté de langage, franchise" [ndt].

tirés de la *Logique*, tome 1, 1re section, p. 54[1], qui sont cités pour l'utilisation du mot réalité dans différentes déterminations, sont alors critiqués. Nous devons d'abord citer nous-mêmes les termes de ce passage de la logique. « Réalité », y lit-on, « peut paraître être un mot ambigu, parce qu'il est utilisé par plusieurs déterminations différentes, voire opposées. Lorsqu'on *dit* de pensées, de concepts, de théories qu'*ils n'ont pas de réalité*, cela signifie ici qu'il ne leur revient aucun être-là extérieur, aucune effectivité; *en soi* ou dans le concept, l'idée d'*une république platonicienne* pourrait bien être vraie. À l'inverse, lorsque par exemple seule l'apparence de la richesse est présente dans le luxe, on dit de même que *cela manque de réalité*; on comprend que ce luxe n'est qu'un être-là extérieur, qui n'a pas de fondement intrinsèque ». Il est ajouté que l'on dit également d'occupations qu'elles ne sont pas *réelles* quand elles n'ont pas de valeur *en soi*, ou qu'on le dit de raisons lorsqu'elles ne sont pas puisées dans l'essence de la chose.–

Comment l'auteur montre-t-il alors que ces exemples ne disent rien? « On dit », affirme-t-il avec justesse, « qu'on dit d'une théorie, par exemple celle de la république platonicienne, qu'elle peut bien être vraie en soi »; « Ceci », juge l'auteur, « *prouve* certainement » (quoi?) « que la République platonicienne | *n'a pas* un aspect déterminé de la réalité, qu'elle ne 396
pourrait pas être en effet présentée dans un État effectif, ce que Platon n'a d'ailleurs jamais voulu (ceci, l'auteur aurait peut-être à le prouver), tandis que la *République* platonicienne a sans doute une réalité, en tant que présentation *idéale*; elle a aussi un être pour d'autres, car *elle est pour nous une œuvre inestimable* ». Certes! Mais a-t-il été question le moins du monde, dans ce que l'auteur avait en vue, de la valeur de cette œuvre et non pas simplement du sens qu'a l'expression réalité dans ce *propos* (exact ou inexact)? Est-ce en somme pour banalement affirmer que la *République* de Platon est « une œuvre inestimable »? – Le second exemple selon lequel « un luxe sans richesse n'*a* pas de réalité », dit l'auteur, « ne convient de nouveau pas »; il y ajoute la correction qu'il est certes irréfléchi et sans valeur, mais qu'il est *en soi* (que signifie : le luxe sans richesse est *en soi*?) et aussi pour d'autres qui en tirent avantage comme le montre malheureusement l'expérience quotidienne. Que vient donc faire ici une telle discussion morale d'ailleurs triviale, s'il est simplement question du sens qu'a le mot réalité dans cette expression populaire! – Mais ici vient s'adjoindre un exemple encore plus immédiat sur la manière dont l'auteur est capable de concevoir « l'objet *historique* ». Page 101, il rapporte

1. Cf. *G.W.F. Hegel Werke*, éd. Suhrkamp, t. 5, p. 119 (=*Science de la logique, l'Être*, trad. P.-J. Labarrière et G. Jarczyk, Paris, Aubier, 1972, p. 89 *sq*.). Nous proposons toutefois, pour ce passage comme pour les suivants, nos propres traductions [ndt].

comme un fait que, « dans la préface au Droit naturel hégélien p. XIX », on affirme « que, pour Platon (datif), les *phrases hégéliennes* : “ce qui est rationnel est effectif, ce qui est effectif est rationnel” *sont* au sens hégélien *la charnière* autour de laquelle *tourne le différenciant de l'idée platonicienne* (dans l'œuvre de la *République*) ». Quand le recenseur a vérifié cette préface p. XIX[1], il a trouvé qu'il y est écrit que Platon a dû, à partir de la conscience du principe relativement profond faisant irruption dans
397 l'éthique grecque qui | ne pouvait apparaître d'abord en elle que comme désir inassouvi et en cela que comme perte, chercher l'aide *qui ne devait cependant venir que d'en haut*; il n'a pu d'abord la chercher que dans une forme particulière et extérieure de l'éthique, à travers laquelle il a précisément blessé au plus profond le moteur relativement profond de ce désir, la personnalité infinie; mais, à travers cela, il « a fait la preuve qu'il était le grand esprit en ce que *c'est précisément le principe* autour duquel tourne le différenciant de son Idée qui *est la charnière* autour de laquelle a tourné le bouleversement, alors imminent, du monde ». Sont ici nommés, si expressément qu'un malentendu semble impossible, le principe du christianisme et le principe plus abstrait de la personnalité infinie comme ce qui est donné à entendre dans le désir de Platon et autour duquel la charnière de l'histoire du monde a tourné. C'est par cette considération sur l'allusion de la tendance platonicienne au christianisme que se termine le paragraphe. Tout à fait séparées de cela suivent les deux phrases que l'auteur cite et qu'il rend douteuses; elles sont placées et exprimées en liaison avec ce qui suit; elles sont et se tiennent en évidence en-dehors de tout lien avec la charnière de l'histoire du monde. Mais l'auteur pouvait substituer dans sa lecture ces phrases au principe du christianisme autour duquel a tourné le bouleversement alors imminent du monde.

Encore quelques exemples de ce genre! Page 159, l'auteur écrit : « Ainsi donc par exemple *l'Un* est *en même temps* le vide », à l'appui de quoi la *Logique*, tome 1, 1er livre, p. 91 à 129[2] est citée. Là même où p. 102[3], il est traité de l'Un et du vide, il est démontré que le vide n'est pas immédiat pour soi, indifféremment face à l'Un, mais qu'il est contenu dans la détermination de l'Un, plus encore qu'il se rapporte à l'Un, et que l'être-pour-soi se détermine vis-à-vis de l'Un *et* du vide. – Là même précisément, l'auteur dit que Hegel a craint qu'on puisse tirer de *ses* phrases la
398 conclusion erronée | que, parce que $-a$ fois $+a$ serait égal à $-a^2$, à l'inverse

1. Cf. *Hegel Werke*, t. 7, p. 24 (=*Principes de la philosophie du droit*, trad. R. Derathé et J.-P. Frick, Paris, Vrin, 1982, p. 54 *sq.*).

2. Cf. *Hegel Werke*, t. 5, p. 174 à 208 (=*Science de la logique, L'Être, op. cit.*, p. 125 à 162).

3. Cf. *Hegel Werke*, t. 5, p. 184 (=*Science de la logique, L'Être, op. cit.*, p. 134).

$+a$ fois $-a$ donnerait $+a^2$. On montre dans la *Logique*, tome 1, deuxième livre, page 63[1] comment le simple concept de grandeurs opposées *en général*, qui est le concept connu par tout un chacun, pourrait conduire à une telle conclusion. À la page suivante, on parle de l'affirmation selon laquelle « la négation de la négation serait positive pour la raison que $-a$ fois $-a$ serait égal à a^2 » ; pour étayer ceci, il cite comme précédemment la *Logique*, tome 1, livre 2, page 63. Ni là même, ni ailleurs, on ne peut trouver le fait d'une telle affirmation.

Un curieux exemple de conception *historique* est le suivant : « *Le but du philosophe* », proclame l'auteur p. 190 dans l'un de ses accès de déclamations exquises, « se tient plus haut que l'activité habituelle dans le monde ; s'il se *dégrade* pour celui-ci, ce qu'il y a *de plus merveilleux dans la science* est alors perdu pour lui. *Mais chez Hegel, il est écrit* : si le *spirituel dégrade l'existence de son ciel* jusqu'à un ici-bas terrestre et à une temporalité commune dans l'effectivité et la représentation, et qu'à l'inverse, le temporel promeut son être-pour-soi abstrait à la pensée et au principe de l'être rationnel et du savoir, la *vraie réconciliation* serait *alors* devenue *objective* ». Il cite le *Droit naturel* de Hegel, p. 354[2]. Rendre ici claire la démarche de l'auteur pour ce qui concerne la *justesse* de la restitution du *factuel* exige en fait quelque contorsion, mais la phrase qu'il donne pour factuelle est suffisamment crue pour mériter un éclairage. Les termes si abruptement cités se trouvent dans la section de ce droit naturel qui indique de façon concise les moments principaux de l'histoire du monde, et ce dans les paragraphes sur le principe des peuples germaniques qui ont été convertis à la religion chrétienne. Dans le paragraphe 359, on indique que l'*intériorité* du principe, en tant que réconciliation *encore abstraite, existant dans le sentiment* comme foi, amour et espérance et en tant que résolution de toute opposition, s'est développé *d'une part* pour former un royaume *temporel*, un royaume de l'arbitraire brutal étant pour soi et de la | barbarie des mœurs, *d'autre part* pour former un monde de **399**
l'au-delà, un royaume *intellectuel*, dont le contenu est bien la vérité de l'esprit, mais une vérité encore *non pensée*, enveloppée dans la barbarie de la représentation ; en tant que pouvoir spirituel sur les sentiments, il s'est comporté comme une autorité servile et terrible vis-à-vis de ceux-ci. À la description de cette opposition, de la manière dont le moyen âge historiquement la présente, fait suite au paragraphe 360 la description du processus de son dénouement de la façon suivante : *par le fait que dans le*

1. Cf. *Hegel Werke*, t. 6, p. 63 (=*Science de la logique*, *L'essence*, trad. P.-J. Labarrière et G. Jarczyk, Paris, Aubier, 1976, p. 67-68).

2. Cf. *Hegel Werke*, t. 7, p. 511 *sq.* (=*Principes de la philosophie du droit*, *op. cit.*, p. 340 *sq.*).

dur combat de l'opposition de ces royaumes, le *spirituel dégrade* l'existence de son ciel à un ici-bas terrestre et à un régime temporel commun, dans l'effectivité et la représentation, le *temporel*, etc. – Ici, l'auteur a correctement recopié les propos qui expriment le passage de l'Église vers sa perte, mais aussi les suivants qui concernent la promotion du royaume temporel, nonobstant le fait qu'il ait passé sous silence la promotion de celle-ci à la *rationalisation du droit et de la loi*. Mais ce qu'il faut alors réellement blâmer, c'est l'omission des propos suivants : ainsi (par le fait que l'*Église* s'est rabaissée au temporel, que le royaume temporel s'est élevé pour sa part à la science, au droit et à la loi), « l'opposition s'est *dissipée en soi* pour devenir *une figure sans force* ». Qu'*en soi*, l'opposition se soit dissipée pour devenir une apparence n'est pas encore *la réconciliation existante* ; ce à travers quoi cette dernière a été appelée à l'existence est ainsi exprimé dans ce qui suit : « Le *présent* s'est départi de sa barbarie, de son *arbitraire injuste* et la *vérité de son au-delà* et de son *autorité fortuite de sorte que la véritable réconciliation est devenue objective* ». Cette réconciliation élevée à l'*objectivité* à partir de l'*en soi* est plus précisément déterminée à l'égard de l'État, de la religion et de la science, et ceci de la façon suivante : dans l'État, « la conscience de soi trouve l'effectivité de son savoir substantiel et de sa volonté dans un développement organique, comme elle trouve dans la *religion le sentiment*
400 *et la représentation* | *de sa vérité en tant qu'essentialité idéale*, mais c'est dans la science qu'elle trouve la connaissance librement conçue de cette vérité ». – On voit à partir de cet extrait littéral que la religion, telle qu'elle est dans la *réconciliation accomplie*, est différenciée expressément et représentée différemment – de cette *dégradation du spirituel* dont l'auteur indique *historiquement* qu'en elle, la réconciliation a été décrite comme étant devenue *objective*. À partir de là jusqu'à la fin de son ouvrage, il répète le mot dégradation, qui constitue pour lui une telle aubaine, presque à chaque page, et il l'utilise pour faire des tirades onctueuses : « *Celui qui* prétend *avoir l'audace de dégrader le ciel se dégrade lui-même* », ici même et à la page suivante : « Maintenant, *on prétend dégrader* le *ciel* et il est suffisamment élégant de fermer les yeux sur le fait *qu'on se dégrade soi-même* », etc. – (Certes ! Dans le paragraphe cité et dans l'histoire avec ses traits monstrueux, on trouve indiqué qui a dégradé le ciel à un ici-bas terrestre et à un régime temporel !) – Paralysie de la faculté à conceptualiser historiquement en général et inefficacité de l'entendement à retenir ce qui est déterminé et à remarquer à partir de la différence qui y est faite que cela revient à cela même qui est déterminé, sont sans aucun doute des conséquences de l'hypocondrie. Peut-être est-ce la description de la perte de l'Église qui a ici augmenté à tel point l'irritation hypocondriaque qu'il en a

omis d'abord, à partir de l'information qu'il a trouvée, l'élévation de *l'État à la rationalité du droit et de la loi* et qu'ensuite il n'ait également aucun scrupule à substituer à la description de la *religion*, telle qu'elle est formulée dans la réconciliation devenue *objective*, à savoir que la conscience de soi trouve en elle le *sentiment* et la *représentation* de la *vérité du savoir substantiel et de la volonté* en tant qu'essentialité *idéale* (comme l'effectivité rationnelle de celle-ci dans l'État), à substituer donc *à un régime temporel commun* la *dégradation du ciel*, qui a dû exister dans le royaume spirituel ? Et cela pour garantir que ce n'est pas *le gouvernement spirituel*, | mais *on* qui aurait dégradé le ciel ? Mais, chez certains, descrip- **401**
tion de ce gouvernement et dégradation du ciel signifient vraiment la même chose. – Avec un peu de réflexion de l'entendement et avec de la bonne volonté, l'auteur se serait également épargné l'indignation et un raisonnement auquel il aboutit deux pages auparavant. – À partir de ce même *Droit naturel*, il allègue p. 52[1] : « J'ai », y trouve-t-on, « ces membres, cette vie par ma seule volonté ; l'animal ne peut se supprimer lui-même ou se mutiler comme l'homme ». C'est écrit dans une remarque à propos d'un paragraphe 47 dans lequel il est explicitement question de Je *comme personne ;* là précisément, et dans les périodes précédant la remarque se trouve la page où il est écrit que je suis *vivant* et ai un corps organique, différent de la libre personnalité, et il n'est question que de ces deux déterminations. L'auteur dit alors de ces paroles citées : « *Cette phrase n'aurait pas dû en elle-même être à sa place dans un droit naturel rédigé dans un État chrétien. Cette théorie* (!) de l'automutilation et du suicide n'est pas compatible avec le *christianisme* » (peut-être cependant la pratique l'est-elle ?). « Au contraire », (au contraire de quoi ?), « cette phrase est manifestement fausse ». Suit alors un chef-d'œuvre de réfutation : « L'homme *n'*est *pas maître* du fait qu'il *doive naître* ». (Certes pas ! Mais en trouvant nécessaire de répliquer cela, l'auteur donne ainsi l'impression qu'il aurait été dit que l'homme est maître du fait qu'il doive naître. Que l'auteur se soucie très essentiellement de cette apparence est tout à fait confirmé par ce que l'auteur affirme à la fin de sa déduction, à savoir que cette phrase (sur la possibilité pour l'homme de se mutiler, voire de se supprimer), « *n'*est avancée *que* pour *affirmer la causalité absolue du sujet individuel* ». Le recenseur a certes vu dans une ancienne comédie jésuite, intitulée « *La création du monde* », la représentation selon laquelle *Adam* apparaît avant sa propre création et exprime dans une ariette le vœu suivant : Ah, si seulement il | était déjà créé ! Mais même là, on n'est pas **402**
allé au point où Adam aurait été présenté comme étant *maître* « du fait de devoir naître ou pas »). – « La *durée* de sa vie terrestre *ne dépend pas de*

1. Cf. *Hegel Werke*, t. 7, p. 110 *sq.* (=*op. cit.*, p. 104 *sq.*).

lui. » On continue maintenant d'entendre le raisonnement de l'auteur à ce propos : « S'il (l'homme) veut se supprimer ou se mutiler, il lui faut alors utiliser les forces de la nature; le fait que son projet réussisse, cela ne *dépend pas seulement de lui* » (déjà une restriction de la phrase précédente relative au fait que la durée de sa vie *ne* dépend *pas* seulement de lui), « mais d'une efficacité placée en-dehors de sa volonté ».

« Des tentatives de ce genre échouent souvent » (réussissent aussi parfois); « si elles réussissent, l'homme ne peut toutefois pas déterminer à *quel instant précis* la mort surviendra » (ici, la dépendance est réduite à très peu de chose); « *si elles ratent* » (ainsi, on n'en a pas encore terminé avec les tentatives de la force de volonté, car l'auteur est assez ingénieux pour trouver une tentative supplémentaire) « et il est », poursuit l'auteur, « alors désormais si pitoyablement retourné qu'il voudrait, s'il garde sa force de volonté, mourir de faim » (on voit que l'auteur a imaginé l'utilisation d'une prison et de liens contre cette force de la volonté), « alors il n'est plus en état de déterminer *quand* sa mort par inanition va survenir ». Si le raisonnement était également plus pertinent qu'il ne l'est pour ne pas réduire la dépendance à si peu de chose, il n'en serait alors pas pour autant exhaustif; le dernier cas où le suicidaire n'aurait pas voulu déterminer par avance l'instant de sa mort par inanition, a encore échappé à l'auteur; il aurait pourtant alors imposé sa volonté.

Une telle paralysie dans la capacité à concevoir est quelque chose de grave, mais on peut aussi supposer que l'humour de l'hypocondrie agit comme un mauvais génie lorsque le fait de concevoir à moitié et avec assez d'insuffisance apparaît trop violemment, lorsque le fait d'omettre saute si évidemment aux yeux qu'il ne peut pas simplement s'expliquer par une
403 vision seulement superficielle, lorsqu'il sert à produire un sens qui | ne convient pas à une philosophie élaborée dans un État chrétien. Les exemples mentionnés attestent déjà suffisamment de l'ingrédient assez méchant présent dans la façon de concevoir de l'auteur. Elle se montre en particulier en ceci que quelque chose d'à moitié pensé ou d'expressément détourné est dit *en passant* – pour ainsi dire aussi avec une demi-conscience ou en s'en passant totalement. Une telle façon d'avancer à l'emporte-pièce apparaît d'ailleurs des plus utiles pour masquer des inexactitudes; ce qui est avancé à l'emporte-pièce de façon anodine n'a pas pour habitude d'être examiné plus en détails et produit pourtant son effet lorsque le contenu est suffisamment méchant. – Page 109, l'auteur qualifie de *bizarre* la présentation selon laquelle « l'infini vient du fini ou bien, comme il est dit *ailleurs*, selon laquelle *Dieu serait là* quand des *sujets finis*, les hommes, le *penseraient* ». La demi-mesure et le côté erroné dont se rend coupable la première de ces citations, nous la laissons de côté et

nous n'éclairons que la seconde selon laquelle « *Dieu serait là* lorsque les hommes le *penseraient* », phrase à l'appui de laquelle la *Phénoménologie* p. 637[1] est citée. Dans ce passage est explicité le concept de religion naturelle (de religion de la nature) et plus précisément la certitude selon laquelle il faut rendre abstraite la différence des religions les unes avec les autres. Pour ce faire, il est indiqué en tout premier lieu dans quelle forme est en général l'idée dans la religion ; le texte est le suivant : « La forme de la religion ne contient pas l'être-là de l'esprit, comme ce dernier n'est ni une *nature* libre de la pensée, ni une *pensée* libre de l'être-là ; mais elle est *l'être-là conservé dans le penser*, tout comme un *pensé qui est lui-même là* ». L'objet dans la religion n'est donc ni l'être-là abstrait du penser (la nature comme idée dans la forme unilatérale de l'être-là), ni la pensée abstraite de l'être-là (l'esprit comme idée dans la forme unilatérale du penser, c'est-à-dire l'esprit fini, ou bien le penser abstraitement en général, qui est également penser fini), mais l'être-là qui est le penser, et le penser qui est l'être-là. Où Dieu n'a-t-il pas été ainsi défini (en tant qu'il s'agit d'abord d'une détermination abstraite), | que Dieu, la pensée la plus haute, **404**
a dans le même temps inséparablement un être-là, est un être-là, qui est inséparablement un penser, et, à l'opposé, le fini en ce que, par le fait que penser et être-là sont aussi liés en lui, cela soit également séparable ? – Comment se fait-il que l'on doive lire alors quelque chose à propos de ce que l'auteur donne pour une *citation*, un *fait* – à savoir que « Dieu serait là, quand des sujets, les hommes, le penseraient » ? Et on ne trouve rien par ailleurs de l'être-là et du penser dans la page citée, ni simplement rien non plus des hommes et des sujets finis.

Encore simplement quelques exemples tirés de la richesse de cet ouvrage en citations courtes, faites de manière anodine. On trouve p. 183 : « Dans les doctrines de Spinoza et Schelling, il y avait *un recueillement* (qui *n'*est chez Hegel *qu'un procès)* ». Ce qui est nommé *procès* chez Hegel n'est pas explicité ; – c'est une activité conçue dans les moments déterminés qui la traversent. En allant plus loin, on laisse de côté la certitude selon laquelle l'activité intellectuelle est recueillement. *On* devrait presque remercier l'auteur de n'avoir pas dit que chez Hegel, la religion, Dieu ne sont qu'un procès, etc. Le passage que l'auteur peut avoir eu sous les yeux, est certainement le paragraphe 555 de l'*Encyclopédie*, 2e [et 3e] édition, où il est écrit : « La foi [...] est passée, dans le *recueillement*, dans le *procès* consistant à surmonter le contraire (qui est encore dans la foi, *certitude* de la vérité objective) en vue d'une libération spirituelle, à *conserver* par cette médiation cette première certitude et la détermination concrète de cette

1. Cf. *Hegel Werke*, t. 3, p. 503 (=*Phénoménologie de l'esprit*, trad. J.-P. Lefebvre, Paris, Aubier, 1991, p. 452).

dernière, c'est-à-dire à gagner la réconciliation, l'effectivité de l'esprit[1] ». Est-ce que le recueillement *n'*est ici *qu'*un procès, comme le dit l'auteur ? – Quelques lignes plus loin, il est dit de la même façon *en général* : « la piété raillée par Hegel » ; à l'appui de cela, l'*Encyclopédie*, 2e édition, p. 519[2], où l'on évoque une piété *sans contenu*, est citée. Dans quelle mesure, selon ce que l'auteur assure précisément, beaucoup de ceux qui parlent en faveur
405 d'une telle piété ont beaucoup | à remercier Spinoza et Schelling, pour autant qu'il y ait eu un recueillement dans leur enseignement, c'est là ce qu'il aurait à justifier lui-même auprès de tous ces gens.

La manière dont l'auteur remplit la condition qu'il assigne à une polémique « de concevoir et de présenter ce qui doit être combattu de *façon historiquement juste,* et en cela honnête », peut être ressorti suffisamment clairement des exemples donnés. D'ailleurs, que l'on doive présenter la polémique elle-même ou bien plutôt simplement des échantillons de celle-ci, il s'y mêle partout ces exemples d'indications erronées. Mais la présentation de la polémique devient encore plus pénible et plus blâmable par le fait qu'elle reviendrait maintenant à la capacité de suivre une démarche, mais aussi que s'ajoute à la paralysie de la faculté de saisir le donné cette autre paralysie de suivre la démarche de la pensée d'autrui comme de lier de façon cohérente ses propres pensées et de les maintenir dans cette cohérence. Dans l'impossibilité de présenter de façon diplomatiquement juste cette paralysie dans le cours d'un raisonnement où il faudrait critiquer chaque ligne, il est nécessaire de considérer de façon assez générale les informations la concernant et le jugement dont elle n'a pas précisément grandement besoin, et n'en examiner que les moments principaux que l'auteur s'applique à durcir dans sa réfutation.

Pour relier ceci à ce qui précède (les transitions de l'auteur dans son développement ne sont pas meilleures), nous commençons par la doctrine dans laquelle, comme le dit l'auteur p. 183, il y avait « un sens profond, un recueillement », à savoir le *spinozisme*, pour voir comment il décrit la relation de la philosophie qu'il combat à celui-ci. C'est l'un des points qu'il traite en détail ; le résultat en est p. 184 que, « ce qui a manqué principalement dans les doctrines de Spinoza et Schelling n'est pas même complété dans la doctrine hégélienne, mais cette lacune est, d'une façon brutale, *encore plus* (!) poussée *à l'extrême* ».

406 Après avoir introduit son prélude p. 162, l'auteur y vient p. 163 : |« *On* avait », dit-il de la *Phénoménologie*, « une opinion déterminée pour

1. Cf. *Hegel Werke*, t. 10, p. 367 (*Encyclopédie des sciences philosophiques*, t. 3, *Philosophie de l'esprit*, trad. B. Bourgeois, Paris, Vrin, 1988, p. 344).

2. Cf. *Ibid.*, p. 379 (=*op. cit.*, p. 361).

présupposé, une opinion déterminée qui devait être réalisée » (« réaliser une intention » est une expression connue. Mais « réaliser une opinion » n'est pas aussi clair). Puis il remarque p. 163 que les concepts *être* et *essence*, s'ils n'avaient pas été considérés *superficiellement* (!) à partir d'un point de vue déterminé que l'*on* voulait justement (!) préserver, n'auraient pas pu avoir *les fortunes qui sont devenues les leurs* dans la *doctrine* hégélienne. Mais *désormais*, le résultat le plus important de ces concepts est la *substance* (on continue de faire remarquer l'impossibilité que l'auteur a de concevoir un libre développement des concepts et l'obtention d'un *résultat* à partir de celui-ci ; il a simplement besoin d'y trouver en outre un présupposé ou de le forger d'une manière psychologique), et on « *s'est référé* », poursuit l'auteur, « expressément à la substance spinoziste, *Logique*, tome 1, livre 2, p. 225 »[1]. (Mais là, on fait plus que d'y avoir simplement fait référence : on y prouve de façon déterminée les lacunes du spinozisme.) « Déjà, à partir de là, » (à partir de la simple référence) « *il s'ensuit* que la doctrine hégélienne *voudrait* avoir pour *présupposé* la doctrine de la substance spinoziste ; qu'il en soit effectivement ainsi ne peut *absolument pas être mis en doute. Car* la doctrine hégélienne doit certes *réfuter* le spinozisme, – le point de vue de ce dernier doit d'abord être reconnu comme essentiel et nécessaire, mais être *élevé* à partir de lui-même *au point de vue supérieur* ; il doit être complété par le fait que *le principe de la personnalité, la liberté*, est sauvé et lui-même *déduit de la substance* ». Cette explication du comportement de la philosophie dont il est question vis-à-vis du spinozisme peut être considérée superficiellement comme exacte, comme également la ligne suivante : « La doctrine hégélienne se meut par suite vers la substance *et à partir d'elle* ». L'auteur poursuit alors : « La doctrine de la substance se montre *donc* comme le *centre propre* | de l'opinion de base caractéristique de la doctrine ». Il répète la 407
même chose p. 165 : on *devrait* accepter comme certain le fait qu'*on* ait simplement *voulu* faire du concept de la substance le centre de la doctrine, il *devrait* également s'ensuivre qu'*on* ait voulu d'une manière déterminée *se mouvoir hors de* lui. L'auteur a dû écarquiller les yeux en grand pour voir qu'est présent dans la doctrine qu'il combat *un mouvement* hors de la *substance*. – Il la qualifie de préférence de spinoziste ; mais le concept de substance se trouve dans chaque philosophie (si nous faisons abstraction de la philosophie sceptique et de celles qui lui sont apparentées), comme dans toute théologie ; mais de sorte que les autres philosophies que celle de Spinoza, y compris la théologie, se *meuvent* également *hors de* ce concept. Mais l'auteur aurait cependant simplement dû continuer de faire appel à ses

1. Cf. *Hegel Werke*, t. 6, p. 195 (*Science de la logique. Doctrine du concept*, *op. cit.*, p. 238 *sq.*).

yeux physiques pour trouver que ce mouvement de sortie dont il parle acquiert pour *centre* un autre but que la simple substance, à savoir l'*esprit*, et qu'il est exprimé partout que ce but plus lointain vers lequel le concept continue de se déterminer est la *vérité* de la substance, mais que la substance en tant que centre est la non-vérité.

Que l'auteur ne sache pas cela est uniquement explicable à partir de la source déjà évoquée, laquelle n'a pas en outre honte de le laisser ajouter la certitude selon laquelle la doctrine de la substance se montre *donc* comme le *centre propre* de l'opinion de base caractéristique de la doctrine : « Ceci *pourrait* être prouvé (pourquoi ? car un « *donc* » précède déjà) *par de multiples passages* (ceci ne serait pas simplement à prouver par des *passages*, mais par tout le *contenu* d'une philosophie) ». « Ici nous renvoyons seulement au fait qu'à la fin également etc., l'esprit absolu est *appelé* la substance une et universelle en tant que spirituelle (*Encyclopédie*, deuxième édition, p. 499) [1] ». L'auteur est naïf au point d'introduire un passage qui dit expressément le contraire de ce qu'il veut démontrer ; le
408 mauvais génie de l'hypocondrie, | si ce n'est rien de plus grave, l'a taquiné ici de la pire façon. Une fois qu'on y a ajouté l'erreur dans la citation du passage (dans le passage cité, on trouve : « l'esprit absolu est la substance une et universelle en tant que *spirituelle* »), le passage montre alors que ce *n'*est *pas* la substance spinoziste en ce qu'il lui manque la détermination de personnalité, de spiritualité, qui est le centre de la doctrine ; elle exprime ce que toute théologie chrétienne exprime, à savoir que Dieu est l'essence absolument autonome, la substance absolue, mais l'essence absolument autonome qui est esprit, – l'esprit qui est absolument autonome. – L'esprit est en tant que tel simplement le sujet, et c'est une affirmation générale de la doctrine, dans d'innombrables passages comme précisément dans celui qui a été cité, que de dire que la détermination absolue de Dieu n'est pas celle de la substance, mais du sujet, de l'esprit. – En fait, il reste également à l'esprit la détermination de la substantialité ; l'auteur a-t-il Dieu en tête en tant qu'esprit de telle façon qu'il ne serait pas substantiel ou a-t-il entendu parler d'une théologie dans laquelle Dieu serait, sans exister en soi et pour soi, sans être absolument autonome ?

L'auteur tire du paragraphe 384 de l'*Encyclopédie*, page 186, le début d'une note : « L'absolu est l'esprit ; c'est là la plus haute définition de l'absolu [2] ». Ce passage se trouve dans le paragraphe qui est intitulé : « *Concept* de l'esprit », au début de la philosophie de l'esprit dans laquelle on traite d'abord dans les deux premières sections de l'esprit fini et dans la

1. Cf. *Hegel Werke*, t. 10, § 554, p. 366 (*Encyclopédie des sciences philosophiques*, *op. cit.*, p. 343).

2. Cf. *Hegel Werke*, t. 10, rq. au § 384, p. 29 (*op. cit.*, p. 179).

troisième de l'esprit absolu. En cela même, le simple *concept* est différent de sa *réalisation* et de son *idée*. – Que dit alors l'auteur à propos de cette note ? Il relie ce passage du *concept* de l'esprit directement à la doctrine de l'esprit absolu (il ne différencie pas également en cela non plus l'absolu indéterminé et l'esprit absolu l'un de l'autre) et dit ensuite : « Mais cette définition est *grandement* insuffisante; il se *passe* pour *l'esprit humain* toutes sortes de choses qui ne sont pas absolues ». Certes ! comme par exemple ici pour l'auteur.

|Mais on se fatigue à blâmer chez lui de tels détournements et à rendre **409**
perceptibles les instances si inhabituelles de sa laborieuse capacité de penser; nous passons également outre l'autre manière par laquelle il conçoit le développement de la substantialité, de la nécessité, du passage de celle-ci à la liberté. Ce passage (*Encyclopédie*, page 400[1]) est qualifié de ce qu'il y a de plus dur. L'auteur réplique page 165 : « on reproche à la philosophie le fait que, *en elle-même*, de telles duretés soient nécessaires et, *partant de là*, s'impose la *supposition* que *quelqu'un* (le *on* utilisé ailleurs) a voulu y introduire cette dureté ». On peut garantir à l'auteur que si l'on avait simplement eu à faire au vouloir ou plutôt au bon vouloir et non pas à la nature de la chose, on se serait bien passé des duretés; en ce sens, l'auteur est plus heureux. À propos de la position qu'adopte l'auteur dans son raisonnement sur la nécessité et l'interaction de ces déterminations, il affirme (p. 178) que cette position les concernant n'est pas justifiée dans la doctrine hégélienne et ne pourrait être que *difficilement* justifiée; il fait ceci pour lui-même pour la bonne raison que « nous pouvons [également], *de ce fait*, nous abstenir de nouveau d'apporter une preuve plus étoffée à notre position ».

Indépendamment de ce passage et d'innombrables autres, ceci reste cependant pour l'auteur le résultat de la doctrine, le sommet vers lequel ont été poussées, à travers elle, les doctrines de Spinoza et de Schelling; il expose ceci p. 181 de la façon suivante : « La substance absolue ne se libère pas d'elle-même, mais ce sont ses manifestations qui se libèrent; elle-même reste *immobile* (? – indépendamment du fait qu'elle soit Esprit), et la substance spinoziste n'est pas animée, mais reste au contraire la substance *une et aveugle*; *pourtant* (!) elle se dévoile, dans le singulier et dans l'universel, qui ont pour milieu le particulier. Les *singuliers* sont la *causalité active*, l'universel est la *causalité passive* de la substance absolue » (voir p. 195). L'auteur raconte également ceci p. 184 en en tirant la conséquence que « les | êtres singuliers, en tant qu'identiques à la **410**
substance, sont la causalité active de Dieu » ; *en conséquence*, il est dit *par*

1. Cf. *Hegel Werke*, t. 8, rq. au § 159, p. 305 (*Encyclopédie des sciences philosophiques*, t. 1, *La science de la logique*, trad. B. Bourgeois, Paris, Vrin, 1979, p. 405).

là qu'il n'y aurait pas de Dieu personnel au sens où nous l'avons vu plus haut (c'est-à-dire en tant que l'intelligence *la plus parfaite de toutes*, en tant que la vie la plus haute, un agent agissant absolument en soi personnellement – *s'il est permis d'utiliser cette expression–*), « mais la personnalité de Dieu serait les individus singuliers ». Cette quintessence d'affirmations doit être éclairée plus précisément. Ce qu'est d'abord la *causalité passive*, on en obtient certes une représentation approximative par l'ouvrage de l'auteur, la causalité de l'entendement s'y montre très passive; mais, pour un exposé philosophique, il aurait dû expliquer plus en détail celle-ci et la manière dont il attribue à la doctrine qu'il combat le fait que l'universel soit une telle causalité. En ce qui concerne la détermination de la personnalité de Dieu, on ne peut clairement savoir si la parenthèse introduite exprime une timidité qui l'aurait poussé à employer le mot « personnel ». – Mais si, en allant maintenant plus loin, la *vie* la plus haute doit être déterminée comme étant personnelle, ceci ne peut alors arriver qu'en la déterminant comme *intelligence*, à la manière dont le fait également l'auteur; – d'ailleurs, le prédicat employé « *les plus parfaits de tous* » tiré de la philosophie wolffienne pour l'amour de sa vacuité est à bon droit obsolète, et il a été remplacé par d'autres. Mais que l'auteur pense avoir formulé une autre détermination dans l'intelligence, de manière générale et en relation avec une personnalité comme celle qui se trouve dans l'esprit en général et plus encore dans l'esprit se sachant esprit, définition qu'il cite de façon répétée en prenant appui sur l'*Encyclopédie*, ne serait pas à prendre à la légère s'il n'était pas par ailleurs devenu clair de voir combien un mauvais génie l'aveugle.

Mais la *causalité active* de Dieu, que les êtres singuliers doivent être, s'élève même chez lui jusqu'à une causalité *absolue* du *sujet singulier*; et à partir de là, il n'a ensuite aucune pudeur à parler d'auto-divinisation dans la doctrine qu'il récuse – un extrait de la page 202 : « que les sujets singuliers
411 |doivent se savoir comme étant Dieu »; page 216 : « que les créatures singulières sont elles-mêmes la force vitale absolue » (page 223, il fait en revanche le reproche à la doctrine d'expliquer l'auto-activité comme quelque chose de vaniteux) « et ont *seulement*, de façon hégélienne, besoin de s'affirmer comme esprit absolu pour se savoir eux-mêmes comme étant Dieu ». – *On* doit se garder de qualifier de honte de telles affirmations, du fait de la connaissance qu'*on* a acquise à tant de reprises dans cet ouvrage au sujet de ce mauvais génie précisément évoqué. Là où l'auteur trouve la causalité *absolue* des sujets singuliers, est présente l'expérience déjà mentionnée selon laquelle il est possible à l'homme de se mutiler et de se tuer. « Cette phrase », dit l'auteur page 189, « est *uniquement* exposée *pour* affirmer la causalité absolue du sujet ». C'est une phrase, comme chacun

sait, que les rubriques nécrologiques, et surtout celles « qui paraissent dans les États chrétiens », placent dans toutes les petites annonces s'adressant à un public cultivé. – Mais la relation de l'esprit fini à Dieu est une idée tellement profonde – ou bien même la plus profonde – que la pensée que l'on se fait de celle-ci a besoin de la vigilance la plus scrupuleuse en ce qui concerne les catégories qu'elle y utilise. Dans les *Aphorismes sur le non-savoir*[1] etc. présentés plus haut, ces idées profondes – le savoir de Dieu, le savoir de Dieu en soi, le savoir de Dieu en moi, le savoir de moi en Dieu – ont été traitées de façon réfléchie; c'est le *nutrimentum spiritus*, la nourriture de l'esprit dans un latin quelque peu rudimentaire, et pourtant pas un délice pour l'auteur. En partant de là, il faudrait apprendre à exercer la vigilance la plus aiguë à propos des catégories, tout comme à reconnaître la manière « du penser lourd, c'est-à-dire aussi *paresseux* que *frivole* ». – Dans de telles matières, on n'a pas seulement besoin, par le fait que le penser est en même temps dans ce qu'il y a de plus concret, des déterminations les plus pures de la pensée, mais, en sachant nécessairement que celles-ci ne sont elles-mêmes que des déterminations de la finitude, on a également besoin que ce manque soit aussitôt corrigé. Mais souligner à partir d'une telle présentation des idées la moitié | d'une détermination, 412
c'est-à-dire en laissant de côté la détermination qui la dépasse, qui la rectifie, signifie, pour le domaine spirituel, uniquement se fourvoyer de façon brute avec des catégories fausses. L'auteur n'a même pas conscience du fait que, même s'il forme la proposition (dans l'idée de l'actuosité divine, il n'y a plus de proposition) : les êtres singuliers *sont* la *causalité active* de Dieu, la causalité serait encore une causalité *de Dieu*. Mais si la catégorie « causalité de Dieu » a certes été utilisée dans la métaphysique d'autrefois, si l'expression Dieu est la *cause* du monde (comme Jacobi lui-même attribue encore un grand poids à cette expression) est également admissible au moins dans le langage populaire naïf, c'est autre chose lorsqu'elle vise la signification déterminée de concepts. On dit pourtant également difficilement dans le langage populaire que Dieu est la *cause des hommes* – et les hommes appartiennent pourtant bien au monde –, mais on dit « Créateur des hommes » ou bien également « Créateur du monde » ; on dira encore moins que les hommes, le monde sont un *effet* de Dieu, ce qui cependant correspond à la cause. On ne dit certes pas même des productions de l'esprit fini qu'il en est la cause ; on ne dit pas qu'Homère est la cause de l'Iliade ou que celle-ci est un *effet* d'Homère. Lorsque, de ce fait, on parle de la causalité, on descend dans une sphère finie, extra-divine, qui n'est

1. *Aphorismes sur le non-savoir et le savoir absolu en rapport avec la connaissance de la foi chrétienne*. K.F. Göschel; cf. ci-dessus, p. 87.

pourtant ni abandonnée de Dieu, ni sans Dieu; de sorte que la causalité de Dieu ne peut pas être Lui-même, dans la mesure où il est en et pour soi.

Mais le procédé de l'auteur présente en soi un trait encore plus grossier qu'il convient d'éclairer. Tout d'abord, il parle de la proposition selon laquelle les êtres singuliers sont « la causalité active *de la substance absolue* »; ceci s'intensifie chez lui pour en arriver à la causalité active *de Dieu*, voire, comme nous l'avons vu, à la causalité *absolue* du sujet singulier. Cette élévation est liée à une falsification de grande ampleur à laquelle il a donné pour base le fait qu'il ne suit pas le système dans « le
413 mouvement de sortie » de la substance vers l'esprit. | L'auteur s'accommode à sa façon du concept de relation de substantialité, à la manière dont ce dernier est traité dans la *Logique*, et ceci dans sa deuxième section intitulée « l'essence »; dans la troisième section de la *Logique*, qui traite du concept et de l'idée, sont apparues des formes plus vraies qui se sont substituées aux catégories de substance, causalité, interaction qui n'y ont plus de valeur. Pour la suite, l'idée concrète en tant qu'esprit et l'idée absolument concrète, l'esprit absolu, sont distinguées de l'idée logique et traitées dans une autre partie de la philosophie. Mais, dans cette sphère logique de la substance, l'auteur, page 184, substitue *Dieu* à la *substance* : « L'absolu n'est en tant que substance absolue dans l'interaction qu'une nécessité se différenciant d'elle-même », – ceci, il l'a correctement copié; mais il continue maintenant de cette façon : « l'auto-différenciation est sa vérité » (peut-être la prochaine vérité, mais qui n'est tout au plus que la prochaine demi-vérité), *ou bien Dieu* ne crée pas des êtres singuliers, mais se différencie comme nécessité *aveugle* etc. (après quoi suit également ce qui a été précédemment cité au sujet des êtres singuliers qui sont la causalité active *de Dieu*). À l'inverse, là où l'auteur en vient maintenant, p. 201, à parler de la doctrine de l'Esprit absolu, qui, seul, est *présenté* comme la détermination véritable pour Dieu (pour reprendre l'expression préférée de l'auteur; mais il se produit dans la philosophie et également ici-même [dans la *Logique*] plus qu'une simple présentation : on *prouve*), c'est parce qu'il ne sait pas amener sa capacité de conception au-delà des catégories de la sphère logique de la substantialité. Ce qu'il appelle « la doctrine hégélienne de la Trinité » (qui n'est certes pas saisie en *propositions*, mais où il aurait fallu concevoir *la vie* – voir *Encyclopédie* paragraphe 571 – *vie* qui s'explicite dans le *mouvement circulaire* des figures concrètes de la représentation – ce *syllogisme* de la transition absolue avec soi que *trois syllogismes* constituent), – *cette doctrine* de l'esprit s'expliquant lui-même, il n'en fait « rien de plus » qu'« une appli-
414 cation ornée de quelques *explications* | de la doctrine *exposée précédemment* de l'auto-différenciation de la substance absolue *ou* de l'Absolu dans

l'interaction ». Page 202, il rejette brièvement une partie de cette exposition en disant d'elle qu'elle est un « bavardage » et « qu'elle prend racine dans la misérable doctrine de l'autodifférenciation de la substance absolue ». Mais vient ensuite le détournement de ce qui est à concevoir, le zèle (un zèle qui n'est pas encore en cela à qualifier de sacré pour la raison que l'auteur utilise l'expression de « sacré », issue des doctrines chrétiennes, dans le but d'échapper à la pensée qu'elles n'ont pas besoin de craindre), le zèle contre la maxime de la dégradation qu'il a forgée, contre la diffamation toujours plus transcendante de sorte que ces propos incongrus s'intensifient pour en arriver p. 209 à cette chose édifiante qu'on lit ici même : « Si Hegel *par hasard* ne *veut* pas prier Dieu pour qu'il lui pardonne *ce* péché contre le Saint-Esprit, *d'autres* alors prieront pour son âme ». Pour le péché à propos duquel cette prière pourrait seule s'exercer, à savoir la maxime consistant à dégrader en des catégories de l'entendement abstrait les idées spéculatives de la nature de Dieu et de sa Trinité, à dégrader l'affirmation de l'esprit à la forme de la substance et à dissoudre les personnes, présentées dans leur vivacité concrète, de l'essence divine dans les formes abstraites du concept, de la simple universalité, de la particularité et de la singularité, les « autres » peuvent prier, qui l'ont commis ; ces péchés, on peut les trouver en quantité suffisante dans l'ouvrage de l'auteur. Puisque l'auteur n'a pas dit qu'il a déjà récité la prière dont il parle (et pourquoi, pourrait-on demander, ne l'aurait-il pas déjà récitée s'il prend au sérieux ses histoires de prière ?), qu'il affirme en outre qu'il la fera, alors il est de ce fait épargné à celui pour le salut de l'âme duquel elle devait être prononcée, ce qui serait certes par ailleurs également superflu, de prier Dieu [qu'il] puisse ne pas entendre cette prière qui viendrait d'un tel esprit (ou peut-être simplement d'une âme dont les animaux sont également doués, car elle ne doit être faite que pour une âme), même si cette prière | devait être incluse dans une messe. Si l'on devait **415**
accorder une force à la prière de l'auteur, s'il était plus fort et plus habile dans ce domaine qu'il ne se montre dans la justesse de la conception et de la formulation du juste, il aurait alors une occasion d'utiliser au mieux son habileté à prier pour la *force* qu'il évoque ensuite directement. Après la façon indigne, légère, voire honteuse ci-dessus évoquée d'en appeler à la prière, il ajoute « qu'*ils* » (ces « autres ») « pour cette raison » (pourquoi ?) « ne renonceront pas le moins du monde à s'opposer à tous les efforts visant à dégrader ce qu'il y a de plus sacré (que cette expression de *dégradation* soit née d'un minimum d'habileté à dire ce qui est juste et que l'on a l'habitude d'appeler amour de la vérité a été démontré plus haut – ici, le produit d'un tel amour de la vérité ne rougit pas de se voir mis en relation avec la prière) « de *toute la force* que Dieu leur prête » ; l'auteur et ces

« autres » devraient pouvoir, sans être immodestes dans leur exigence, utiliser leur prière pour multiplier « toutes leurs forces » afin de mettre leur menace à exécution. – *Ora et labora* est le commandement tout entier; toutefois le travail de l'étude et de la réflexion sans aucun doute plus difficile que celui d'ânonner des prières; mais c'est certainement de la prière, laquelle pour être véritable doit provenir de l'esprit de la vérité, que doit surtout être obtenue la bénédiction qui lui a été promise, la première condition de l'étude, la bénédiction de l'honnêteté dans la conception des pensées que l'on veut appréhender et juger et celle de l'honnêteté dans le fait de les restituer.

DEUXIÈME ARTICLE

|Mais, du fait que le recenseur désire et aspire à trouver une issue pour 415
sortir de ce bourbier insondable, | il se rappelle qu'il conviendrait d'abord 416
de parler du commencement. Car l'auteur commence par l'examen du commencement logique abstrait et y revient souvent ; il se laisse également guider vers d'autres matières logiques, selon l'arbitraire et le hasard, et en particulier vers la méthode. Après avoir décrit sa façon de procéder à l'appui d'objets concrets, pour lesquels l'utilisation du gauchissement, de l'inexactitude factuelle et de la diffamation produit chez les ignorants l'admiration la plus criante, la démarche de l'auteur à propos de matières abstraites peut alors être traitée de façon plus concise. D'ailleurs, il est impossible de le suivre dans la manière ou bien plutôt l'absence de manière dont fait preuve la confusion du raisonnement ; l'exposé se fourvoie partout dans un mélange pêle-mêle de formules abstraites, de lieux communs psychologiques triviaux, interrompus par d'onctueuses tirades de sentiments exquis, avec la même paralysie à concevoir et à penser de façon cohérente que celle qui a été présentée. Pour mentionner d'abord quelque chose de ce que l'auteur produit à propos de la méthode de la philosophie qu'il conteste – et en cela il s'assigne une lourde tâche –, c'est ainsi que la représentation exacte qu'il en donne, à savoir que cette philosophie repose totalement sur sa méthode, se transforme alors pour lui en une représentation dans laquelle la méthode n'est en elle qu'un *présupposé* et que, par amour pour la première, les points de départ comme les résultats sont admis d'avance. Nous reviendrons sur les assurances selon lesquelles la méthode présuppose que la vérité a un caractère négatif (p. 39), qu'elle repose « sur le principe d'une réponse par la négative », sur l'abstraction qui présuppose quant à elle (p. 53 et à diverses reprises) qu'on reconnaisse la vérité par *l'omission* de ce qui est *simple détermination de la chose*. Ce n'est en cela pas contre le fait de présupposer lui-même que l'auteur se prononce ; il n'insiste pas sur le fait que dans la philosophie, une présupposition a *simplement* valeur d'autorité et qu'il n'est pas permis à la philosophie, mais seulement à l'Église de fonder la vérité sur l'autorité. Quant à la provenance des présuppositions | que fait lui-même l'auteur de 417
son côté, on le verra par la suite.

Pour soutenir que la méthode est présupposée, il dit (p. 121) : « il est question de la méthode dans la *Logique*, dans la *préface* et dans l'*introduction*, et pour finir dans sa *conclusion*, dans la doctrine de l'idée absolue, et dans cette dernière, elle est considérée comme l'*universel de la forme du*

contenu. À travers ce passage, il est alors très clairement attesté qu'elle a été le moyen de produire toute la doctrine; de plus, *il est attesté* à travers ceci qu'elle a été achevée plus tôt que la science; et enfin, on *pourrait éclairer* à partir de là le fait que l'*on* n'a pas tant cherché à percer le contenu qu'à ordonner au moyen de la méthode un contenu déjà présent ». Si ces données sont tout à fait *attestées*, alors seule une conscience en train de s'éveiller pourrait rabaisser de nouveau le ton de l'assurance à un « *pourrait* ». Dans la *Logique*, que l'auteur cite, comme dans l'*Encyclopédie*, il est dit à plusieurs reprises que l'on parle dans les *préfaces* et dans les *introductions*, c'est-à-dire *avant* d'aborder la science, non pas de manière scientifique, mais de manière historique et peut-être seulement raisonnante; il n'est certes encore jamais venu à l'esprit de personne d'exposer dans la préface et l'introduction les fondements d'une philosophie et tout aussi peu de les y chercher. Mais la *conclusion* contient le résultat; les prémisses qui en forment la base sont contenues dans ce qui précède et, dans le cas présent, dans toute la démarche de la science. Mais si l'on dit dans la conclusion citée que la méthode est l'universel *de la forme du contenu*, et si l'on peut de là attester quelque chose, il ne devrait pas s'ensuivre alors que la méthode a pu être le moyen pour parvenir au contenu, mais que c'est bien plutôt le contenu (pour employer les expressions de l'auteur) qui a été le *moyen* pour parvenir à la méthode. L'auteur pour sa part oppose à cette méthode incriminée l'un de ses concepts : « le connaître lui-même », dit-il (p. 183), « doit atteindre la
418 vérité; la méthode cherche à présenter *la vérité dans sa* | cohérence, dans celle qui est contenue *en elle-même*, qui est donnée par *elle-même*, dans son *développement vivant agencé par elle-même* de cette manière. C'est ainsi que son niveau le plus élevé est donc la *dialectique*, un *mouvement* dans le connaître comme le *devenir*; si *l'activité dialectique du connaître* est achevée, alors la science est là ». Le recenseur ne peut rien faire d'autre que d'applaudir de telles présuppositions, car elles sont ses expressions les plus personnelles, telles qu'on les trouve suffisamment dans sa *Logique* et son *Encyclopédie ;* même *le devenir en tant que mouvement* réapparaît ici; nous reviendrons sur la manière dont l'auteur s'est martyrisé autrefois avec ceci (p. 29); la dialectique également, ce principe *négatif*, a gagné ici chez lui une place d'honneur. L'auteur s'est tellement approprié ces pensées évoquées qu'il s'en vante ingénument comme si elles étaient les siennes, et ceci avec des grands airs, comme s'il avait dit, en en faisant usage, quelque chose *contre* la philosophie qu'il conteste. Si elle met ici cette méthode en pratique en sorte que le contenu se développe par lui-même et que l'auteur le répète mot à mot, il aurait alors dû *avant tout* et *approximativement* (pour parler dans les termes qu'il a l'habitude d'utiliser) oublier d'abord

dans cette philosophie la méthode comme *forme* dans les propositions sur lesquelles il s'étend et en approfondir le contenu; il aurait ainsi pénétré dans la détermination continue de ce dernier et aurait pu alors acquérir la conscience concernant la démarche du contenu, concernant la méthode. Mais l'auteur ne se préoccupe pas de cette autodétermination continue du contenu, ni du fait de savoir si c'est vraiment ainsi que ce dernier se détermine. Généralement, il saisit bien plus ce qu'il lui plaît d'examiner comme *quelque chose d'établi*; à la manière d'un conteur, il cite des phrases et des séries de phrases qui sont déjà *établies* sans se demander si le contenu en lui-même a amené les phrases. Mais c'est un bandeau d'airain (ne serait-ce que sous la forme d'une coupe de cheveux) que le dieu (de l'hypocondrie ? – ou le pouvoir qui, pour lui, a gradué la description de la dégradation de ce pouvoir en une dégradation du ciel – voir article précédent – ?) | lui a noué autour du front pour ne pas voir ce qui est présent. **419**

Il va toutefois être ici totalement infaisable de décrire par le moyen du raisonnement et de la conclusion la méthode propre de l'auteur dans les innombrables inexactitudes factuelles de ses expositions du logique, et dans ses autres fourvoiements. Seuls quelques procédés doivent être soulignés pour compléter la caractérisation.

L'un d'eux, simple, souvent récurrent, est l'assurance qu'il n'est donné absolument aucune preuve pour les propositions qu'il examine. L'auteur utilise une indication quelconque qu'il fait sienne comme fondement pour lequel il n'a pas besoin de donner de preuves à l'appui de ses affirmations. L'assurance qu'il n'y a pas de preuves, il la fait lui-même en racontant dans les détails cette exposition qui en constitue la preuve; à la manière dont sont rédigés de tels extraits, il n'est certes pas possible de s'apercevoir qu'ils sont une preuve. – Ainsi on trouve p. 114 : « à propos de l'*essence*, il n'y a pas la moindre explication ». L'explication de ce qu'est l'essence constitue, comme l'auteur le sait bien, un tome propre de la *Logique* qu'il critique. Il est tout aussi facile d'affirmer, comme par exemple p. 169, après avoir raconté l'exposition des moments du concept, singularité, particularité et universalité, en fait assez négligemment : « *Mais il est clairement évident* que ces moments n'ont pas été conçus selon leur concept essentiel ». On pourrait estimer que c'est une chance si cela était évident car l'auteur ne se montre pas en état de pouvoir le prouver. Après que quelque chose a été produit contre un objet, une tournure rhétorique éculée ne manque pas non plus de s'épanouir bientôt en un : *comme il en a résulté maintenant*, (p. 216) il en a *résulté* ainsi *assez clairement* que cette *doctrine* n'a *absolument aucun sens raisonnable*. Pour s'accorder avec un tel « *absolument aucun* », il faut en fait plus qu'un simple « *ainsi assez* ». La plus grande satisfaction, l'auteur la trouve dans la découverte par

laquelle il commence, à savoir que la philosophie qu'il critique se
420 |comporte *en abstrayant*, qu'elle procède *en niant* et qu'en elle, la vérité a un caractère *négatif*. Les propositions qui sont *établies* dans la *Logique* à propos de l'être et du néant le préoccupent beaucoup ; il prend en particulier le néant très à cœur et parle très sérieusement à son propos « du devoir de l'examiner au plus profond », « du but de son ouvrage consistant à encourager le penser rationnel, spéculatif ». À propos de la confusion dans laquelle se perd ici l'auteur à propos de ces catégories qui sont les plus simples de toutes, nous voulons par conséquent donner plus de précisions. On trouve p. 26 : *Devenir* est présenté comme le mouvement d'une disparition immédiate de l'un dans l'autre (de l'être et du néant) ; l'auteur fait à ce propos la critique du fait que l'on affirme déjà, lors de l'explication du premier concept de l'être, *avant même qu'*il ne soit question du devenir : l'être est en fait néant, – il pouvait trouver la même chose dans toutes les parties de la *Logique*, à savoir qu'il est *d'abord* question de la détermination de laquelle une autre résulte, et *seulement après* de celle qui en résulte. De la même façon il remarque (p. 27, 29) que l'être est déjà en soi néant *avant même que* le néant n'ait été explicité en soi et *avant même que* ne soit posé le mouvement affirmé dans le devenir ; – un peu de circonspection dans sa façon de penser aurait pu lui dire que même ce qu'il cite, l'ordre des pensées, à savoir que l'*être* (qui doit tout simplement être différent du néant dans la représentation) est *déjà* néant *en lui-même*, est précisément ce mouvement lui-même qui ne peut donc pas être déjà posé à partir de lui-même, qu'il est « cette activité dialectique du connaître » qui a déjà été évoquée par l'auteur lui-même ; et lorsque, p. 29, « l'ingénu doit dire : l'être a donc déjà été réduit *à néant avant même* qu'on en soit venu au néant », l'auteur pourrait alors amener cet ingénu prodige pour lequel quelque chose aurait pu être réduit *à néant*, *avant même* et par conséquent *sans qu'*il soit au *néant* de celui-ci. Page 204, l'auteur parle, en s'opposant à la nature élémentaire et concrète, d'une *nature éthérée* et fait à la
421 philosophie qu'il conteste le reproche qu' | « il ne soit pas question en elle de "*nature éthérée*" » (« ce qui » est « facilement explicable » – mais peut-être bien plus pour la raison opposée à celle que l'auteur a à peu près dans l'esprit) ; ce qu'est cette « nature éthérée », il ne l'a d'ailleurs pas précisé. Mais les maigres régions de la pensée abstraite sont certes encore plus éthérées que la nature éthérée de l'auteur ; la moindre nuance se fait déjà remarquer comme différence, et une phrase qui n'a encore que très peu de contenu est déjà une action à propos de laquelle et à propos des moments de laquelle il est nécessaire d'avoir une conscience dans ce domaine. Pourtant nous venons juste de voir que l'auteur lui aussi sait faire de si maigres différences qu'il n'en reste rien ; c'est ainsi que plus loin, p. 30, il fait la

subtile différence selon laquelle la *disparition* du néant et de l'être est autre chose *en soi-même* que la disparition *de l'un dans l'autre*; – cela aurait pu sans aucun doute devenir intéressant s'il avait montré comment on pouvait par exemple penser la disparition de l'être en soi, c'est-à-dire sa réduction à néant sans penser en même temps à son autre, le néant, – la manière dont l'être en soi disparaît et dont son autre reste à l'écart de ce processus.

S'il avance là même précisément que la disparition de l'un dans l'autre est précisément la *preuve* que ni l'être ni le néant ne sont, il ne voit pas qu'il énonce par là même l'une des déterminations qui est *établie* dans la *Logique*, à savoir que ni être ni néant ne sont (τὸ ὂν οὐδὲν μᾶλλον τοῦ μὴ ὄντος) [1]; lorsqu'il ajoute qu'à l'inverse tous deux, être et néant, sont la *preuve* que la disparition n'est pas, il présuppose alors à l'inverse la *solidité* de l'être et du néant, tout comme il présuppose auparavant la disparition et que, pour ce faire, il n'a pas même besoin ni d'un être ni d'un néant. Lorsqu'il continue en disant que le devenir lui-même est une disparition, qu'il se nie, ceci est alors de nouveau une des déterminations de cette *Logique* elle-même, mais toujours seulement de *la même* et qu'il déclarait en cela univoque. Mais il a surtout beaucoup à faire avec le néant qu'il | s'est représenté auparavant comme étant autonome et qu'il a utilisé **422**
ainsi en tant que *preuve* du fait qu'il n'existe pas de disparition. – Le néant est néant. Le néant n'est absolument pas (et ainsi *ex nihilo nihil fit*) est la phrase des Éléates et de ce panthéisme métaphysique. Le néant, dit l'auteur p. 59, « personne ne l'a jamais *vu* » (vraisemblablement pas, – pas non plus le néant à partir duquel Dieu a créé le monde; quelqu'un a également difficilement pu voir un morceau d'obscurité égyptienne devant être gardé dans une bouteille en tant que relique) « *aucun* homme ne l'a jamais *pensé* » (même page). Comment *l*'auteur en arrive-t-il à penser que l'on peut croire ceci sur la simple *autorité* de ce qu'il *assure* ou, s'il préfère, de ce qu'il *stipule*? Si philosopher ne revenait qu'à assurer, ce serait alors certes un travail facile. Comment en arrive-t-il à parler « d'*aucun* homme jamais »? Sait-il tout de *tous* les individus humains qui ont *jamais* vécu? Pourrait-il indiquer l'endroit où est consignée l'histoire de tous ces gens et ensuite de tout ce qui leur est jamais passé par la tête! S'il était pareillement permis d'assurer ainsi en pénétrant dans l'intimité de *tous* les gens qui ont jamais vécu, l'histoire serait alors un travail facile. S'il ne s'agit que de tirades vides, on peut se permettre de formuler des assurances comme *aucun homme jamais*. On pourrait rendre plus facilement plausible, au moins d'une façon raisonnante, mais pas de façon historique, le fait que tous les gens, l'auteur par exemple également, ont pensé le néant; celui-ci ne se laisse pas voir; si nous admettons cela à partir de

1. « L'être n'est rien de plus que le non-être ».

l'expérience, on pourrait alors déduire qu'il est une *pensée*. L'auteur ne parle que trop du *néant*. S'il dit alors, comme il l'a écrit plus haut : « les exemples (dans la *Logique*) ne prouvent également *rien* », ceci a-t-il été formulé ainsi seulement par manque de pensée ? Sans doute l'auteur a également appris, croit, a peut-être même enseigné que Dieu a créé le monde à partir du *néant*. Ceci est-il formulé également seulement sans avoir été pensé ? Par une telle phrase, à savoir que Dieu a créé le monde à partir du *néant*, on ne se débarrasse pas si facilement du néant pour avoir
423 besoin simplement de dire : personne n'a | vu le *néant*, *aucun* homme ne l'a *jamais* pensé. L'auteur va (p. 59) si loin dans son zèle que tous deux, tant l'*être* que le néant, ne sont ni des concepts (qu'ils ne sont pas des concepts mais seulement des pensées, c'est là une proposition de la *Logique*) ni des représentations, mais de la manière dont ils sont *exposés*, de simples *mots*. Pourtant il n'attribue pas même ce manque à l'exposition de la Logique, mais dit de lui-même (précisément là plus haut) que « le néant *doit* toujours rester simplement une *désignation* et ne peut *jamais* avoir de *signification absolue* ». Le mot *absolu* est certainement ici simplement pour sa belle sonorité ou également sa sonorité *profonde* ; une signification relative qui pourrait rester au néant suffirait à être le contraire de ce que l'auteur veut dire. Mais si, ce sur quoi l'auteur fait porter le *doit* de son autorité reste une désignation, un mot, alors on se représentera pourtant quelque chose et avec beaucoup de chance on en pensera également quelque chose, même si ce quelque chose était simplement le néant ; même l'auteur saura différencier le néant d'un autre son privé de sens, ou d'un mot significatif, et sans aucun doute uniquement par la signification. L'auteur, p. 96, indiquant tout à fait justement que la raison ne reconnaît pas le néant, s'objecte que le *devenir* cependant, puisqu'il vient de l'être et du néant, contient à la fois l'être et le *néant*. Il présente à ce sujet comme « l'une des réponses » ce qui a déjà été évoqué plus haut (l'autre réponse doit être donnée après) : l'être et le néant hégéliens ont déjà disparu *avant* que l'on n'ait pensé à un devenir. – L'auteur aurait pu oublier ce qu'il advient de ceci dans cette *Logique* pour ne penser que conformément à une analyse habituelle à ce qui est contenu dans *sa* représentation du devenir. À ce propos, on trouve p. 141 au moins cependant assez pour pouvoir lire : « on peut ainsi *certes* dire que devenir est *autre* que le simple être parce que l'on pense par devenir *plus* que par être ». Nous avons ici ainsi au moins d'abord l'être auquel il déniait auparavant également l'être, – ensuite un *autre*, on y trouve pourtant bien une négation, et par là *plus* dans le devenir
424 que dans l'être. | Que serait ce *plus* d'autre que le néant ? – On comprend de soi-même que dans les représentations de l'auteur, comme on s'en souvient, tout autant que dans celles de tout autre se soient glissées les

catégories de l'être et du néant; il serait ridicule de vouloir apporter des exemples supplémentaires à partir de son exposé. L'auteur qui est choqué comme tout autre par le fait que le néant puisse être considéré en tant qu'*élément universel*, veut se soumettre à l'exigence de trouver quoi que ce soit où ne se trouverait pas la détermination du néant, celle d'un négatif, d'une limitation. On admet assez facilement de telles choses du fini, mais on a plus de difficultés en présence de l'infini dans son sens affirmatif. On doit rappeler l'autoaliénation de Dieu, en vertu de laquelle il a pris la forme d'un serviteur, à ceux pour lesquels des vérités assez hautes ont encore quelque valeur; mais qu'en général, la détermination du *négatif* soit présente dans l'esprit, dans l'activité etc. – malgré l'affirmation la plus intense –, ceci est à rapporter à la *Logique* où, également, cette abstraction de Dieu, à laquelle se tient la façon théiste de le représenter, est éclairée comme l'*essence la plus haute* dans sa négation résolue en lui. – Ce à quoi cela reviendrait serait d'avoir montré que : l'être connu et le néant, et ce encore avant toute considération dialectique, seulement de la façon dont on parle d'eux pour eux-mêmes, doivent être logiquement *déterminés autrement* que de la façon dont ils sont *présentés* dans la *Logique* contestée. Là-dessus on aurait pu être curieux de savoir ce que l'auteur aurait à peu près donné comme définition du seul être, car il ne veut rien savoir du néant; mais il s'en est bien gardé. Ceux qui trouvent une difficulté dans le commencement de la science, comme cela était le cas pour lui avec cette *Logique*, peuvent, à titre d'essai, s'essayer à la tâche de définir l'être, seulement l'être dans son abstraction parfaite; la difficulté qu'ils trouveront dans l'accomplissement de cette exigence scientifique pourrait peut-être les réconcilier avec cette difficulté.

L'autre réponse originale à la question de savoir si l'être et | le néant 425
sont contenus dans le devenir, est (également p. 95) de dire que, conçus de façon absolue (que doit signifier ici la conception *absolue* ?), ce n'est pas le néant, mais un *changement* qui est contenu dans le devenir. Mais la manière dont un changement du passage de l'un dans l'*autre* diffère, la manière dont un changement, entre autres les changements qui sont appelés *naître* et *périr*, existe sans contenir rien de *négatif* en soi, l'auteur s'est pareillement bien gardé de le dire; c'est à ceci que se résume sa performance, en l'occurrence d'avoir mis à la place du *devenir* le mot *changement* et d'avoir fait en cela un jeu de mots complètement creux. Il ajoute pathétiquement : « Il se peut que *ce changement ne* soit *pas* souvent *perçu* (!) par nous, la façon dont *tout* se renouvelle et se renouvelle encore peut nous échapper – nous ne *rencontrons* nulle part de néant, il n'est nulle part ». L'auteur prononce ici la phrase d'*Héraclite* : *tout est un devenir*

(voir *Logique*, premier tome, premier livre, p. 24[1]). – Il ne manque jamais de ne pas[2] dire que ce que l'auteur produit avec onctuosité comme sa propre sagesse et prêche avec prétention est présent dans la philosophie qu'il attaque très violemment et contre laquelle il produit ceci. Le renvoi à la *Logique* qui vient d'être fait n'est de ce fait pas adressé à l'auteur car il devait bien savoir que ce qu'il produit y est présent. Cependant il faut également ici être équitable en évoquant le fait que l'auteur a été *à sa façon* assez juste en disant, ici ou là, que l'on pouvait trouver quelque chose de ce *genre* chez Hegel lui-même. Ainsi dit-il p. 89 : « *Même Hegel a concédé* que *le fait d'abstraire* ne pouvait pas *tout*, qu'*il* (à la place de on) *est en soi imparfait* ». Il faut seulement remarquer à propos d'une telle citation qu'il ne s'agit ici ni d'une simple *concession* de Hegel, ni d'un *même*, ni non plus d'un *pouvoir-tout* ou d'un *ne-pouvoir-tout* de l'abstraction, ni simplement d'une *imperfection* de cette dernière, ni du fait qu'elle soit seulement *en soi* imparfaite. Là également où l'auteur fait comme s'il
426 concédait quelque chose, il le fait | d'une façon tellement plate et fausse qu'on ne peut pas accepter la manière dont il le concède, mais qu'on devrait le corriger de multiples façons. Au même endroit, p. 94 et suivantes, il dit de la même façon : « *La nature* (!) également ne peut ici jamais se renier complètement (!) à la manière dont le montre la doctrine hégélienne elle-même ; le commencement absolu et plusieurs » (bien plutôt tous) « commencements de doctrines spéciales sont niés par les moments qui suivent immédiatement, parce qu'ils ne sont rien ». – Le néant, sait l'auteur, n'arrive seulement qu'au tout premier commencement ; là il est accompli une fois pour toutes et ne réapparaît jamais. C'est la nature de l'auteur, qui ne se renie pas, d'omettre la chose principale, l'affirmation, en prenant en compte les développements et les résultats, et de ne concevoir de façon naturelle et sans esprit que le fait de nier. Il s'étend précisément longuement sur cette abstraction et sur ce fait d'abstraire : « Si », dit-il (p. 48, 53, 65 et il répète même encore souvent cette sagesse), « je laisse de côté des déterminations, *mais que les choses ont ces déterminations*, je *ne reconnais alors* manifestement *pas ces choses*, car je leur enlève des déterminations qu'elles *ont effectivement* ». Qui a jamais douté de cela ? L'auteur aurait dû se souvenir lui-même le plus possible de cette vérité, vu ses relations historiques à propos de la philosophie avec laquelle il veut familiariser ses lecteurs. Il n'est pas possible de le suivre dans les errements relatifs à la manière dont il présente *le fait de nier* dans le processus dialectique. Son absence de conscience à propos de la négation dans un

1. Cf. *Hegel Werke*, t. 5, p. 84 (*La science de la logique*, *L'Être*, *op. cit.*, p. 60).

2. Deux versions du texte sont disponibles : « dass das … » et « dass nicht das ». La seconde version nous semble plus conforme à l'esprit du texte.

développement va loin; p. 53 il assure par exemple avec son emphase habituelle : « le *passage* du penser habituel au penser spéculatif ne consiste pas dans *le fait de nier*, mais dans une élévation à une vue plus haute ». Gagné ! Mais si une *élévation* arrive maintenant sans un départ, y a-t-il un *plus haut* sans un *ne pas*? Est-ce que le fait d'omettre, de nier, de faire abstraction n'y sont donc pas contenus ? Mais cela va au-delà d'une absence de conscience, lorsqu'il donne toujours à son emportement incontrôlé la position d'un zèle contre la philosophie à laquelle son zèle emprunte les phrases et les paroles et à laquelle il rend également le témoignage p. 95
(après le | magnifique discours : « *le penser rationnel vit cependant dans le* 427
royaume des pensées vivantes effectives ») qu'elle « *ne* contient pas, ne se développe *pas* selon *le côté abstrait*, mais selon ce côté qui contient la *totalité* concrète » (il en a tiré ce mot totalité et en a fait son préféré, mais simplement en qualité de mot). L'auteur ne pouvait donc pourtant pas *omettre* d'évoquer le fait que la *Logique* qu'il combat montre d'un bout à l'autre la nullité des abstractions et que ceci constitue l'un de ses aspects les plus importants; mais l'auteur en tire ceci que la forme de l'abstraction, l'universel en général est une nullité. Elle montre à partir de là qu'elle *rejette* ses propres productions (c'est vers cela seulement que tend le processus pour l'auteur), « cherche à s'enfuir *devant* eux (bien plutôt toujours *vers* et à partir de) dans le royaume des *pensées effectives* ». Une telle fuite serait déjà superflue pour la raison que des productions « du *processus selon la totalité concrète* » qu'il attribue à cette *Logique* sont pourtant déjà certainement des pensées effectives; – mais l'incohérence des pensées de l'auteur est si grande! – Sa tentative (p. 51 *sq.*) « pour expliquer plus précisément le principe d'abstraction et le donner à comprendre de telle façon qu'en lisant, aucune connaissance des sentences de certaines philosophies ne soient présupposées » constitue un chef-d'œuvre d'exposition.

« *La philosophie n'est pas un secret, elle est une intense activité de la raison humaine. Elle aspire à apporter de la lumière dans nos connaissances* », etc. Ce que cette emphase produit comme vérités, on peut le constater ici même; on ne peut tirer qu'une chose de cela. Page 54, l'auteur présente une différence entre le *fait d'abstraire* comme action subjective et le *fait effectif de nier*; il en trouve la source dans le fait que « la première est quelque chose d'arbitraire, de faux, tandis que le fait effectif de nier n'est pas faux ». L'exemple ajouté va certainement « apporter de la lumière dans cette connaissance » : « Si *je* dis » (l'anxiété que l'on aurait peut-être pu avoir
devant le *fait effectif de nier* s'atténue à travers cela; | c'est pourtant seulement 428
un *dire*) « par exemple que la terre n'est pas carrée, ceci n'est alors *pas faux*; si je laisse à l'écart de la représentation de la terre la représentation de sa rondeur,

elle reste pourtant ronde, ma représentation de la terre est donc proprement fausse et je sais *par mon omission moins de choses qu'auparavant* ». – À propos de la différence entre le *fait effectif de nier* et celui d'abstraire, on sait selon l'explication de l'auteur certainement aussi peu de choses qu'avant, tout au plus ceci : si je nie l'inexact, alors en cela je suis exact, mais si je nie l'exact, alors en cela je suis inexact. Mais il faut concéder à l'auteur qu'il a tenu sa parole d'être tellement compréhensible qu'aucune connaissance des sentences de certaines philosophies n'est requise du lecteur pour saisir de telles vérités ; il faut avouer qu'« une philosophie de cette sorte n'est pas un secret » ; mais il est permis de douter qu'une telle sagesse soit un produit« de l'activité de la raison humaine » ! – Le canon présenté selon lequel « le fait effectif de nier n'est pas faux » est cependant également dangereux ; car si quelqu'un niait *effectivement* quelque chose de l'œuvre de l'auteur, c'est-à-dire s'il *disait* qu'il y a dans l'œuvre de l'auteur une quelconque valeur morale et intellectuelle, ce ne serait alors pas faux selon le droit canonique de l'auteur. Cependant, si l'on trouve dans l'exemple de l'auteur la formule suivante : « si *je* dis », aurait-il peut-être voulu par là garder seulement pour lui seul le fait effectif de nier ?

On croit par ailleurs que le penser, la production de l'*universel* n'a pas lieu sans abstraction, que toutes les choses *universelles*, les espèces, l'homme, l'animal, etc., également la totalité concrète que l'auteur a englobés etc. contiennent en elle l'ingrédient de l'abstraction. Mais l'auteur voit seulement, par le fait d'abstraire, tout devenir *néant* ; il en dit partout le plus grand mal : qu'on *a déjà souvent remarqué* (p. 83) « que les idées les plus profondes ne se laissent pas concevoir de façon abstraite, que dans l'aspiration à les concevoir de façon pure, se montrent dans l'âme les
429 *représentations qui les accompagnent* | (les frasques qui viennent partout à l'esprit de l'auteur en sont des preuves) » ; p. 90, « que l'abstraction, lorsqu'elle doit produire l'*universel*, ne produit que des absurdités ». Malgré son aversion contre le fait d'abstraire ou bien plutôt par amour pour elle, il se laisse aller à une explication de ce qu'est le fait d'abstraire : « *Mais parce que* » (dit-il p. 54) « *on a abstrait déjà une fois, parce qu'on a même* (?) abstrait d'une façon absolue, l'abstraction doit donc, parce qu'elle a été présentée comme une *activité humaine*, être également expliquée à partir de *l'activité humaine* ». On le voit, l'auteur est si juste qu'il accorde également encore au fait d'abstraire une certaine valeur et s'en préoccupe en l'expliquant, et ce pour la simple raison que l'on a déjà abstrait une fois ; l'explication elle-même est bien trop compréhensible pour avoir besoin d'un éclaircissement. Mais on doit encore évoquer plus précisément un autre point auquel s'attache l'auteur et dont il tire grandement vanité, à savoir son exposition des moments du concept, de la

singularité, de la particularité, et de l'universalité. Page 106 et suivantes, il rabaisse la présentation qui en est « donnée dans la logique hégélienne », comme on l'a déjà vu : il dit qu'il est clair qu'ils n'ont pas été conçus selon leur concept essentiel ; à savoir, *l'identité affirmée* de ces moments n'exprime rien de plus que le fait que ces moments *s'accordent bien ensemble*, et *reste* une *simple affirmation* qui ne dépassera jamais le fait que le singulier *reste* singulier, le particulier particulier, l'universel universel. – Même la version tout à fait dénaturée que l'auteur donne de cette exposition montre que l'identité exprime plus que la simple platitude d'un accord ; l'identité (et certes, comme toujours, non pas l'identité abstraite, mais l'identité concrète qui a la différence des moments en elle) est montrée comme *inséparabilité* de ces moments, et plus précisément comme l'inséparabilité de *chaque moment lui-même* vis-à-vis des autres, ce qui en constitue leur dialectique, de sorte que le singulier *ne reste pas* singulier, le particulier particulier, l'universel universel. L'auteur qui assure ici | que l'affirmation ne dépassera jamais le fait que le singulier reste 430
singulier etc. a pour sa part livré à sa manière, p. 66 et suivantes, un tour de force à propos de ces déterminations. Par ce tour de force il pose « comme fondement *l'être l'un dans l'autre nécessaire* du singulier, du particulier et de l'universel » et dit clairement à sa manière : « le singulier en et pour soi *ne pourrait ni être ni être pensé, s'il n'avait pas de particularité* » etc. ; de sorte qu'il en arrive à dire après son explication (p. 67) : « le *particulier vient* de ce fait du singulier, le particulier *devient* universel en se posant comme le principe de la singularité dans la particularité en tant que telle ». *Où reste* ici le *fait de rester* singulier en tant que singulier etc., fait de rester au-delà duquel on ne peut pas aller ? Comment l'auteur pouvait-il donc contredire cette inséparabilité au moyen de cet être l'un dans l'autre nécessaire des moments dont on a parlé ? Il se présente ici comme toujours en faisant sien ce qu'il a appris et il diffame précisément ce qui se trouve dans la logique d'un autre, pour autant qu'il en parle. L'auteur continue à partir de là, il se laisse aller à *déduire* huit formes de relation entre le singulier, le particulier et l'universel – à sa manière, c'est-à-dire pour autant que l'on reconnaisse d'une part qu'il présuppose tout simplement des relations qu'il a trouvées dialectiquement démontrées, et d'autre part que l'auteur s'est réservé pour lui-même la compréhension de ces formes dans lesquelles au moins le recenseur n'a pas à aller voir de plus près.

Il fallait simplement comprendre que l'auteur a voulu en cela raviver d'anciennes formes logiques ; l'une de ses formes, dit-il, correspond au *dictum de exemplo*, une autre au *dictum de diverso*[1], etc. Il introduit en

1. « en se conformant au modèle établi » ; « en adoptant le point de vue opposé ».

outre le « petit vers » : *S vult simpliciter verti, P verte per accidens*[1] etc. C'est la seule trace dans tout l'ouvrage qui prouve que l'auteur s'est occupé autrefois de quelque chose de scientifique; on a difficilement fait cours depuis cinquante ans au moyen de ces expressions éculées de la vieille
431 logique scolaire dans une école protestante | ou une université. Mais pourtant, l'auteur s'est laissé aller à jouer l'élégant contre cette ancienne logique; p. 96 il dit lors d'un de ses accès contre l'être et le néant : « absolument rien ne pourrait suivre l'être hégélien *de manière logique* ou, pour ne pas être *soupçonné* de faire qu'ici l'expression logique ne *puisse se rapporter* simplement qu'à la *logique scolaire habituelle*, *de manière spéculative – dialectique* » etc. L'auteur ne parle donc rien de moins que du *spéculatif-dialectique* ! Dans l'un des épigrammes[2] encore sans concession, on dit à quelqu'un qu'il pourrait volontiers se dispenser de délicatesse morale s'il respectait les dix Commandements, ne serait-ce que de façon indigente; on pourrait également souhaiter à l'auteur de s'être davantage fait *soupçonner* de suivre la logique scolaire habituelle. Mais la fidélité avec laquelle l'auteur a également retenu le cours de logique scolaire peut être mesurée à l'aune de ce qui suit où il déclare p. 75 : « Les modi habituels de la *deuxième* figure sont exprimés de façon particulière, ceux de la *troisième* par le fait de nier » (par cette confusion entre la deuxième et la troisième figure, l'auteur montre ou bien une méconnaissance de la logique scolaire, ou bien, ce qui serait encore plus grave, l'emprunt de la position des figures à la logique hégélienne; c'est en effet dans cette dernière seulement qu'est présentée en tant que deuxième figure ce qui est la troisième figure dans la soi-disant logique scolaire (c'est le cas également dans la logique aristotélicienne) et inversement. De la même manière, ce qui suit à propos de la réduction à la *quatrième* figure constitue un témoignage des études scolaires de l'auteur), – et cela correspondrait, si l'on allait *plus au fond* des choses, tout à fait à *sa* présentation; dans les *modi en soi*, de tels résultats de l'activité syllogistique seraient exprimés, qui se laisseraient réduire à la *quatrième* figure selon le « petit vers » cité plus haut. D'où l'auteur a-t-il tiré l'idée de raviver des formes syllogistiques inusitées ? Dans la logique qu'il critique, il a trouvé un renouveau
432 et une rationalisation de celles-ci. Il en vient même | à en parler plus loin (p. 75) en affirmant que toutes les conclusions se montrent en tant que *moteur*, que la syllogistique est le *moteur du concept* pour qu'il se réalise totalement en lui-même; on trouve plus loin p. 79 : « Le concept absolu *se pose comme principe* et celui-ci est le *concept spéculatif* du jugement »;

1. « S veut s'y consacrer avec simplicité; P, consacre-toi à ce qui arrive ».

2. Cf. les *Épigrammes* de Goethe et Schiller, n°228 : « Le cœur modeste », in *Goethe-Schillers Xenien* (1797), Leipzig, 1895.

p. 80 : « Dès que le concept en général est là, le jugement est *sa prochaine activité* ». Pour ce qui concerne le singulier, il n'arrête d'ailleurs pas de répéter qu'il se *manifeste* par des particularités. C'est ainsi qu'il parle (p. 81 *sq.*) d'une relation de la forme et du contenu de telle façon que ce concept et le contenu de cette forme sont de nouveau ce qui a été posé par le concept comme étant là et sont l'essence de la chose de sorte que le contenu posé ainsi par la forme correspond parfaitement à la forme. À propos de ce dernier point, il ne se ridiculise pas à ajouter que forme et contenu ne *voudraient* pas être de ce fait, comme Hegel le *croit*, une détermination de la réflexion du fondement. Ici également, comme à son habitude, il expose de telles déterminations, qui sont totalement empruntées à cette seule philosophie, comme s'il disait par là quelque chose qu'il lui opposait. *La vérité en la repoussant, on l'embrasse*[1], – si l'auteur *voulait* encore écrire une demi-douzaine d'ouvrages polémiques contre cette même philosophie, il *pourrait* alors courir le danger de s'en approprier encore six fois plus, peut-être même d'en être si fort contaminé qu'il en serait poussé à avoir l'honnêteté de reconnaître cet emprunt. Si nous ne faisons pas valoir l'hypothèse évoquée plus haut d'une mauvaise hypocondrie, qui, comme on le sait, voit tout ce qui lui est extérieur comme faux et opposé à elle, s'attribue à elle-même ce qu'elle en a reçu et a l'habitude de le retourner de façon rebutante contre ce dont elle l'a reçu, il serait alors encore plus rebutant de faire une autre hypothèse pour expliquer un manque de conscience tel que celui dont il fait preuve à propos de la relation des propositions et représentations thétiques de cet ouvrage à l'égard de la philosophie contre laquelle il polémique. Certaines choses sont si fréquentes chez l'auteur | (il souffre certainement en général du défaut des 433
mauvais écrivains, à savoir de répéter un nombre incalculable de fois dans leur confusion le peu de choses qu'ils ont intégrées) que l'*on* en arrive à la supposition que si cela est devenu si fréquent chez lui, c'est par une autre forme d'enseignement que la lecture ; un dicton des épigrammes[2] a alors ici également d'autant plus de valeur :

On n'a pourtant jamais encore vu des crapules reconnaissantes vis-à-vis de l'aubergiste !

La gravité à laquelle on en est déjà arrivé dans la contamination de l'auteur peut être encore démontrée p. 129 par le passage suivant : « à travers la *méthode* en général, la *connaissance rationnelle* se *développe* pour devenir *science*. Seule la *certitude* que ce qui est *vraiment rationnel* est aussi le *principe des choses* en général » (ce qui est répété par ailleurs p. 130, 136), « peut *autoriser la raison humaine à vouloir considérer les*

1. En français dans le texte.

2. *Épigrammes* de Goethe et Schiller, n°216 : « À plus d'un ».

choses en soi et la connaissance rationnelle saisit le rationnel en toute chose ». *Macte virtute puer* ![1] a-t-on ici envie de dire à l'auteur en l'interpellant et on s'étonne simplement de voir combien d'autres choses trouvent encore de la place dans une telle tête. Le recenseur, et non pas l'auteur, cite à propos de ces phrases la *Phénoménologie* p. 174[2] où l'on trouve : « la raison s'enquiert de savoir la vérité ; … elle a … un intérêt universel pour le monde parce qu'elle est la certitude d'avoir en elle du présent ou du fait que le présent est rationnel ». Pourtant il ne peut s'agir de simples passages sur l'avis de cette philosophie à propos de la raison.

Mais nous quittons enfin également la polémique philosophique et les exercices philosophiques de l'auteur ; pour compléter la caractérisation, il conviendrait de parler plus précisément des nombreuses frasques qu'il y mêle et finalement des excellents propos parénétiques déjà évoqués. L'exposé de l'ouvrage est semblable à celui d'un prédicateur qui a l'intention, manquant totalement de formation intellectuelle, de vouloir être fondamental, profond et magnifique. Le manque de culture ne fait
434 |apparaître aucune vue d'ensemble et aucun ordre ; si les vannes sont ouvertes d'un coup, tout se déverse dans une confusion enivrante, qui se saisit, à droite et à gauche, de tout ce qui lui vient à l'esprit, le répète avec gêne, n'a pas dépassé au milieu ce qui a été dit au commencement, a oublié dans le cours du processus ce qui avait été dit précédemment et se remet de l'effort amer et du fait d'avoir été bousculé par l'agitation exaltée dans le doux fleuve de tirades nobles et mielleuses.

À propos des frasques, on pourrait citer le lien instauré par l'auteur entre la philosophie hégélienne et ces *Annales de la critique scientifique*. L'auteur ne s'est pas épargné la peine de parcourir par milliers les pages de ces annales jusqu'à ce qu'il ait trouvé un passage qui lui donne des éclaircissements ; p. 1480, il en trouve un de cette sorte qui est dirigé contre certains théologiens (l'auteur dit p. 199 « une position à qui l'on confie ce qu'il y a de plus sacré » – dans l'Église protestante, on confie la même chose de façon semblable aux laïcs –, « qui compte tant d'adhérents dignes » – dans la même Église, digne non pas par le rang, mais seulement par la science et la conduite). Il pointe le doigt sur ce passage et en tire à sa façon des conclusions – conclusions à propos desquelles les Annales se justifient elles-mêmes ; « à l'institut lui-même », est-il dit p. 10, « *nous* souhaitons » (l'auteur) « une véritable prospérité ; la publicité et la participation de savants le *distinguent* » ; l'aspect négligé du style n'a pas particulièrement besoin d'être blâmé dans un tel ouvrage. – Nous omettons d'autres frasques (par exemple la note historique selon laquelle Frédéric

1. « Bravo l'enfant ! ».

2. Cf. *Hegel Werke*, t. 3, p. 185 *sq.* (=*Phénoménologie de l'esprit*, *op. cit.*, p. 183 *sq.*).

von Schlegel a été un professeur de Hegel, ce par quoi au moins l'origine de la philosophie hégélienne devrait peut-être être revendiquée par une certaine Église); l'inexactitude de l'auteur dans le domaine historique a suffisamment été documentée. Une seule frasque peut encore être citée, dans laquelle l'humour de l'auteur s'intensifie pour devenir bouffonnerie; il en vient p. 197 aux citations – qualifiées par lui de *défense* du panthéisme – |d'écrivains orientaux[1] qui se trouvent à la fin de la deuxième édition de 435
l'*Encyclopédie*. « Il est très caractéristique » (! ?), dit-il p. 198, « que Hegel *se soit référé* ici à la grossière poésie musulmane – à une époque où *les chrétiens combattent les incroyants* ». L'auteur aurait dû consulter la chronologie, il aurait alors trouvé que cette seconde édition est pour le moins parue avant le déclenchement des hostilités entre les Russes et les Turcs; que les recueils pour partie excellents et pour partie méritoires des meilleurs morceaux de la poésie orientale, de l'un desquels sont issus ces passages, ont été publiés à l'époque où la guerre de libération des chrétiens de Grèce contre les infidèles était déjà commencée, que de telles informations ne cessent d'être publiées; – ou bien l'auteur se tient-il tout à fait à l'écart de l'actualité littéraire? Il aurait dû surtout penser à quel point un ouvrage plein de confusions, d'absence de philosophie et de méchant zèle tend bien plutôt la main aux Turcs et leur procure une aide.

Nous concluons enfin avec les louanges méritées pour les sentiments les plus nobles dont les éruptions ne traversent pas seulement tout l'ouvrage, mais qui le concluent aussi naturellement avec l'épiphénomène le plus brillant. Partant de l'immense exaspération décrite et du courant de l'inexactitude factuelle, de son caractère universellement erroné et de son gauchissement, il s'achève *quasi re bene gesta*[2] dans un fleuve onctueux de doctrines et d'encouragement excellents; quelques gouttes seulement de ce courant final qui s'écoule sur plusieurs pages. On trouve p. 230 : « La tâche de notre temps est de *concevoir* la *relation de la* raison *spéculative* à l'*idée pure* dans la logique, la physique et l'éthique » (dès le début, il blâme l'*Encyclopédie* du fait qu'à la place de l'éthique, la troisième partie en soit la philosophie de l'esprit), « à la vie, à la nature et à l'art et à la religion. – Puissent tous ceux qui se consacrent avec un sens substantiel, avec un *fidèle* » (eh oui!) « amour pour le vrai, le bon et le beau et avec une vénération recueillie pour ce | qu'il y a de plus haut et éternel dans la 436
science, se *donner fraternellement la main* » (voir l'ouvrage de l'auteur), « recevoir un enseignement » (c'est ce qu'a fait l'auteur), « transmettre un

1. C'est en fait « l'excellent Djelâl-Eddîne Roûmi », poète mystique soufi, que Hegel cite dans la remarque au § 573. Cf. *Hegel Werke*, t. 10, p. 386-388 (*Encyclopédie des sciences philosophiques*, t. 3, *op. cit.*, p. 367-369).

2. « pour ainsi dire sur un succès ».

enseignement; *doucement règne la concorde*, seule – elle est vivante et forte ». – Page 234 : « La philosophie ne réconcilie pas des partis, elle ne réconcilie pas l'erreur et l'univocité, elle ne réconcilie pas ce qui est terrestre et ce qui est céleste » (pourquoi pas ?), « *elle n'a pas besoin de réconciliation* (? !). Ce qu'il a de plus profond, elle le saisit dans sa profondeur – elle saisit la pensée profonde, sa révélation infinie » etc. Page 233 : « l'esprit de la philosophie est l'*esprit de la paix* : – la *paix* est la vraie vie de la personnalité. Là où se trouve une vraie personnalité, là même elle produit l'*ordre* » (voir l'ouvrage de l'auteur). « À travers l'ordre, elle crée une *unité*, et c'est ainsi qu'elle engendre la liberté. La vraie liberté est active par l'*amour*, qui est amour » etc. Page 235 : « Il veille, l'esprit scrutateur, il regarde sérieusement dans les profondeurs, il observe autour de lui en cherchant » etc. « *En aimant*, l'homme embrasse les fruits les plus délicieux de la vie, il encourage la connaissance de la vérité sur terre, avec humilité, il honore de façon recueilli ce qui est le plus sacré » etc. Celui que de telles doctrines ne réjouit pas ne mérite pas d'être un homme ! Mais que mérite celui qui n'a suivi « qu'à peu près », pour si peu de choses, presque rien ces doctrines qu'il professe ? – Cet ouvrage a été ici et là présenté sous le manteau comme étant très significatif; il a été amer pour l'auteur de documenter la manière dont il l'a fait; s'il était permis *parva componere magnis*[1], il se serait consolé avec le destin d'un grand roi qui montra à quelqu'un qui l'accompagnait un ramassis de demi-barbares (pires que les barbares entiers) avec les paroles suivantes : « Le voit-il, c'est avec une pareille canaille que je dois batailler ».

1. « si parua licet componere magnis (s'il est permis de comparer les petites choses aux grandes) ». Virgile, *Les Géorgiques*, IV, 176.

TROISIÈME ARTICLE

|La préface du deuxième ouvrage exprime dès les premières phrases l'un 436
de ses points de vue principaux ; elle commence ainsi : | « On ne peut pas 437
bien parler d'un *système philosophique* singulier sans parler *de philosophie en général* » ; c'est certes une trivialité qu'on ne laisse pas facilement échapper par ailleurs ; pourtant chez l'auteur, c'est une exception car, en traitant du particulier, il en fait également subir les conséquences à l'universel. Ce qui suit est quelque chose de neuf : « Il est *tout aussi peu* possible », continue-t-il, « d'attaquer un système philosophique *particulier* ou de lui faire des reproches sans attaquer la *philosophie* ni lui faire des reproches *en général* ».

On pourrait, par le fait que ceci est dit en rapport avec la philosophie qui est combattue dans cet ouvrage, peut-être penser que cette philosophie est en cela placée si haut que le destin *de la philosophie en général* est lié à son destin propre ; il n'est rien dit de moins dans la préface – le numéro des pages ne peut être indiqué car la préface n'est pas numérotée ; les pages ne sont également, comme pour une dédicace pleine de respect, qu'imprimées à moitié, <une très heureuse> (eh oui !) <rencontre a permis aux deux auteurs d'observer dans la philosophie hégélienne le *phénomène spirituel actuel* le plus intéressant>.

Mais on voit bientôt à partir de l'ouvrage lui-même qu'ensemble les deux auteurs ne sont parvenus à connaître que de façon extrêmement superficielle d'autres systèmes philosophiques, voire ne les connaissent absolument pas (bien que Platon et Aristote eux-mêmes soient cités) et qu'ils ont certainement commencé leurs études philosophiques, quelle qu'en soit la raison, par l'étude de ce système en prenant peut-être pour prétexte l'*actualité* d'un phénomène spirituel littéraire ; on en conclut ainsi qu'ils sont trop peu allés au-delà de la *généralité* de la philosophie, qu'ils y sont même à peine parvenus. À partir de là, il est naturel pour eux que toute philosophie soit dénigrée dans la philosophie dont il est question ; mais ils ont tort de s'exprimer de la sorte pour d'autres, qui ont par ailleurs une connaissance de la philosophie. À cause de cette « très heureuse concorde
entre les deux amis », la possibilité d'avoir affaire à deux auteurs | peut par 438
ailleurs être limitée et – on peut les considérer avec droit comme un seul et même auteur.

Les phrases citées sont ainsi en rapport avec la bizarrerie particulière qui est dominante dans cet ouvrage à propos de l'*universalité*. La préface semble présenter de façon concentrée tout le raisonnement de l'auteur ;

mais, en la comparant avec les représentations fondamentales de l'ouvrage, on voit qu'elle contient une modification ; il a semblé nécessaire à l'auteur de devoir améliorer ces représentations après achèvement de l'ouvrage. Mais même cette préface aurait encore besoin de quelques préfaces de ce genre pour mettre en général les représentations au niveau des déterminations logiques habituelles qui ont cours dans toutes les sciences à propos de l'universel, du concept et de la scientificité. – Le recenseur veut d'abord essayer de donner une représentation du contenu de l'ouvrage lui-même et indiquer ensuite également la modification contenue dans la préface.

Il est composé de trois sections dont la première traite « du point de vue de la critique contemporaine » – de nouveau également « en général » – ; il y a pourtant plus, on y donne d'ambitieux avis à prétention universelle sous forme de réflexions prétentieuses (l'auteur emprunte également le terme « aperçus »[1] à Goethe, tout comme il orne d'ailleurs presque chaque page de son ouvrage de passages de ce même auteur). L'ouvrage est alors décrit comme étant la publication jugeant l'*Encyclopédie* de Hegel ; il semble que la recension que l'auteur avait l'intention d'écrire se soit transformée en un livre. Ce pour quoi il est maintenant surtout nécessaire d'indiquer le point de vue propre de l'auteur contre cette Encyclopédie s'accommode de la bonne raison suivante, à savoir que « *la disposition de celui-ci doit avoir une influence essentielle sur le jugement à prononcer* ». Certes ! C'est de façon aussi méthodique que l'on traite les indications plus précises concernant ce point de vue ; il y aurait trois cas possibles : soit l'auteur est en accord avec cette philosophie, soit il lui en oppose une autre,
439 soit ce n'est | ni l'un ni l'autre. Ceci est développé de cette manière : « on ne peut qu'envisager », lit-on, « trois choses pour ce qui concerne ce point de vue : *ou bien* notre point de vue, étant déjà contenu dans celui de l'œuvre dont on parle, *correspond à celui-ci* ». Mais le comment ou le pourquoi du fait que ce ne soit pas le cas, l'auteur l'explique (p. 4) de la façon suivante : <un tel point de vue *garantirait* l'assentiment inconditionné avec le système de Hegel et ne présenterait dans les grandes lignes rien qu'une *répétition* de ce qui a déjà été donné, il ne faudrait en attendre aucun élargissement, aucun progrès dans la chose elle-même>. Si une telle motivation semble uniquement poussive ou, selon la manière dont on le prend, bouffonne, <la raison pour laquelle, en second lieu, le point de vue de l'auteur n'appartient pas à une autre forme de philosophie et serait ainsi un point de vue *opposé*>, est encore plus curieuse : ce qui aurait peut-être été gagné ainsi devrait « continuer de garder en soi, à cause de la *similarité* de *l'intérêt principal*, un caractère *incertain* et indécis et nous *ne* pourrions *pas vraiment* obtenir *la certitude* de n'avoir pas simplement, dans le

1. En français dans le texte [ndt].

conflit, dans la réfutation, substitué une naïveté à une autre ». L'intérêt similaire serait la philosophie ; que ce ne soit pas sur le terrain où l'auteur pense avoir voix au chapitre, cela est au moins honnêtement traité vis-à-vis de lui-même et du public par la conviction qu'il exprime à propos de lui-même d'avoir pu ne l'amener sur ce terrain qu'à quelque chose d'incertain et d'indécis, et non pas à la vraie certitude de savoir qu'il ne tombait pas d'une naïveté dans une autre. – <Pour parvenir à une impartialité et à une liberté complètes de l'opinion, il semble maintenant ne rester que la possibilité de *déblayer le champ tout entier* et d'adopter ainsi *en troisième lieu* le point de vue qu'il tombe *complètement en-dehors de la sphère de la philosophie*>. L'auteur <*avoue maintenant volontiers* qu'il aimerait adopter *de préférence* une telle position>. Qu'est-ce qui retient donc encore l'auteur de céder tout simplement à son penchant préféré ? C'est ceci : « on s'interroge en effet en tout premier lieu », dit-il, « pour savoir s'il est *possible* d'adopter une position *de ce genre,* et *ensuite* pour savoir si, | au **440**
cas où il était possible de l'adopter, elle pourrait être suffisamment *digne* pour ne pas, en face de ce qu'elle fait, craindre la comparaison avec ce que la philosophie a l'ambition d'accomplir ». C'est méthodiquement que l'auteur considère d'abord le premier point, à savoir la *possibilité* d'un tel point de vue. À ce propos, aucun doute n'est certes possible, et ce pour la bonne raison que <cette partie de l'*humanité*, et qui n'est vraiment ni la plus petite, ni la plus mauvaise, qui n'a eu, ni n'a, aucune possibilité de s'approprier une culture philosophique, se trouve confrontée à celui-ci>. Et certes, « cette partie de l'humanité a accompli les choses les plus grandes dans la religion, l'éthique, l'art, la science, l'État *sans tout le savoir intermédiaire de la philosophie* de telle façon qu'on ne lui ait pas même demandé ne serait-ce qu'un conseil, mais que très souvent, elle devait ne se mettre en route que lorsque tout avait été déjà accompli par les grandes facultés fondamentales de l'*humanité*, à savoir le génie, la raison et la conscience ». Pour cette raison nous devons *donc également* douter aussi peu du *second* point, « à savoir de la *dignité* de ce qui a été accompli, et ceci d'autant moins que la philosophie elle-même trouverait souvent (?) dans ce contenu sa matière singulière et, que sans lui, elle se *trouverait placée* dans un *grand embarras pour ce qui concerne son existence* ». Soit ! Sans le contenu que produisent génie, raison et conscience ! – Mais pourquoi l'auteur ne s'est-il pas rallié à l'immense autorité et au travail de cette « *humanité extra-philosophique* », sans diffamer la philosophie, « *sans s'en préoccuper le moins du monde* » pour produire quelque chose dans le domaine de l'art, de la religion, de la science ou de l'État, sans même que ce quelque chose soit ce qu'il y a de plus grand, mais pour produire cependant quelque chose ? L'humanité lui donne l'exemple de n'accomplir

quelque chose d'un certain point de vue que dans la mesure où *elle s'y trouve*; l'auteur entreprend au contraire d'accomplir quelque chose à propos de la philosophie et *de se tenir pourtant en-dehors d'elle*. De cette façon est introduite une subtile équivoque lorsqu'il est dit immédiatement à la première page et à la suivante de la préface que les auteurs ont bientôt senti
441 |« qu'ils devaient englober dans leur horizon *le domaine de la philosophie tout entière*, voire l'élargir au-delà du domaine de la philosophie ». Saisir dans leur horizon le domaine entier de la philosophie signifie, selon la détermination évoquée à l'instant de leur position extra-philosophique, ne rien saisir du tout de la philosophie, et ne pas même étendre cet horizon jusqu'à celle-ci.

Dans le même formalisme de profondeur méthodique poussive que l'on a remarqué jusqu'ici, l'auteur continue d'indiquer *ce que l'humanité caractérise* comme lui *étant propre* dans cette position. Ici se présente d'abord la simple perception – laquelle ? – de « l'*humanité exerçant* et *faisant agir* son *esprit* et sa *faculté* » (une différence qui lui est propre) « dans de nombreuses directions ». Le point suivant est que <ces efforts ne sont *premièrement* pas ni sans but ni sans mesure, et qu'ils ne sont donc pas sans *objet*>. De tels aperçus[1] généraux s'imposent à l'auteur lorsqu'il considère l'humanité. Qu'il pense en outre également donner une *preuve* pour des thèses de cette sorte est en soi une preuve témoignant de la profondeur de sa démarche. On a besoin pour ce faire, est-il écrit, <d'avoir simplement nommé les quatre objets les plus hauts de cette activité multiple, *religion, art, État et science*>. Le cinquième élément nommé auparavant, l'éthique, reste ici à l'écart sans autre raison ni preuve.

Le *second* aperçu[2] est annoncé comme celui que « l'on rencontre *le plus universellement*, de façon purement *théorique*, à ce point de vue (du tout, du parfait, de l'accompli, etc.) dans la mesure où il mérite qu'on parle encore particulièrement de lui à côté de tout ce qui est effectif et actif ». (Comme pour beaucoup d'autres choses qu'il dit, l'auteur aurait pu encore se soucier de savoir si ceci méritait également d'être exprimé ?). Ce qu'on rencontre le plus universellement est formulé dans ce qui suit : « l'*humanité* est *toujours suffisamment* pourvue pour son *théâtre récurrent* et sa
442 *situation* présente | *de tout ce qui est nécessaire* en sciences et capacités ». Heureuse humanité ! Sage auteur, qui formule si bien ses discours qu'ils aboutissent à de vraies tautologies ! Représentons-nous la phrase abstraite de l'auteur sous une forme plus concrète, il sera alors par soi-même évident qu'est toujours suffisamment présent tout ce qui est nécessaire pour écrire un ouvrage répétitif, publicitaire, de qualité moyenne ou même inférieure à

1. En français dans le texte [ndt].
2. *Ibid.* [ndt].

la moyenne, en particulier l'ignorance à propos de l'objet sur lequel on écrit, et, en outre, la pauvreté et l'indigence de la représentation, la rigidité du discours, etc. dans le domaine scientifique en général, avec, pour couronner l'ensemble, un royaume de suffisance pour considérer ce « suffisamment » lui-même comme une richesse. L'auteur multiplie aussitôt les satisfactions de l'humanité ; il continue : « *Pour autant qu'elle en a besoin et qu'elle en est capable* » (– de nouveau une sage condition), « elle *sait* rendre *totalement* compte *des objets les plus élevés* ; elle ne s'arrête pas là, mais elle possède également ces objets, comme *par exemple* le *divin*, le *naturel* » (l'humanité est si riche que le divin et le naturel ne sont introduits qu'à titre d'exemples) « *complètement* » (c'est beaucoup ! mais à la condition précédente vient s'y ajouter encore une seconde), « *pour autant* que ces objets et ces êtres les plus élevés peuvent *se fondre* d'une façon quelconque dans la *finitude propre* à la nature humaine ». Ce grand bonheur de l'humanité de *posséder complètement* le divin et le naturel par exemple est horriblement modéré par la condition qu'elle puisse être capable d'une telle possession, que les objets et les entités élevés puissent se fondre dans le caractère limité de l'humanité. Mais comme, de cette façon, rien n'aurait été dit, l'auteur le rectifie de nouveau en poursuivant : « Mais c'est la nature *profonde* de ces objets *élevés d'entrer* dans cette sorte de *caractère limité* qui se présente comme *créé par eux-mêmes*, comme par exemple l'humanité » (l'auteur est toujours généreux dans ses exemples) « l'est selon sa *nature*, sans toutefois *perdre quelque chose* de la *nature* de leur *essentialité* ». | On aurait pu sur ce point être curieux d'apprendre 443
quelque chose de compréhensible : que les objets et les essences élevés *entrent* (un mot confortable) *dans ce qu'il y a de plus limité* et ne *perdent* en cela *rien* de *leur essentialité* (ou comme l'auteur le dit plus expressément :) de la *nature* de leur *essentialité*. Ce qu'il ajoute n'éclaire pas la difficulté – au contraire ! Le sens de ce caractère limité ne doit pas être pour l'homme, « quelque chose qui simplement l'entrave, l'entraîne vers le fond et est une charge pour lui, mais ce qui procure d'abord manière, mesure et but *à son existence*, qui *prise sans limite*, serait quelque chose d'indifférent, d'indéterminé – selon une phrase *déjà par ailleurs bien* connue selon laquelle le maître *ne* se révèle *réellement* que dans la *limitation* ». C'est une pensée très profonde de dire que si l'existence de l'homme était *prise sans limite* (comment l'auteur peut-il en arriver à un tel « prendre » !), elle serait alors quelque chose d'indifférent et d'indéterminé ; mais ce sont alors les limites qui procurent à l'existence manière, mesure et but. Selon d'autres opinions, ce sont à l'inverse des objets et des essences élevés, que ce soit la religion, et au-delà l'État, le droit, l'éthique, la science, que proviennent manière, mesure et but pour l'homme ; si c'était déjà le

caractère limité de sa nature elle-même, sa finitude, qui lui procuraient manière, but et mesure, qu'aurait-on besoin d'entrer dans ces objets et ces essences élevés ? – Le pire, c'est la jolie phrase de Goethe que l'auteur introduit ici et utilise avec un tel manque de discernement pour ses pensées mal digérées dans lesquelles se confondent pour lui le caractère limité de la maîtrise, et ensuite la manière, la mesure et le but, c'est-à-dire la raison, le caractère divin des lois de la nature et de l'esprit avec les limites conçues comme ce qui est fini, des choses opposées par lui-même aux objets et aux essences élevés – le fini, lequel est ce qui est éphémère, vaniteux, voire le principe même de ce qui est mauvais et mal. – Un tel exemple donne le droit d'opposer à la maxime du maître une autre selon laquelle le disciple ne se révèle vraiment que dans une telle limitation.

444 |Dans ce qui a été dit, le point central de la confusion de l'auteur commence à se faire jour ; il se fait ensuite tout à fait jour lorsqu'il tente « *d'examiner* » les quatre objets susnommés pour montrer la manière dont l'humanité – qui, comme on l'a indiqué plus haut est *rencontrée* sur le terrain de sa culture, qui n'est pas philosophique, comme étant active dans de nombreuses directions et comme s'y exerçant – s'est comparée lors de la création de ces derniers. Au terme de cet « examen », l'auteur trouve le résultat suivant : <la rationalisation humaine s'est activée pour, autant que faire se peut, conduire ceci en tout point à une *conclusion*, à un *tout*>. Avant de continuer de considérer le sens que l'auteur donne à ce résultat vide contre la philosophie, nous donnons un autre résultat de l'auteur, qui, bien qu'il soit abstrait, n'en est pas moins plus riche de contenu : dans la démarche du développement, on ne peut prendre pour point de départ que le *concept de la singularité*, qui arrive cependant dans sa formation à un but qui est une *totalité*, un *commencement comblé*, qui a atteint en tant qu'*effectivité* complète ce que le concept de singularité ne propose que comme donné selon l'*idée*, la *possibilité*, la *disposition*. – On voit que l'auteur ne se gêne pas de répéter ici principalement avec ses propres mots une phrase de l'*Encyclopédie* qu'il condamne sous tous ses aspects, et de tirer en cela avantageusement vanité de ce soi-disant résultat en se l'attribuant.

L'examen de l'auteur pour ce qui concerne les quatre domaines évoqués est réglé en peu de pages ; il n'est cependant pas plus superficiel qu'il n'est nécessaire pour justifier le grand principe selon lequel l'humanité s'est toujours activée dans tout ce qu'elle a fait pour aboutir à un *tout*. Nous ne soulignons que ce que l'auteur trouve dans les productions de l'humanité à propos de la *science* ; on déduira également à partir de cet exposé ce que l'auteur entend par le mot *conclusion*, par le mot *tout*.

Dans la science, c'est la *nature* qui est l'objet, mais ce dernier *n'*est *pas donné* dans le *savoir de façon complète* et *simultanément* avec l'aptitude au savoir | (déjà le savoir lui-même n'est pas donné simultanément avec 445 l'aptitude au savoir et certainement pas non plus de façon complète ; de la même façon, l'objet, la nature, n'est certainement pas donné de façon simultanée et complète dans le savoir ; mais pour ce qui concerne l'aptitude au savoir, on a alors l'habitude de tenir pour vrai que la nature n'est pas seulement « donnée de façon complète » et simultanément avec Adam ou avec cet enfant, mais même encore avant lui. Mais une fausseté et une vacuité ampoulée de ce genre sont certainement données simultanément et de façon complète par chaque phrase de l'auteur). – Comme l'objet, la nature, ne se dévoile que plus tard et seulement de façon progressive, la science n'est alors de ce fait pour sa plus grande part que *comprise dans le savoir*, mais n'a pas encore la maturité de la totalité (et même si, selon l'auteur, elle l'avait acquise en quelque endroit que ce soit, devrait-elle alors *être comprise* dans autre chose que le *savoir* ?).

<Dans les véritables sciences de la nature, la *conclusion* manque encore ; *en-dehors de quelques cercles assez restreints*, le savoir a déjà commencé à obtenir, au moins dans ses *contours*, *le caractère d'un tout*[1], comme par exemple pour ce qui concerne la *théorie des couleurs* et la *botanique* grâce à la théorie *de la métamorphose*>. Sans blâmer le fait que la seconde ait conçu scientifiquement son objet d'une toute autre façon que la botanique, qui aurait déjà dû obtenir, grâce à la théorie de la métamorphose, « *le caractère d'un tout* », l'auteur devrait alors, pour fonder sa certitude sur le caractère incomplet des sciences naturelles, montrer qu'il a d'elles d'autres connaissances que celles qu'il en a acquises à partir des travaux de Goethe. Comment peut-il concilier avec sa *conclusion*, avec son *tout*, ce qu'il cite triomphalement plus loin, page 195, en puisant chez *Goethe* : « La nature n'a pas de *système* » (ce qui signifie selon l'explication de l'auteur : elle n'est pas un cercle *ordinaire* (!) se *refermant* sur lui-même que l'on pourrait *présenter* achevé dans le concept), « elle a, elle est vie et conséquence partant d'un centre inconnu pour aller jusqu'à *une frontière non reconnaissable*. | L'observation de la nature est de ce fait infinie » etc. 446
– Plus loin, c'est aussi un passage de *Goethe* sur l'importance de la conséquence qu'ont engendrée la découverte que la terre est ronde et la théorie de Copernic pour la *représentation humaine* qui pousse l'auteur à *trouver* dans les sciences mathématiques de la *géographie* (l'auteur la classe parmi ces sciences) et *l'astronomie* la *conclusion* déjà *atteinte*. On voit la suffisance des exigences dans ce qui relève de l'accomplissement

1. Nous traduisons *die Ganzheit* par *le tout*, et réservons *la totalité* pour la traduction de *die Totalität*, et *l'intégralité* pour celle de *die Allheit* [ndt].

d'une science ; grâce aux connaissances qui sont enseignées dans les écoles triviales, à savoir que *la terre* est *ronde* et qu'elle *tourne autour du soleil*, « la géographie et l'astronomie » sont pour lui des sciences achevées, accomplies. L'auteur aurait dû pourtant s'étonner du fait que les géographes et les astronomes, depuis que leurs sciences ont déjà atteint par ces découvertes la maturité de la *totalité*, ont encore et toujours été comprises dans le *savoir* et le sont encore. – La trouvaille suivante d'un parallélisme édifiant et vide entre ces deux sciences achevées et les doctrines religieuses donne à l'auteur tant de satisfaction qu'il la répète à satiété.

Par le fait que l'auteur prend maintenant son point de vue en dehors de la philosophie – comme, selon ses indications, l'humanité tout entière –, mais que, d'heureuse façon, l'humanité tout entière pourtant ne se croit pas suffisamment pourvue du nécessaire pour avoir voix au chapitre de la philosophie, il nous épargne alors la peine de dire ce qu'il dit lui-même de ce fait à propos de son travail, à savoir que, pour utiliser une expression familière appropriée dans ce contexte, il parle de la philosophie comme un aveugle des couleurs; ce ne peut être alors qu'une affaire de curiosité extérieure de voir là-dessus la manière dont l'auteur se comporte dans ce domaine. – Le caprice qu'il s'est construit à propos de la philosophie et qu'il développe dans son ouvrage est, résumé en peu de mots, celui-ci : l'activité humaine réussit à construire une *totalité* dans les sphères de la religion, de l'art, de la science, de l'État, mais la philosophie s'assigne
447 pour tâche le Tout des choses, l'intégralité | (il dit aussi *Tout*). D'où l'auteur tient ceci, il ne l'indique pas ; il en reste à cette assurance sèche et ne se hasarde pas à une explication de la différence entre totalité et intégralité, ni davantage à une explication sur les différentes formes de l'*universalité* qui sont discutées dans la section logique de l'Encyclopédie ; la façon de penser mal construite de l'auteur s'empare de la plus mauvaise de ces catégories, celle de l'intégralité, et l'assigne de sa propre autorité à la philosophie en général et en particulier également à celle qui s'est prononcée le plus expressément contre cette catégorie et à laquelle il est aussi peu venu à l'esprit qu'aux autres philosophies d'en faire complètement un principe. L'auteur veut se réserver le terme de totalité comme mot favori. Nous démontrerons par la suite comment il se fait que l'obstination de l'inexactitude formelle à substituer à l'universel, à l'idée, au concept, le tout, tout, l'intégralité, soit cohérente avec son aperçu fondamental. S'il est maintenant également propre à la philosophie de s'assigner pour objet et pour tâche l'intégralité, la *vision et le concept* du tout ne sont alors *d'aucune façon complètement* retirés à l'homme, même celui qui n'est pas philosophe. Il affirme pourtant page 49 que le point de vue philosophique est issu de façon démontrable d'une tâche qui va bien au-delà des forces et

de la convenance de l'homme ; car on ne voit aucun *organe de l'humanité* existant *chez elle et propre à saisir l'intégralité*. Comment donc l'homme qui n'est pas philosophe a-t-il dès lors saisi la *vision* qui ne lui a été en aucun cas entièrement retirée et même le *concept* du tout ? Page 11 on trouve déjà que l'exigence d'un tout se laisse déjà réfuter à l'intérieur de la sphère humaine comme étant *inconvenante* et *irréalisable* ; à partir de là, on ne peut que s'étonner de la raison pour laquelle l'auteur, à partir de la réflexion de son point de vue, qu'il donne comme étant extra-philosophique, puisque l'humanité n'a simplement pas en elle d'organe pour cela, n'a pas également refusé le tout ; à partir d'un point de vue philosophique, nous pouvons lui | annoncer que cette catégorie n'a pas été **448**
seulement réfutée depuis longtemps, mais, que comme on l'a dit, elle n'y a jamais existé. En introduisant un bavardage du même genre qu'il nomme recherche (p. 48), l'auteur, à la manière dont il le fait dans sa lourde préface, n'omet pas de promettre qu'il va se mettre au travail avec le *sérieux* et la profondeur *qui lui siéent*.

Il a déjà été mentionné que l'auteur revient dans son avant-propos sur son aperçu principal de la philosophie. Il convient également de rendre compte aussi brièvement que possible de cette présentation et du raisonnement qui lui est associé ; cependant, chez cet auteur, tout contenu est si imbriqué avec la lourdeur de plomb de sa manière d'exposer qu'on peut à peine séparer l'un de l'autre. – L'auteur met ici de côté son affirmation selon laquelle la philosophie s'assigne pour tâche l'intégralité et reprend sa consigne de *traiter* de préférence l'universel. C'est cette *préférence* de la philosophie qu'il *traite* ici. Comme, argumente-t-il, ce n'est pourtant que cette même nature humaine qui semble avoir pour effet, sous d'autres rapports, un *quelque chose de particulier*, mais qu'elle n'obtient ce qu'elle produit d'authentique, de vrai, de fondamental, qu'à partir de *l'ensemble* de ses forces dont la loi est la *totalité*, la différence disparaît alors déjà complètement ici. Cette même nature humaine produit partout *ce qui est différent de la même façon* ; le vrai est donc produit partout de ce fait dans l'intention de *mesurer cette force* par cette même totalité de la nature humaine. – Personne n'aura facilement intérêt d'émettre des considérations à propos de ce que la nature humaine utilise comme mesure de la force dans ses productions pour la simple raison que celles-ci ne pourraient pas aller au-delà de l'indétermination de la différence quantitative. Mais, en cela, l'auteur peut trouver plus de compagnons qui en restent à la superficialité de l'abstraction selon laquelle précisément tout ce qui est vrai est produit par *cette même totalité* de la nature humaine. Ici | cependant l'apathie va si **449**
loin qu'on y ajoute en outre que tout *ce qui est différent* est produit de la même façon par elle. –

Mais par le fait que l'on peut maintenant pourtant reconnaître une différence particulière, au vu de leur contenu, entre la philosophie, la religion, l'art, la science, l'État, celle-ci s'équilibre avec elle-même, « car chaque *chose particulière* n'est inégale ni par le rang ni par la valeur à *une autre* chose particulière, puisque leur revient originellement la même valeur eu égard à leur potentiel de force, mais par rapport *à elle-même*, dans la mesure où elle n'a *pas encore épuisé* en elle la *mesure de force originelle* et la *présente parfaitement* ». Si maintenant la religion, l'art, la science, l'État, pouvaient devoir être inégaux à eux-mêmes en rang et en valeur, c'est-à-dire si nous extirpons le contenu des expressions rigides dans lesquelles il réside, – s'il peut y avoir de *mauvaises* religions, de *mauvaises* œuvres d'art et de *mauvaises* époques artistiques, de *mauvais* États et de *mauvaises* sciences – comment se fait-il alors que, de tout temps, l'humanité ait suffisamment été pourvue de ce qui lui est nécessaire, qu'elle possède toujours totalement ces objets et entités élevés, qu'elle en rende totalement compte dans le savoir etc. ? – Une différence entre des religions fausses, mauvaises, et des religions véritables, de bons chefs-d'œuvre ou de mauvais chefs-d'œuvre etc. conduirait au présupposé qu'il y a des principes, des normes du Beau, du Vrai etc. ; mais c'est contre l'universel que l'auteur se dresse de toutes les façons ; il s'exprime ainsi contre lui-même en usant de formules précieuses, telles inégalité, non-épuisement total de la mesure de force et ainsi de suite. – Suit maintenant l'ensemble du raisonnement contre la philosophie propre à l'auteur, qui lui est encore venu à l'esprit après qu'il a eu terminé son ouvrage et qu'il a rajouté à l'avant-propos : si la philosophie veut affirmer une certaine préférence, il ne lui reste alors pour ce faire plus rien d'autre qu'une certaine *communauté* de contenu de la religion, de l'art, etc. Ici, l'*universalité* revendiquée par elle en tant que préférence particulière y trouve ses racines
450 dans son sens le plus propre. – Au lieu | de *l'intégralité* attribuée à la philosophie dans son propre ouvrage, l'auteur a donc ici l'idée de la catégorie tout aussi mauvaise de *communauté* et il affirme que ceci n'est pas seulement le sens propre de l'universalité philosophique, mais son sens le plus propre. – En tout premier lieu, l'auteur oppose à la préférence de la communauté du contenu propre à la religion, à l'art etc. attribuée de manière erronée à la philosophie qu'une telle *communauté* ne se laisse pas penser (on ne doit pas demander à l'auteur une explication sur la façon dont, au contraire, un contenu *différent* proviendrait de la religion, de l'art, de la science, de l'État en tenant compte de la totalité de la nature humaine qui produit même toutes les choses partout de la même manière). On entend maintenant l'argumentation profondément sensée selon laquelle on ne pourrait pas penser une communauté de contenu pour la religion, l'art

etc. : <Si, en effet, la religion, l'art, la science, l'État n'ont pas leur contenu *complètement pour eux-mêmes* de sorte qu'ils ne le conservent pas pour eux-mêmes, mais qu'ils peuvent ou *doivent l'abandonner* à *un autre*, ils ne l'*ont* alors *absolument* pas, et il *n'y* a *pas* dans ce cas *de vraie* religion, de vrai art, de vraie science, de vrai État> etc. – Où est-il jamais venu à l'esprit d'un homme hormis l'auteur que la religion, l'art, etc. devaient ou pouvaient *abandonner* leur contenu à un *autre* pour avoir *quelque chose en commun* ? L'auteur croit-il en fait vraiment sérieusement que, par exemple, les œuvres d'art, les sculptures, les peintures, les poèmes indiens, grecs, chrétiens, etc. n'ont rien de commun avec le *contenu* de ces religions ? L'auteur englobe également la *science* dans ses domaines ; tient-il pour vrai que les sciences de l'État, et parmi elles celles du droit etc., de la religion etc., n'ont rien en commun avec le *contenu* de l'État, du droit, de la religion, etc. ? – Manifestement, l'auteur n'a pensé à rien en évoquant ces abstractions vides sur lesquelles il s'épanche tant, il n'en avait pas le moindre sens concret avant sa représentation. Mais l'autre aspect du dilemme est encore meilleur que l'absurdité du premier : <si la religion etc. ont cependant leur | contenu *complètement pour eux-mêmes*, ce dernier ne **451**
peut alors être *transmis* à un autre en-dehors d'eux-mêmes que de manière *morcelée, c'est-à-dire dans sa non-vérité*>. Le résultat de cette perspicacité stupéfiante est alors que <la philosophie dans son universalité, en tant que précisément produite par la communauté du contenu propre à tous les autres domaines de l'esprit, n'est alors absolument que *quelque chose de faux* et sa différence particulière en tant que *préférence radicale* n'est précisément que *la fausseté face à toutes les autres activités et à tous les autres commencements humains*>.

On voit bien que l'auteur qui a écrit un livre de deux tomes sur *Goethe*[1], lequel exige avec force d'esprit de saisir pour soi une œuvre d'art, un produit de la nature et un caractère etc. dans son individualité concrète et de ne pas en gâcher et en ruiner la jouissance et le concept par la comparaison, par les théories et par beaucoup d'autres aspects univoques d'une réflexion abstraite qui ont été pour lui une peine précoce et longue – ce qui est présent chez Goethe sous l'aspect de l'unité du contenu et de la forme qui a cours dans une véritable œuvre d'art –, on voit bien que cet auteur s'imprègne tant de ces déterminations et qu'il en a fait la pierre angulaire de sa sagesse d'une façon si scolaire qu'il en reste également là lorsqu'il s'agit de tout autre chose que d'une œuvre d'art, lorsqu'il s'agit de principes, des lois, des pensées, d'un contenu en général qui selon sa nature, est universel et non pas concret et sensible et qu'il applique ici d'une façon inappropriée

1. K.E. Schubarth, *Du jugement de Goethe par rapport à la littérature et à l'art semblables*, Berlin, 1820.

ces exigences pleines de sens sans aucune conscience à propos de la différence de la forme de ces objets. Dans la mesure où il prend ces représentations dans une universalité qu'il condamne pour elle-même, il en arrive à la confusion la plus totale et à des abstractions plates de ce que sont l'humanité, le tout, la totalité, la dynamique originelle qui, pour produire le vrai, l'authentique etc., devraient être effectives dans sa *totalité* etc. –
452 |C'est la forme de l'universalité elle-même qui donne la possibilité à l'auteur de parler de ses domaines, objets et entités élevés, mais qui dans le même temps procure l'avantage ou bien plus le désavantage de lui cacher l'incohérence de ses pensées. La religion, l'art, la science, l'État, les objets et entités élevés ne sont-ils donc pas des choses universelles, des genres, des idées – les objets dans la forme de l'universalité ? N'en va-t-il pas de même pour ses catégories de forme et de contenu ? etc. Le mot d'ordre, la *totalité*, à laquelle la singularité doit s'élargir, qu'est-elle sans universalité ? Mais que l'universalité soit essentiellement en soi concrète – et cela c'est la *totalité* – et n'ait une vérité que de cette manière, est l'une des propositions principales de la philosophie que l'auteur conteste et dont il ne connaît pas les principes. – Le singulier, exige l'auteur, doit s'élargir pour soi afin de devenir totalité, être autonome et être considéré ainsi de façon autonome, le particulier être subsumé comme étant en soi un tout, quelque chose de fermé, quelque chose d'achevé qui n'est pas rapporté à un autre, qui n'entre pas dans la catégorie de l'universel ; c'est ainsi que la philosophie est pour lui, selon ses universalités, c'est-à-dire pour ses entités et objets élevés – qui restent en fait chez lui suffisamment plats –, quelque chose de faux de part en part. C'est le défaut de ne pas considérer et approfondir la nature de l'universel lui-même qui amène l'auteur à errer dans des universalités aussi confuses que superficielles. Reconnaître la relation de l'universel au particulier dans sa diversité est la tâche de la philosophie logique ; mais l'auteur manque de connaissances et de conscience quant aux formes les plus triviales de cette relation.

C'est à propos de sa tirade sur la croyance en l'immortalité de l'âme (p. 146) que, dans sa confusion, l'auteur s'adonne à son élan le plus sublime. Il conclut ainsi la déclamation gauche dans laquelle il énumère tout ce que cette croyance permet à l'homme : « *La nature* et sa science ont
453 la valeur d'une vérité | en soi *en-dehors* et *à côté de la vérité de l'esprit* » (c'est une nouvelle nature qui a une vérité sans rapport à l'esprit – une nouvelle science, sans rapport à la vérité de l'esprit), « en un mot (!), tout l'univers apparaît devant lui » (à l'homme avec cette croyance) « en tant que tout *organisé de façon autonome* dans *toutes* ses *parties* » (une expression en soi confuse et ambiguë – nous comprenons au moins à travers cela que c'est *d'un tout* dont il s'agit), « dont chaque *partie*, dans sa vérité la plus

haute, a *uniquement* des vérités *en tant que tout* que l'on ne peut dissoudre, et *non pas seulement à travers ses relations avec d'autres choses* ». Pour l'auteur ce n'est pas un galimatias que de dire que l'univers est un *tout* qui n'a que des *parties*, et qu'à leur tour, chacune des *parties* de celui-ci est *elle-même* un tout et que c'est sa plus haute vérité que d'être un tout *sans relation avec* une autre partie et qui, en cela (car le tout est la relation des parties entre elles), n'a pas de relation avec le tout dont il est partie. – C'est une telle logique que doit enseigner la croyance en l'immortalité de l'âme; cette croyance a seulement conduit l'auteur à une parfaite contradiction, et non à soupçonner la contradiction dans laquelle il est enfermé, et, par amour de cette ignorance, à moins encore éprouver le besoin et l'envie de résoudre cette contradiction.

Le recenseur omet de citer plus que le résultat de l'aperçu extravagant de l'auteur sur l'ensemble de *l'histoire de la philosophie* en dehors de laquelle il prétend se trouver. L'auteur fait (p. 40) la chronologie suivante de cette histoire : d'abord il a examiné le *tout avant* la création du monde, avant *toute* existence présente et tout *être*; – cette folie d'examiner le *tout* et ce *avant la création du monde*, il l'attribue aux philosophes grecs! S'il avait jamais entendu parler des Pythagoriciens ou des Éléates, les uns disant : le tout et tout sont *le nombre*, et les autres : le tout et tout sont l'*Un*, sont *l'Être* – alors il aurait dû y voir que les premiers philosophes, comme les seconds, n'ont pas d'abord cherché le tout et tout, mais, comme d'autres |hommes, qu'ils ont d'abord eu devant les yeux, ce qu'on a l'habitude **454**
d'appeler à tort et à travers le tout ou ce qui est tout; qu'ils ont tout aussi peu fait du tout ou de tout leur objet, mais qu'ils s'en sont bien plus détournés, que leur pensée a cherché un autre objet et l'a trouvé dans le nombre, dans l'Un, dans l'Être. Mais la supposition va par-delà tout cela : ces philosophes ont examiné le tout et ce qui est tout *avant* la création du monde. Ensuite, on a cherché le tout dans la récapitulation de l'effectif (ici, l'universel est pris en tant que *récapitulation*), c'est-à-dire *à l'intérieur* de l'effectif; enfin et troisièmement, le point de vue philosophique, celui que l'on nomme en effet *criticisme*, a voulu mettre le tout *après* le monde, mais n'est finalement arrivé qu'à ce point *de devoir abandonner* le *tout*, et en est revenu au contraire absolu, à un *néant*; il récuse maintenant *à toute connaissance humaine sa vérité et son effectivité objective*, *comme si* (!) il n'y avait aucun tiers au milieu du *tout* et du *néant*. – Mais qu'il y ait maintenant un tiers entre de tels fantasmes du tout et du néant, et ce que peut être ce tiers, l'auteur l'exprime pompeusement ainsi : cette chose est très loin d'être tout, mais elle est *pourtant* tout aussi peu néant, elle est en effet – *quelque chose*. C'est une grande découverte! – Et il ajoute : ce quelque chose n'est pas un quelque chose mort, vide, mais organisé etc. –

Ce ne peut être que l'indigence la plus extrême de l'esprit qui pense avoir dit quelque chose avec un tel quelque chose et avec les termes de quelque chose de mort, de vide, d'organisé, etc. – Nous passons de même sur le mal que l'auteur, à partir de sa position extra-philosophique, continue de s'efforcer à attribuer à cette science ; l'ignorance, qu'il reconnaît avoir à son propos, exclut par elle-même qu'il soit capable de produire quelque chose de pertinent. Il se tire d'affaire en s'appropriant une pensée qui a été exprimée sur le moment historique de l'apparition du philosopher par la philosophie qu'il combat – mais certainement sans rien savoir du sujet principal, la manière dont l'esprit, qui s'est replié en soi pour échapper à un
455 état malheureux, scindé d'un monde existant, | trouve un refuge, un remède et une paix plus haute, qui ne peut plus, dans l'existence, lui être donnée, dans un monde idéel, plus authentique. Il affirme au contraire p. 48 « qu'on n'a simplement jamais rien vu nulle part de l'aspiration d'un *contenu objectif, vrai*, par la philosophie ». Jamais le zélote le plus fanatique n'est allé aussi loin contre la philosophie dans la cécité de sa diffamation. Chez d'autres zélotes, on trouve souvent de la chaleur, de la vivacité, de l'énergie, de l'audace; mais ici, tout progresse avec les mêmes froideur, raideur, mortification maniérée et lourdeur.

D'une telle capacité de connaissances et disposition d'esprit, on ne peut rien attendre d'autre que des représentations communes, erronées. On en trouve ainsi la conséquence page 72 : « L'homme d'État, le religieux, l'artiste, le génie découvreur *ne pensent donc pas* » ; c'est une telle conséquence que l'auteur se permet de tirer contre une philosophie qui affirme de toute activité humaine qu'elle est une *pensée*. Juste après, l'auteur remplace les différences déterminées que fait la philosophie par des indéterminations telles que « une pensée *plus haute, adaptée* », qui doit être empruntée aux autres domaines, et il les présente comme une information historique livrée par cette philosophie, à la manière dont, juste avant, il tirait la conséquence selon laquelle on ne pense absolument pas dans d'autres domaines que la philosophie. – C'est ainsi qu'il introduit plus loin en liaison avec ceci une argumentation tout aussi perspicace que celle qui est évoquée plus haut.

La philosophie prendrait en considération le contenu des autres domaines et affirmerait vouloir lui attribuer la forme appropriée à la pensée ; c'est alors que l'auteur demande : « Comment un contenu rationnel peut-il exister sans la forme de pensée *qui lui est appropriée* ? » – ce que personne ne contestera – et formule maintenant le pertinent dilemme : « Ces domaines n'ont-ils pas la forme de pensée *rationnelle, simplement appropriée* avant que n'intervienne la philosophie, là où leur contenu est
456 en général *rationnel* ? Et la philosophie ne voit-elle pas, | lorsqu'elle veut associer une forme *rationnelle* à un contenu *qui n'est pas rationnel* »,

demande-t-il, « que ceci est ou bien simplement caduc ou en tout cas un effort très vain ? ». La profondeur de la deuxième partie de ce dilemme permet de le traiter par le silence ; en face du premier, il serait superflu de remarquer par exemple que Dieu a créé rationnellement le monde, que ce contenu rationnel n'a cependant pas encore, dans l'observation sensible, sa forme de pensée rationnelle et que cette forme n'est obtenue que par la réflexion des hommes ; que les sciences, qui ont à voir avec les phénomènes et les apparitions singulières de la nature, ne sont sciences que pour la raison qu'elles déterminent par un caractère universel ces singularités dispersées dans l'apparence sensible d'une extériorité irrationnelle, les réduisent à des genres, à des espèces, à des lois, et que des genres, des espèces, des lois, des caractères universels etc. sont des formes de pensée. Il serait superflu, comme nous l'avons dit, de discuter les assertions et de montrer l'application supplémentaire qu'on peut en faire également dans les réalisations du monde spirituel de celui qui prétend avoir d'une part étudié un système philosophique et vouloir le juger, et se place d'autre part avec tant d'insistance à un point de vue extra-philosophique pour ne pas en avoir les connaissances. L'auteur cite ici (p. 120) également, en regard de l'universalité, un autre proverbe, comme il le fait plus haut en un vers : <celui qui n'est pas capable de voir, dans *un* cas donné, les mille autres cas qu'il contient n'est pas un esprit scientifique>. L'auteur aurait également dû savoir qu'une telle personne ne peut voir, c'est-à-dire ne peut penser à l'inverse dans mille cas, plantes, animaux, événements, etc. qu'*un* seul cas, qu'*une* seule plante, etc., et que la pensée donne à ces singularités individuelles dans les classes, genres, lois, etc., une forme différente de celle qu'elles ont dans leur existence empirique, mais ne change pas tant leur contenu qu'il ne les ramène en cela bien plus à leur contenu véritable. Ces concepts sont si élémentaires | que cela ne compromettrait en aucune façon 457
le point de vue extra-philosophique de l'auteur d'en avoir quelques connaissances comme il peut le voir en s'appuyant sur l'exemple de l'humanité extra-philosophique par ailleurs cultivée pour laquelle ces déterminations sont tout à fait habituelles. Mais le monde de la pensée et le rationnel ne se trouvent pas ainsi à la surface sensible, comme donnés seulement « à portée de main », pas plus qu'on ne pourrait les saisir en relevant quelques sentences et avec la prétention d'une réflexion brute et nécessiteuse.

La *seconde partie* de l'ouvrage (de la page 79 à 118) – « une esquisse du système de monsieur Hegel selon son Encyclopédie des sciences philosophiques » – est pour partie une simple table des matières dont on ne voit pas à qui elle pourrait servir, pour partie un extrait étendu de l'introduction, allant en détail dans l'exposé du sujet ; il devient alors crédible que le *second* de ces deux auteurs, « qui s'entendent » par ailleurs de façon « très heureuse », ait rédigé celui-ci ; dans le reste de la brochure, il n'y a rien qui laisse penser qu'on verrait un approfondissement du sujet et une compréhension et une connaissance du contenu. Les propres réflexions de l'auteur sont tirées par les cheveux sans la moindre critique des catégories qu'il utilise ; s'il avait lui-même étudié l'œuvre, il aurait pourtant bien dû se laisser aller à une certaine prise de conscience à propos de ses formes de pensée tout comme à une certaine attention sur le sens de ce qu'il prépare.

La *troisième* section, de la page 119 jusqu'à la fin, est une « critique du système hégélien ». Pour ce faire, l'auteur trouve pour sa position extra-philosophique un point d'ancrage confortable et déjà prêt par le fait qu'il trouve dans ce système *la raison* expliquée *comme quelque chose d'effectif*, ce à propos de quoi il ne pouvait rien lui passer de mieux par l'esprit que de peut-être vouloir *réprimander* Hegel. Page 121 : une critique est précisément aussi opportune pour saisir ce rapport de l'effectivité et entreprendre *pratiquement* (!?) et théoriquement la *comparaison* de la sienne (?) avec le résultat spéculatif ; – la préciosité de la façon
458 de réfléchir fait | également écrire l'auteur dans un allemand extrêmement maladroit. – En menant à bien cette comparaison, comme il l'appelle, l'auteur ne se fait aucun souci sur l'un des aspects, celui de savoir si dans les faits, sans philosophie, il est qualifié pour concevoir quelque chose de philosophique ; il semble présupposer ceci pour lui-même sans se rappeler qu'il récuse à l'humanité d'avoir en son sein même un organe pour ce qu'il considère comme l'objet de la philosophie ; pour cette raison, il n'est également pas possible d'exiger de sa part la formation et l'usage d'un organe manquant, une habitude dans le penser et dans la saisie de pensées. Pour ce qui concerne au contraire l'autre aspect, il affirme alors (p. 121) : « si nous *devions* nous accorder facilement sur ce que *nous* tenons *également pour effectif*, ce n'est pas pour autant que nous parviendrions à une entente avec monsieur Hegel sur *la manière* dont *nous* le pensons et *nous* devons le penser comme effectif ». Comment l'auteur en vient-il ici tout à coup à un *penser* et un *devoir penser*, et juste après, à parler d'une pensée de l'effectif ? Si par ailleurs l'organe de la philosophie était chez lui plus développé, il saurait alors que le *comment* de la pensée, qui lui cause du souci, a l'habitude de se transformer en un *que* et que cette différence est très insignifiante. L'auteur offre lui-même un exemple suffisant sur la manière dont le *comment* de l'opinion devient un *que* historique quand, dans un ouvrage précédent[1], pour autant que le recenseur s'en souvienne, il fait la présentation historique d'*Homère* en disant que ce dernier a été un Troyen, un contemporain et cousin d'Énée, qu'il a ensuite vécu à la cour

1. K.E. Schubarth, *Homère et son siècle*, Breslau, 1821.

d'un royaume troyen qui s'est perpétré au fin fond de l'Asie après la chute de Troie, à la manière dont les poètes doivent vivre dans les cours, comme le prouve l'exemple de Goethe ; Homère en tant que Troyen a décrit les Grecs comme étant les hommes les plus licencieux, puisqu'il les a fait se saouler le jour de la destruction de Troie et qu'il les a fait tenir le soir, contre tout usage, une assemblée populaire, | qui s'est également à son tour 459
déroulée de façon suffisamment désordonnée etc. – On voit que quand l'auteur est ainsi habitué à transformer son *comment*, les aperçus supérieurs, qui proviennent pour lui de son devoir de penser l'effectivité, en un *que* historique, le second côté de l'effectivité entraîne en fait avec lui des difficultés insurmontables pour s'accorder avec lui à ce sujet. – Un troisième ingrédient est le raisonnement selon lequel on ne peut pas entreprendre de façon tout à fait abrupte la comparaison entre les faits et les concepts. On a suffisamment donné de preuves du raisonnement extra-philosophique de l'auteur sur les objets philosophiques ; mais dans cette partie critique, celui-ci devient encore plus transcendant. On ne doit en souligner que quelques points ; d'abord son raisonnement développé assez largement ici contre la forme du penser spéculatif. Il pose la question de savoir si cette forme est la forme *universelle* du vrai dans *laquelle* se présente l'effectivité. On pourrait répondre par « oui » à cette question en ce que l'effectivité se présente *à la pensée* dans cette *forme universelle* qui est la forme du penser ; cette réponse présuppose un sens plat de la question, mais ce sens s'avère être par la suite encore plus plat : à savoir si l'effectivité se présente *à ce* comportement envers elle en général, qu'il soit la vue, l'ouïe etc., qu'il soit n'importe quoi d'autre, sous une forme spéculative. Il raisonne contre sa propre lubie – qui est certainement quelque chose de léger –, à savoir en effet que la spéculation dénie bien plus la *forme de l'universalité* à l'effectivité et qu'elle la revendique pour elle-même ; il enseigne pompeusement ce qui est le plus superflu, à savoir que « l'art, la science, l'État, la religion, compris comme *effectivité*, se présentent *dans les faits* sous une forme tout autre qui est totalement *différente* de la forme de la spéculation ». Il développe ceci dans un raisonnement ultérieur : <si l'essence des objets nommés n'était pas exprimée par la forme *propre* dans l'effectivité, mais si ceci ne devait arriver que par la spéculation, il faudrait alors les connaître comme un non-savoir, | un non-art, une non-religion, un non-État>. L'auteur aurait été dès 460
le début plus conséquent, comme nous l'avons fait remarquer plus haut, s'il s'était abstenu ailleurs et également ici de parler d'*essence* car il abhorre absolument l'universel ; on dit de ce fait tout aussi peu de choses en parlant de la forme *propre* qu'en parlant d'une telle abstraction vide ; c'est une expression aussi indéterminée. S'il avait en fait pensé quelque chose de

déterminé en parlant d'*essence* et de *propriété*, il aurait dû lui venir à l'esprit qu'il y a eu des religions, des arts etc. qui ont connu et exprimé, certainement d'une façon propre, l'*essence* de leurs objets sous la forme d'Apis ou de singes etc., sous la forme d'images colorées et de sculptures belles ou grotesques, mais non pas d'une façon propre à l'*essence*, de sorte que la philosophie les a en fait condamnés à être des mauvaises ou, si l'auteur le préfère, des non-religions, des non-arts etc. – <Mais en cela>, continue-t-il d'argumenter, <la spéculation se fourvoie dans une nouvelle contradiction, car ces objets sont certes pourtant dans les faits des effectivités ; et d'autre part, s'ils ne sont que des non-effectivités, elle n'a alors pas d'objet, puisqu'elle a à voir avec ce qui est effectif>. – L'auteur a placé ses lubies dans une situation embarrassante qui s'est révélée concluante dans les faits : les effectivités ne sont pas dans la forme de la spéculation, elles sont donc pour elle des non-effectivités ; mais si elles le sont pourtant en partie, et la spéculation elle-même a à faire pour partie avec les effectivités, comment peut-elle exister si elle n'a devant elle que des non-effectivités ? « Si », poursuit l'auteur, « elles affirment pourtant bien une effectivité, alors s'opposerait ici effectivité et effectivité » (cette seconde effectivité est constituée par les lubies spéculatives de l'auteur), « et il est clair que l'une des deux doit être l'effectivité inventée, fausse, noircie ». Ce que la spéculation, soumise à une telle pression, cherche comme issue, l'auteur l'indique à sa façon ; mais on doit lui laisser le soin de résoudre lui-même la situation embarrassante qu'il a créée.

461 |D'autres trouvailles dues à sa perspicacité : nous trouvons par exemple page 181 que les *choses* ne disparaissent en aucune façon si nous faisons aussi *disparaître notre conscience* à leur propos ; page 204, contre l'*immédiateté* considérée dans l'Encyclopédie, il cite abondamment ce qu'il atteste connaître sous le nom de « production *immédiate* », et il veut de manière encore plus arbitraire omettre la médiation qui, dans tous les exemples qu'il donne, se trouve elle-même en tout premier lieu dans la catégorie de la production ; – examiner la longue liste de trivialités, les ordonner, vouloir les réfuter, pour autant qu'elles doivent être des objections, des informations ou des anéantissements est pour soi inadmissible. Mais un autre ingrédient de cette mixture, encore plus repoussant si cela est possible, rend ceci totalement infaisable. Le procédé qui consiste à s'abstraire de la philosophie en critiquant la philosophie et à induire une *comparaison extérieure* entre ce que l'auteur appelle effectivité dans la religion, l'État etc. et ce qu'il donne pour des résultats factuels de la philosophie qu'il critique – à la manière dont Homère est un Troyen, cousin d'Énée etc. –, fournit le moyen très conscient de parcourir une philosophie en y semant toutes les haines possibles. Ce moyen par ailleurs efficace,

même placé entre les mains d'esprits nécessiteux et faibles, a pourtant perdu de sa force depuis très longtemps, que ce soit à cause de l'indifférence vis-à-vis de la philosophie ou de la religion, ou que ce soit au contraire grâce à un sentiment assez profond et assez digne vis-à-vis de ces deux choses. C'est le procédé qui consiste à rapprocher la religion en général, et en particulier le christianisme et les doctrines qui lui sont liées, la Trinité, la manifestation du Christ, l'immortalité, et par dessus tout l'État, à la manière dont ces déterminations sont saisies, sans aucun esprit, dans les meilleures expressions positives suivantes avec ce qui est pour partie factuellement faux et que l'on fait passer pour partie comme étant les résultats d'une philosophie par le fait qu'on le présente en isolant des mots sans concept. L'auteur intensifie complètement ce procédé pour en faire une virtuosité transcendante, | en méconnaissant sciemment la forme de la **462**
scientificité ; le même contenu, en ce qu'il est *pensé*, n'est plus pour lui ce même contenu. Il est tellement indigent de répéter toujours cette même polémique contre la forme du concept spéculatif, simplement dans une confusion toujours plus grande. Page 131, il parle d'une prétention « de la spéculation, selon laquelle » l'effectivité ne peut *développer* une vérité comme étant absolument vraie que dans la mesure où elle *n'est pas non plus en elle-même une vérité* (on essaie de se représenter quelque chose là-dessous !), mais qu'elle doit développer sa plus haute sanction d'abord à partir d'un *autre concept*, comme par exemple le concept spéculatif ; – où, ailleurs que dans sa propre inversion, l'auteur a-t-il trouvé que le concept spéculatif qu'il introduit de nouveau comme exemple doit être *autre chose* que la vérité intérieure de l'effectivité elle-même ? Il poursuit : la vérité de *l'effectivité* dans une forme spéculative lui est étrangère ; – cet argument principal de l'auteur peut lui être concédé à volonté si l'on prend en considération l'indétermination de l'effectivité présupposée, mais peut tout autant ne pas lui être concédé ; la vérité dans la forme de religion est aussi *étrangère* au soleil, aux étoiles etc., aux plantes et aux animaux, également aux besoins et à la vie quotidienne des hommes ; le soleil, les étoiles etc., les plantes, animaux, hommes sont tout aussi peu des œuvres d'art. Que l'auteur fasse valoir les sciences comme une effectivité, en en ayant toutefois des connaissances limitées, mais pas l'esprit se sachant et sachant l'effectivité dans sa pensée pure, est un caprice de son idiosyncrasie qui, puisque la vérité dans une forme spéculative est *étrangère* à l'effectivité, la tient pour « une fiction », pour une œuvre factice du concept spéculatif, ce par quoi il se *trompe* lui-même et en *trompe* d'autres. – Les catégories de fiction, d'œuvre factice, de tromperie que l'ignorance crasse de l'auteur utilise à propos de la science spéculative peuvent être considérées comme tout à fait exactes appliquées à | *l'art* ; malgré ceci, l'art vaut **463**

pour l'auteur comme une vérité de l'effectivité, et est une de ses sphères des objets et entités élevés de l'humanité. En opposition à cette simulation spéculative, etc., l'auteur facilite alors la tâche à son humanité en parlant d'effectivité vraie ; « l'effectivité », dit-il, « *sait* (?) *seulement*, lorsqu'on veut trouver la *vérité la plus haute*, que l'on doit se placer aux *points de vue les plus élevés qui sont les siens*, comme elle est dans l'effectivité ». On nous indique en cela quelque chose de très simple pour trouver la vérité ; on doit précisément tout simplement se *placer aux points de vue les plus élevés* ; ou bien on exprime également seulement le fait que *l'effectivité*, qui *n'*est pourtant *que* celle de l'auteur, ne *sait* livrer qu'aussi peu d'indications quant au chemin que l'on doit prendre pour accéder à la vérité. Auparavant déjà (p. 120), il avait attribué à la foi une telle facilité ; cette dernière, était-il écrit à cet endroit, « *donne en main propre, en une fois,* ce que l'arithmétique, le calcul » (il entend par là la pensée) « produit avec peine ». « L'examen » des sciences, de la géographie et de l'astronomie dont il a parlé plus haut, peut facilement donner en main propre aux lecteurs de l'auteur la croyance selon laquelle ses connaissances scientifiques ne lui sont pas venues grâce à une intense pratique du calcul, de l'arithmétique, et, pour ce qui concerne la philosophie, le recenseur peut également croire en lisant l'ouvrage de l'auteur qu'elle ne lui a pas non plus été donnée en main propre par des pensées ou par la simple foi. La simple foi ne s'étale pas à parler des sciences en-dehors desquelles elle sait avoir sa position ; elle emprunte tout aussi peu la sombre route de la hargne, du sarcasme ou même d'une humeur que l'on pourrait peut-être aller jusqu'à nommer grotesque.

Sur la base de la comparaison à faire entre les résultats philosophiques et l'effectivité, l'auteur « ne » peut « pas laisser passer l'occasion » page 173, avec une bienveillance agréable, qui se veut être satirique, « de prendre
464 monsieur | Hegel *sous sa protection* (? Quelle protection importante et bienveillante !) contre un reproche qui lui est fait sur un plan politique eu égard à sa philosophie, à savoir de faire en effet comme s'il s'accommodait, *uniquement* par amour *pour certaines opinions*, à développer pour le concept la *monarchie* comme la forme la plus haute, absolue, de l'État. Ce qui délivre cependant le plus monsieur Hegel d'un tel reproche » (on voit que ce qui compte *le plus* pour l'auteur, ce n'est pas le concept de la chose et la preuve qu'on peut en tirer, mais des relations *exotériques*) « est le fait qu'il vit dans un État qui ne peut pas être qualifié ni au sens propre, ni en un sens *plus élaboré* de *constitutionnel* » (et pourquoi pas, l'auteur ne le dit pas. Le nom n'est pas la chose ; il aurait dû indiquer laquelle des nombreuses théories sur ce qu'est un État constitutionnel il a en tête, et aurait dû surtout montrer que ses théories valent quelque chose) « et qu'il a

été chargé (?) de faire des cours sur le droit de la nature et la science de l'État qui présentent non pas *la monarchie en soi*, mais une monarchie *purement* (?) constitutionnelle comme l'*absolu* d'une forme étatique, selon sa conviction scientifique ». L'auteur s'efforce avec une hargne détachée, en insistant particulièrement de façon répétée sur le terme de mission, de développer une telle contradiction dans des traits plus choisis ; on peut le lui laisser, tout comme ses fioritures à propos de l'*absolu* d'une forme étatique et son abstraction de *monarchie en soi.*

Mais on doit malheureusement enfin encore évoquer le côté le plus repoussant de son ouvrage : la triste envie qui démange l'auteur de vouloir être enjoué et amusant. On peut évoquer l'un des exemples de cette tendance de mauvais goût quand elle le prend à propos de la doctrine de l'immortalité. En-dehors des insinuations politiques, cette doctrine est celle qui a l'habitude d'être le plus fréquemment employée pour jeter l'opprobre sur une philosophie. Pour l'auteur – il ne trouve pas la doctrine évoquée dans la philosophie qu'il prétend observer – on ne trouve pas trace du fait que, dans | cette philosophie, l'esprit est placé au-dessus de toutes **465**
les catégories, qui comprennent en elles le dépérissement, le déclin, la mort etc., nonobstant d'autres déterminations tout aussi expressives; il peut peut-être connaître les doctrines du christianisme sous la forme du catéchisme, mais ce qui est philosophique et son contenu n'existent pas pour lui, lorsque ce dernier est exprimé sous une forme philosophique. En rapport avec cette doctrine, il regrette également l'absence de la *mort* dans cette philosophie (p. 143) et à l'inverse, s'il trouve parfois que l'on y parle trop peu de la mort, il trouve parfois également que l'on en parle trop. En parlant des âges de la vie (paragraphe 396 de l'*Encyclopédie*), dit l'auteur, il aurait été opportun de traiter de la mort, et il blâme le fait qu'à propos de la vieillesse, il ne trouve pas expressément le mot mort (est-ce que l'auteur veut voir la mort considérée comme un âge de la vie ? Est-ce que l'on doit dire dans la notice nécrologique d'un homme qu'il est entré dans l'âge de la mort ?), et par le fait qu'il ne trouve pas la mort à cet endroit et qu'il reste ensuite bloqué, comme il le semble, par une transition du concept, il devient (Dieu soit loué ! trouve-t-on écrit quelque part; on voudrait crier ici : que la faute en rejaillisse sur Dieu ! Il devient) – amusant ? ! Il en arrive – dans une absence de logique par ailleurs suffisamment confuse que le recenseur n'a pas été en état de démêler – à la conséquence de demander si Hegel pense *être emmené au Ciel en étant encore vivant ?* Ce dernier lui donnerait alors la dernière preuve de la justesse de sa philosophie et lui garantirait en même temps *l'assentiment le plus universel* si lui *au moins* ne mourait pas sur terre comme le Juif éternel. – L'auteur, tout à la joie de son trait d'esprit, n'a-t-il pas pensé qu'en cela, à savoir uniquement de ne

pas mourir *au moins à la manière* de l'homme de la légende, il a posé une exigence trop facile pour la preuve de la justesse d'une philosophie ? Ou bien l'auteur tient-il sérieusement cette légende pour une histoire vraie, comme le fait qu'Homère soit contemporain et cousin d'Énée ? Ainsi, il aurait pu encore continuer à s'épancher à propos du fondement plein
466 d'esprit de son idée |sur la manière dont lui-même et les autres, qui voudraient ainsi obtenir une preuve, pourraient expérimenter le fait de ne pas mourir tel qu'il l'exige ! – Pour prouver le manque de talent de l'auteur en matière d'humour, domaine dans lequel il n'arrive pas à dépasser la tendance stérile de la moquerie, on pourrait encore citer le rabâchage d'une allusion qu'il a trouvée en relation avec le proverbe *hic rhodus, hic salta*[1], et en relation avec le symbole connu des chevaliers de la Rose-croix qu'à cause de son ignorance il ne semble pas reconnaître. Mais on ne peut pas davantage s'engager dans cet ouvrage qui est, de façon repoussante, trop plein d'ingrédients de cette sorte démontrant une triste irritation et trop plein de maussaderies accusatrices et diffamatoires, qu'on ne peut s'engager dans l'étalage pieux de christianisme qui contraste simplement avec cet ouvrage. Même si on voulait se frayer un passage à travers la maladresse et l'agencement raides et lourds du discours et du style, ce ton d'une irritation malheureuse, lié au manque de connaissances et à l'absence de contenu des représentations, nous ferait oublier l'idée d'y trouver des objections et de vouloir réfuter ce qui est avancé ; une polémique, qui explique par avance ne pas vouloir entrer dans son objet et qui se compose d'insinuations haineuses et d'un mauvais goût qui se veut moqueur, est trop misérable – on ne sait pas si ce serait aller trop loin que de la nommer miteuse – pour ne pas s'en détourner avec dégoût et ne pas la laisser perdurer dans l'opinion et la jouissance qu'elle a d'elle-même en s'attribuant les louanges d'être « d'une profondeur et d'un sérieux convenant à la situation ».

1. « Ici le rocher, ici le saut ». Ce proverbe se trouve cité par Hegel dans sa préface aux *Principes de la philosophie du droit*, de 1821.

BIBLIOGRAPHIE DES OUVRAGES CITÉS OU UTILISÉS

ŒUVRES DE G.W.F. HEGEL

En allemand :

Werke, 20 tomes, Francfort-sur-le-Main, Suhrkamp Taschenbuch Wissenschaft, 1986.

En français :

Correspondance (1785-1831), 3 tomes, trad. J. Carrère, Paris, Gallimard, 1962-1967.

Foi et savoir (1802), in *Premières publications*, trad. M. Méry, Gap, Ophrys, 1952.

Phénoménologie de l'esprit (1807), trad. J.-P. Lefebvre, Paris, Aubier, 1991.

Science de la logique (1812-1816), trad. G. Jarczyk et P.-J. Labarrière, 3 volumes, Paris, Aubier, 1972-1981.

Recension des œuvres de F.-H. Jacobi (1817), trad. A. Doz *et alii*, Paris, Vrin, 1976.

Encyclopédie des sciences philosophiques (1817-1831), trad. B. Bourgeois, tome 1, *La science de la logique* ; tome 3, *Philosophie de l'esprit*, Paris, Vrin, 1979-1988.

Principes de la philosophie du droit (1821), trad. R. Derathé et J.-J. Frick, Paris, Vrin, 1982.

Leçons sur la philosophie de la religion, (1821-1831), 1re partie, trad. P. Garniron, Paris, PUF, 1996.

Leçons sur l'histoire de la philosophie (1825-1826), tomes 5 et 6, trad. P. Garniron, Paris, Vrin, 1978-1985.

CONTEMPORAINS DE HEGEL

[Anonyme] *Andeutung des Irr- und Wirrwissens in den ersten 68 Thesen des Archidiakons Harms*, Hambourg, 1818.

AMMON, *Bittere Arznei für die Glaubensschwäche der Zeit, verordnet von Hrn. Claus Harms*, Hannover, 1817.

GOETHE W. et SCHILLER Fr., *Xenien* (1797), Leipzig, Reclam, 1895.

GÖSCHEL, K. Fr., *Aphorismen über Nichtwissen und absolutes Wissen im Verhältnisse zur christlichen Glaubenserkenntnis*, Berlin, 1829.

HARMS, C., *95 Thesen oder Streitsätze Dr. Luthers theuren Andenkens*, Kiel, 1817.

–*Dr Claus Harms', gewesenen Predigers in Kiel, Lebensbeschreibung, verfasset von ihm selber*, Bibliothek theologischer Klassiker VII, Gotha, 1888.

–*Briefe zu einer näheren Verständigung über verschiedene meine Thesen betreffende Punkte. Nebst einem Briefe an Herrn Schleiermacher*, Kiel, 1818.

HINRICHS, H. Fr. W., *Die Religion im inneren Verhältnisse zur Wissenschaft*, Heidelberg, 1822.

HOTHO, H. G., *Vorstudien für Leben und Kunst*, Stuttgart, Cotha, 1835.

HÜLSEMANN, *Über die Hegelsche Lehre oder absolutes Wissen und moderner Pantheismus*, Leipzig, 1829.

JACOBI, F.-H., *Des choses divines et de leur révélation* (1811), trad. J.-J. Anstett, Paris, Aubier, 1946.

KANT, I., *La religion dans les limites de la simple raison* (1794), trad. J. Gibelin et M. Naar, Paris, Vrin, 1983.

MEYER, F. M., *Menschenverstand. Über und gegen die 95 Thesen des Hrn. Harms in Kiel*, Schleswig, 1818.

MUNDT, Th., *Der Freihafen*, tome III/2, Altona, 1840.

PHILALETHES, *Ein freimütiges Wort über und gegen die 95 mystischen Irrsätze des Hrn. Cl. Harms*, 1817.

SCHELLING, F. W. J., *Clara* (1810), trad. E. Kessler, Paris, L'Herne, 1984.

SCHLEIERMACHER, F. D. E., *Discours sur la religion* (1799), trad. I. J. Rouge, Paris, Aubier, 1964.

–*Le statut de la théologie* (1811), trad. B. Kaempf et P. Bühler, Paris-Genève, Cerf-Labor & Fides, 1994.

–*An Herrn Oberhofprediger Ammon über seine Prüfung der harmsischen Sätze*, Berlin, 1818.

–*Herméneutique* (1819), trad. Ch. Berner, Paris, Cerf/PUL, 1987.

–*Der christliche Glaube* (1821-1822), in *Kritische Gesamtausgabe*, tome 7 (2 volumes), Berlin New-York, W. de Gruyter, 1980.

SCHUBARTH, K. E., *Zur Beurteilung Gœthes in Beziehung auf verwandte Literatur und Kunst*, Berlin, 1820.

–*Homer und sein Zeitalter*, Breslau, 1821.

–*Über Philosophie überhaupt und Hegels Enzyklopädie der philosophischen Wissenschaften ins besondere*, Berlin, 1829.

THOLUCK, A., *Die Lehre von der Sünde und vom Versöhner oder die wahre Weihe des Zweiflers*, Hambourg, Perthes & Besser, 1823.

ESPAGNE, M. et Werner, M. (éd.), *Lettres d'Allemagne. Victor Cousin et les hégéliens*, Du Lérot, 1990.

COMMENTATEURS DE HEGEL : ÉTUDES BIOGRAPHIQUES ET CRITIQUES

ALTHAUS, H., *Hegel. Naissance d'une philosophie*, trad. I. Kalinowski, Paris, Seuil, 1999.

D'HONDT, J., *Hegel. Biographie*, Paris, Calmann-Lévy, 1998.

GROSOS, Ph., *Système et subjectivité. L'enjeu de la question du système. Fichte, Hegel, Schelling*, Paris, Vrin, 1996.

–*Philosophie et théologie de Kant à Schelling*, Paris, Ellipses, 1999.

KÜNG, H., *Incarnation de Dieu*, Paris, Desclée, 1973.

ROSENZWEIG, F., *Hegel und der Staat*, Neudruck der Ausgabe 1920, Aalen, Scienta-Verlag, 1962.

ÉLÉMENTS D'ÉTUDE DU CONTEXTE HISTORIQUE ET POLITIQUE

EYLERT, R. F., *Charakterzüge und historische Fragmente aus dem Leben des Königs Friedrich Wilhelm III*, tome 3/1, Magdeburg, 1846.

FEHRENBACH, E., *Verfassungsstaat und Nationsbildung 1815-1871*, Enzyklopädie deutscher Geschichte, tome 22, München, R. Oldenbourg Verlag, 1992.

FÖRSTER, *Die Entstehung der preussischen Landeskirche*, Tübingen, Mohr; tomes 1 et 2, 1905-1907.

GERLACH, F. von, *Gerlach, E. F. von. Aufzeichnungen aus seinem Leben und Wirken (1795-1877*, Schwerin, 1903.

HARTWEG, F., *Églises, État et Société. Les Églises évangéliques de l'Est*, Paris, La Découverte, 1995.

HARTWEG, F. et JERSCH-WENZEL, S. (éd.), *Die Hugenotten und das Refuge : Deutschland und Europa*. Beiträge zu einer Tagung, Berlin, Colloquium verlag, 1990.

KAHL, W., *Lehrsystem des Kirchenrechts und der Kirchen politik*, tome 1, Freiburg i. B., Leipzig, Mohr, 1894.

KIßLING, B., *Der Deutsche Protestantismus, Eine geschichtliche Darstellung*, Münster in Westphalen, Verlag der Aschendorffschen Buchhandlung, 1917.

KÖHLER, F., *Lehrbuch des deutsch-evangelischen Kirchenrechts*, Berlin, Reuther, 1895.

LÜBBE, H. (éd.), *Politische Vorlesungen. Unser Zeitalter und wie es geworden, nach seinen politischen, kirchlichen und wissenschaftlichen Zuständen mit besonderem Bezuge auf Deutschland und namentlich Preussen*, in *Die hegelsche Rechte*, Stuttgart – Bad Cannstatt, Friedrich Fromann (Günther Holzboog), 1962.

NIZTSCH, C. I., *Urkundenbuch der Evangelischen Union mit Erläuterungen*, Bonn, Marcus, 1853.

PERTHES, Cl., *Friedrich Perthes' Leben nach dessen schriftlichen und mündlichen Mitteilungen*, tome 3, Gotha, 1872.

ROCHOLL, R., *Geschichte der evangelischen Kirche in Deutschland*, Leipzig, 1897.

SCHEIBEL, J. G., *Aktenmässige Geschichte der neuesten Unternehmung einer Union zwischen der reformierten und lutherischen Kirche*, tome 2, Leipzig, 1843.

SCHOEPS, H.-J., *Neue Quellen zur Geschichte Preussens im 19. Jahrhundert*, Berlin, Haude und Spenersche Verlagsbuchhandlung, 1968.

TREISCHKE, H. von, *Deutsche Geschichte im neunzehnten Jahrhundert*, tome 4, Leipzig, Hirzel, 1889.

WENDLAND, W., *Die Religiosität und die kirchenpolitischen Grundsätze Friedrich Wilhems III*, Studien zur Geschichte des neueren Protestantismus V, Giessen, 1909.

[collectif] *Sammlung der für die Königlichen Preußischen Staaten erschienenen Gesetze und Verordnungen* (1806-1810 ; 1822), Berlin, Gesetzsammlungsamt, 1822.

DIVERS

BARTH, K., *Die Theologie Schleiermachers. Vorlesungen Göttingen*, Zurich, 1978.

DERRIDA, J., *Marges. De la philosophie*, Paris, Éd. de Minuit, 1972.

DESCARTES, R., *Cogitationes privatæ*, in *Œuvres*, tome X, éd. Adam et Tannery, Paris, Vrin, 1996.

SPINOZA, B., *Éthique*, trad. Ch. Appuhn, Paris, Garnier-Flammarion, 1965.

INDEX DES NOMS PROPRES

TABLE DES MATIÈRES

Imprimerie de la Manutention à Mayenne – Juillet 2001 – N° 228-01
Dépôt légal : 3e trimestre 2001